U0497267

光明版
GUANGMING VERSION

知识分子的精神家园

西部彩陶异品鉴藏

梁钦 著

光明日报出版社

图书在版编目（CIP）数据

西部彩陶异品鉴藏 / 梁钦著. —北京 : 光明日报出版社, 2022.11

ISBN 978-7-5194-6553-7

Ⅰ. ①西… Ⅱ. ①梁… Ⅲ. ①彩陶—陶器(考古)—鉴赏—西北地区②彩陶—陶器(考古)—鉴赏—西南地区 Ⅳ. ①K876.3

中国版本图书馆CIP数据核字（2022）第065157号

西部彩陶异品鉴藏

XIBU CAITAO YIPIN JIANCANG

著　　者：梁　钦

责任编辑：舒　心　曲建文　　　责任校对：傅泉泽

封面设计：MXK DESIGN STUDIO　　　责任印制：董建臣

出版发行：光明日报出版社

地　　址：北京市西城区永安路 106 号，100050

电　　话：010-63169890（咨询），010-63131930（邮购）

传　　真：010-63131930

网　　址：http://book.gmw.cn

E - mail：gmrbcbs@gmw.cn

法律顾问：北京市兰台律师事务所龚柳方律师

印　　刷：北京文昌阁彩色印刷有限责任公司

装　　订：北京文昌阁彩色印刷有限责任公司

本书如有破损、缺页、装订错误，请与本社联系调换，电话：010-63131930

开　　本：185mm × 260mm

字　　数：508 千字　　　印　　张：27.5

版　　次：2022 年 11 月第 1 版　　　印　　次：2022 年 11 月第 1 次印刷

书　　号：ISBN 978-7-5194-6553-7

定　　价：188.00 元

目录

三十一　异形豆　/211

三十二　浅盘稀见品　/216

三十三　筒状杯·敞口杯　/221

三十四　陶瓢　/227

三十五　陶勺　/232

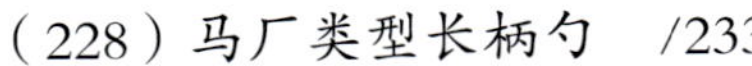

下编　彩陶稀见纹饰

绪论

西部彩陶异形器与稀见纹饰专题收藏20年

当我将一件一件藏品不断地摆上案头，逐一进行整理时，仿佛又与它们进行了一次心灵的真情对话。它们一个个似乎再次向我诉说着自己的身世，倾诉着饱经沧桑的历史。我也似乎在此时，才对它们有所了解，才对这些朋友感到更加熟悉而亲切。这数百件古陶的收藏虽然有前有后，但也只有此时，我才感到与它们相交之不易，才真正体会到何谓“白驹过隙”“似水流年”。几乎是转眼之间，我的这项收藏已过去20多年，而我也由一个壮年汉子变成白发苍苍的老人！

一、彩陶收藏，更多的是一种责任

当我将第一次收藏到的一个马厂小罐置于案头时，思绪很快又回到了1984年秋天的一个下午，因闲暇无事，便到西宁火车站附近的一个农贸市场去溜达。在一个马姓老人开的小铺里，看到几件上面画满各种彩纹的陶器。后经打问，方知这就是彩陶，这就是数千年前的古董。于是，我就购买了这只小罐，从此拥有了平生第一件彩陶藏品。大概在此后不久，便萌生了收藏的念头。

那时，在我国西部地区还没有古玩市场，就连古玩类书籍也很难买到，有关彩陶方面的书籍更是难觅。在许多人的思想中，甚至还没有“收藏”这个概念。于是，我就去向专家请教，去博物馆参观，去与那些为数不多的古玩商交朋友。与此同时，我还买了不少历史书籍，希望能从中找到有关彩陶介绍的文字。于是我知道了仰韶村、半山村、马厂塬；知道了安特生、裴文中、夏鼐。于是我对史前古陶有了一些初步认识，懂得了什么是仰韶文化，什么是马家窑文化，什么是青铜时代，什么叫马家窑、半山、马厂类型……我渐渐明白，那些画满彩纹的坛坛罐罐，原来是西部黄土高原上的“土特产”，是原始先民留下来的艺术杰作，是史前艺术的瑰宝。

与此同时，我也了解到了西部彩陶坎坷的历史、多舛的命运。

千百年来，生活在黄土地上的人们，由于思想深处盲目的信仰崇拜意识，对于墓葬里的东西讳莫如深。在他们看来，占有死人的东西，是要触怒鬼神的，不但会给自己带来晦气，而且还要殃及子孙，招致灾祸。因此，他们祖祖辈辈从来不去触动地下的彩陶。即使在耕作时偶尔翻出几件，也要将其打碎，深埋于田间地头，更没人想过拿这些东西去卖钱。

西部的彩陶，就这样在温暖干燥的黄土地下，一年一年地躺着。一千年过去了，两千年过去了，从来没人去打扰它们。但它们万万没有想到，到了20世纪50年代末期，厄运终于降临。而且，在其后的20多年间，又接连发生了两次大劫难。经过这三次大的浩劫，使这个延续了数千年的地下彩陶王国，这个五彩缤纷的地下彩陶世界，变得疮痍满目，几乎毁坏殆尽。

第一次大劫难发生在20世纪50年代末。在深翻土地、重整山河的运动中，在千军万马齐上阵的浩大声势中，大型履带拖拉机轧过之后，距地表较浅的大型彩陶，几乎无一幸免地被轧成碎片。在村民高挥的铁锹和镢头之下，安安静静沉睡了几千年的坛坛罐罐，一个个被挖了出来，像一个个战俘，可怜巴巴地列队站立在田边地埂上。到收工的时候，在村民们哈哈的笑声中，它们被当作训练场上的靶子，一个个被石块打得粉碎。那嘭嘭叭叭的响声，似乎是它们最后的哀鸣。在这样的浩劫中，这些远古珍宝究竟被毁掉了多少，恐怕是无人能够统计清楚的。

第二次浩劫发生在20世纪80年代初期。

在上次浩劫中所能幸免的彩陶，又安安静静地在地下躺了20来年。之后，一场更大的劫难开始了。

过去，我国西部地区的彩陶虽然很少遭人盗卖，但已声名远扬，海外古董商无不渴望能得到一件这里的彩陶。但由于新中国成立30年间国门紧锁，他们中间的许多人，甚至连谋面的机会都没有。只能眼巴巴地看着美丽的彩照，画饼充饥。据有关报道，一件20厘米高的马厂彩陶罐，不知何因，流失到香港古玩市场，居然卖出了20万港元的高价，几乎震动了香港古玩界。他们觊觎西部彩陶之心，由此可见一斑。到了20世纪80年代初，随着国门的开放，港、澳、台，据说还有南亚不少古董商，纷纷派人来到大陆，直奔西部黄土高原，大肆高价收购彩陶。那些祖祖辈辈在贫瘠土地上辛勤耕作，一年四季连土豆都填不饱肚子的庄稼人，一年的收入也不过几百元，全部家产也值不了几千元的农民，在金钱的诱惑下，男女老少纷纷出动，盗挖彩陶之风骤起。据老乡讲，当时海外古董商所派的收购人员，就住在附近的村庄里。马家窑、半山类型的大型彩陶罐，一个能卖到数千元。即使一般的马厂罐，也能卖数百元。大而品相好者可卖到一两千元。也就是说，挖出一个一般的彩陶罐，也就等于他们一年全部的经济收入；挖出一个上好的彩陶罐，无异于挖出一座新房啊！在青海某地，在一片不大的耕地上，参与盗挖的农民达 1 万多人。他们发疯似的挥动着手中的工具，什么“祖先遗物”“招灾引难”，统统被抛到了九霄云外。眼前晃动的只有花花绿绿的钞票，甚至连执法人员都拦不住。在许多发现有彩陶的地方，都被挖得千疮百孔，惨不忍睹。凡品相完好者，被古董商悉数收去，一车一车地被运走。在这段时间里，究竟有多少彩陶被迫离开自己的故土，流落到异域他乡，这同样是一个无法统计清楚的数字。

然而，不到一年时间，海外市场饱和了！

据一位贩卖彩陶的老乡讲，他刚刚收购到 100 多件彩陶，准备运往广州，然后再托人销往香港。当听说那里的彩陶市场已经饱和，放到家里又嫌晦气，只好全部打碎，抛至荒野。

另一位老乡告诉我，他运往广州的两集装箱彩陶，由于无处可卖，只好趁夜深人静之时，全部倒到珠江里。

…………

也就在这样的情况下，猖獗一时的盗挖活动才偃旗息鼓。有人说，在 20 世纪 80 年代至 90 年代的一段时间里，大陆的古玩市场主要受海外古董商制约。这话是颇有道理的，不光是彩陶，甚至包括其他诸多古玩门类。

我的彩陶收藏也就是在那时陆续开始的。由于无处可销，老乡们也很少有人去挖，收藏起来已比较困难。记得一年多的时间里，也不过陆陆续续购买到 10 多件。

如果说 20 世纪 50 年代末那次对彩陶的大破坏是纯粹出于愚昧无知的话，那么这一次的盗掘风潮则是在愚昧之中又加上了金钱的诱惑。金钱和愚昧一旦结合在一起，就会使人丧失理智，变得更加贪婪与疯狂。如果说人们的愚昧无知通过教育和物质生活改善是可以转变的话，那么这种增添了黄金含量的愚昧，很可能变成一种顽疾，是很难改变过来的，尤其是在西部这个贫穷落后的地区。因此，回过头来看，这次对彩陶的盗掘活动也仅仅是个开端，与其后的长期盗掘活动而言，也仅仅是拉开了一个序幕。

彩陶的第三次大劫难发生在 20 世纪 90 年代初期。

在其后的几年间，大规模的盗掘事件虽然再未发生，有目的的盗挖活动虽然也很少出现，但地下的彩陶再没有像昔日那样安静。道理很简单，因通过上一次的彩陶买卖，人们似乎都明白了，地下的陶器已不再是死人用过的晦气之物，而是金钱的象征。他们在农事活动中偶尔发现彩陶，都会小心翼翼地将其保存起来，甚至在发现彩陶的地方，希望多挖出几件，以待时机的到来，换取更多的钞票。

到了20世纪90年代初期，随着国民经济的好转，一些人的腰包渐渐鼓胀，一股收藏古玩热随之悄然兴起。在中原及南方各地，当时收藏的对象仍以传统的青铜、瓷器、玉器、字画为主；而在西北地区，由于彩陶占绝对优势，收藏彩陶者便愈来愈多。由于有了市场的需要，各地农村盗掘彩陶之风再起。而且随着其后的收藏热日益加温，这种盗掘彩陶之风，亦日甚一日。也不知何种原因，前些年已经饱和了的海外市场，此时又大量收购彩陶。在海内外市场的双重诱惑下，西部彩陶又遭遇第三次大劫难。在这次劫难中，参与人数之多，延续时间之长，可以说是前所未有的。21世纪初，随着市场彩陶价格的飞涨，盗掘之风大有愈演愈烈之势。如今，地下的彩陶虽然已很难再挖到，但老乡手里的盗挖工具却依然未停歇。

在一些地方，盗挖彩陶似乎已成了一部分农民的一项主要副业。除春耕秋收大忙季节外，只要一有空闲，便三人一组、五人一伙，扛上工具到野外去挖彩陶。白天受到执法部门打击后，就改为夜间行动。在一些彩陶主要分布区，每当入夜之后，到处都会闪动着鬼火似的手电光。在他们盗挖过的土地上，盗洞遍布，白骨随处可见，令人毛骨悚然。

在盗挖最疯狂的几年间，在那些偏远的农村里，在老乡那些低矮破旧的土房里，你随时都会看到几件、十几件甚至上百件大大小小的彩陶。

在那些年，无论你走到哪里，随时都会遇见游串于各村间收购彩陶的二道贩子。他们以便宜的价格从盗挖者手中收购，然后运到西宁或兰州加价出售。

也就在那几年间，在兰州、西宁，在一些小城镇的古玩市场上，到处都堆满了彩陶。兰州城隍庙古玩市场，可以说是西北地区最大的彩陶集散地。每到节假日，从甘肃、青海各地扛着大包小包前来出售彩陶的农民，将一个并不算小的庙院挤得满满当当。在这里，彩陶是主要的古玩品类，也是成交量最大的古玩品类，因而也是生意最好的古玩品类。在这里，一堆堆彩陶就像路边的西瓜摊、菜市场上的土豆摊一样，任人品头论足，挑来拣去。一件上好的马家窑类型彩陶大罐，售价可达上万元。而你花上二三十元，也可以买到一件普通的马厂小罐。

在这些人群中，许多人连一本有关彩陶的书都没有看过，对马家窑、半山、马厂几个文化类型都分不清，有的甚至大字不识几个，但都纷纷经营起这种具有深厚文化内涵的远古艺术品来，理直气壮地与顾客讨价还价，似乎个个是内行。

也就在这几年间，在兰州和西宁，在一些出土彩陶比较多的地区城市和小镇里，一个个专营彩陶生意的店铺纷纷开设起来。“彩陶商”这一新的职业也应运而生。

在这种长年累月的彩陶挖掘和买卖中，也确实有少数人因此而富了起来，家里盖起了新房，置办了电器。但在这种富裕的背后，却是西部彩陶所付出的毁灭性的代价！

早在20世纪90年代初，曾听一位朋友说，“西部的彩陶挖不完”。但经历了这十几年的盗挖，地下的彩陶已告罄。那位朋友可能没有想到，地下的彩陶并不像老乡种的土豆那样，年年种，年年挖。即使储量再大，也架不住这种地毯式的搜索！据老乡讲，如今的盗掘者，往往在他们认为有彩陶的地方，先打一竖井，然后像挖地道一样，向四周辐射。常常探挖一夜，弄得灰头土脸，结果是一个彩陶也找不到，西部的彩陶确实快挖完了！

以上啰啰唆唆地讲了那么多，我的主要意思是，比起其他的文物收藏，西部的彩陶收藏，更多的是一种责任。

从20多年的彩陶盗掘和买卖来看，可以说，任何一种文物都没有像彩陶这样大量地流失海外。收藏彩陶者能够在彩陶大量流失的情况下，无论出于何种目的，能够关注彩陶，倾力收藏彩陶，将其中的一部分，尤其是一部分精华保留在国内，这本身就是一介匹夫为国家所尽的责任。再从经济角度看，任何一位文物收藏者，都希望其藏品能够升值，能赚更多的钱，这是天经地义的。但从这20多年来的古玩市场发展情况看，好的字画、瓷器、玉器等，升值了几百倍、上千倍。而西部地区最好的马家窑、半山类型彩陶，其升值幅度也不过十几倍、20倍，最高的也超不过30倍。这在当初有不少收藏者也是估计到的，但在许多古玩收藏者因嫌彩陶太多太土、缺乏升值空间而不愿涉足这一领域时，他们依然坚持收藏。不管自觉与否，将一部分彩陶保留了下来，这是事实。何况，从甘青地区的一些彩陶收藏家来看，近几年来，有的著书立说，有的举办个人藏品展，有的办私人彩陶博物馆，有的通过媒体对藏品介绍以宣传西部的彩陶等，对宣传和保护这些史前珍宝无疑起到了积极作用。他们不去过多地细算经济账，这同样是高尚的，是为保护史前文物尽职尽责的一种体现。

二、我为什么专题收藏异品陶

我的彩陶收藏进展较快的时候，也就是在第二次盗掘狂潮开始后不久。那时，我在青海省西宁市。各地的农民，尤其是史前遗址分布比较集中的东部农业区的农民，将一箱箱彩陶源源不断地运到这里。在小巷深处的居民家里，在临街的店铺里，在那些简陋的旅馆里，随处都可以看到彩陶。由于这些农民大多不识字，或文化程度很低，对彩陶的年代、文化类型及纹饰内容所知甚少，于是，就像那些不识秤的人卖西瓜一样，按个头大小出售。也不知什么时候，老乡们发明了一种测算彩陶大小而且是约定俗成的方法，即将大拇指和食指张开成八字为一拃，在陶器最大腹径处进行测量。几拃以上者属特大型，八拃（直径 45 厘米左右）、七拃（直径 40 厘米左右）为大型，六拃（直径 30 厘米左右）、五拃（直径 25 厘米左右）为中型，四拃、三拃（直径 20～15 厘米）为中小型，两拃以下者为小型。在那时，一个七拃、八拃的马厂大罐，也不过售价两三百元，中型的马厂罐有的仅卖五六十元。即使上等的马家窑、半山类型大罐，也不会超过 1000 元。在这样的情况下，你可以尽情地去挑选那些便宜的、完整的、个大的而且纹饰比较精细的买。在一年多的时间里，我就购买了大大小小两百多件。尽管如此，四面八方的彩陶仍然不断地涌向西宁，涌向兰州，黄土地下似乎有取之不尽的彩陶。后来，连那些经营皮货、药材的店铺老板，也都兼营起了彩陶生意。说句对先人不恭的话，此时的彩陶，已看不出有多少文物的身价，似乎已变成连工艺品都不如的破烂。也就在这个时候，我的脑子开始冷静下来。如果老乡照这样挖下去，我们这些收藏者照这样收下去，即使你拣品相完好者去买，何时是个了？！且不要说财力不支，即使你有足够的资金，又往哪里存放啊！更主要的原因是，像出土量如此大的文物，而且大都是大同小异的几何纹圆器，它能算珍稀吗？它的升值空间究竟有多大？甚至怀疑自己是不是有点太盲目了，于是就慢慢地停了下来。

在一段时间里，我通过对前一时期收藏的反思，通过对已有藏品的分析与研究，决定专题收藏异品陶。

所谓“异品陶”，就我个人的收藏实践，主要包括两方面：一是异形陶器，一是稀见纹饰。

所谓“异形陶器”，主要是相对于常见器而言。收藏史前古陶的人都知道，在各个时期出土的陶器中，大量的都是瓮、罐、壶、盆、钵、豆等生活实用器，也是最常见的器类。有别于这些常见器类的，一般来说，主要是指那些拟形器，以及其他一些形制比较特殊的陶容器。但从广义上说，凡是与常见器类有异的，而出土量又十分稀少者，都可以视为“异品”。主要可分为六类：（一）拟形陶器。这是一类出土量很少但又十分典型的异形器，以仿动物造型为常见，主要出现于新石器时代中晚期，以及西部的青铜时代。如仰韶文化庙底沟类型的鹰鼎，大汶口文化的猪鬶、螺形壶，良渚文化的鳖形壶，马家窑文化的鸟形壶，齐家文化的鸮面罐，四坝文化的鹰形壶等。（二）附加有陶塑品的器皿。这类陶器主要见于黄河中游的仰韶文化、龙山文化，以及甘青地区马家窑文化、齐家文化和青铜时代的一些古文化遗存中，西部民间收藏的也较多。见诸文献记载的，如仰韶文化半坡类型的人头器盖，柳湾遗址出土的马厂类型人头器口彩陶壶，四坝文化的人形罐、羊头形把手杯等。（三）局部造型特殊的器皿。在常见的史前陶器中，凡口、耳、腹、底、足、鋬属特殊造型者，亦可视为“异品”。这种局部的特殊造型，有的是一个时期的特征，出于实用的需要；有的则主要是为了装饰。口部的特殊造型如单马鞍形口、双马鞍形口、附加堆纹花边形口，以及双口、三口、四口、五口等；耳部的特殊造型如方形耳、桥形耳、三角形耳、贯耳、叠耳、多耳等；腹部的特殊造型如扁腹、卧腹、鹅蛋形腹、瓜形腹、梨形腹、腹部呈筒状的筒状杯等；底部的特殊造型如尖底瓶、尖底罐、尖底钵等；足部的特殊造型如三实足、三袋足、柱形足、鬼脸足、兽腿足、高圈足等。另外，一个时期如盛行圆底器，那么偶尔出现的圈足器即可视为异品，一个时期如盛行平底器，那么此时的圆底器即可视为异品，如此等等。（四）其他形制特殊的陶器皿。陶器皿中除以上三类外，另有一些形制特殊的陶器皿，皆属异形器之列。如连体器中的双联罐、双联壶、双联鬲、双联杯、三联杯，属于带流器的带流壶、带流盆，属于带咀器的带咀锅，方形器中的方形鼎、方形钵、方形瓶，带把器中的陶勺、陶瓢、带把盘、带把盉，以及带盖罐、瓮棺、船形壶、提梁罐等。除考古文献已有记载者外，我在藏友处还曾见到过许多奇形怪状之器，皆为难得的史前珍品。（五）装饰、娱乐、生产用陶制品。这一类为陶器皿之外的陶制品，虽一般未归入异形器之列，但同样因为数量稀少、形制特殊，作为收藏者来说，应以史前陶制品中的异品而加以收藏。属于装饰品类的如陶环、陶珠、陶镯、陶笄、陶牌饰、陶坠饰等，属于陶乐器的如陶埙、陶铃、陶号、陶鼓、陶哨、陶笛、陶响球等，属于陶制生产工具的如陶锉、陶拍、陶垫子、陶网坠、陶弹丸、陶刀、陶纺轮等。此外，在新石器时代晚期，还出现了一些我国最早的建筑材料，如陶水管等，亦可作为史前古陶异品的收藏对象。（六）原始陶塑中的圆雕作品。这类陶塑主要是指独立于器皿之外的塑品，虽非实用器中的“异器”，但应视为史前古陶中的

“异品”。这类塑品大多与原始宗教有关，出土量十分稀少，具有极高的研究价值，历来为专家和藏家所珍视。见于考古文献记载的，如裴李岗文化粗具形象的人头、羊头、猪头雕塑，河姆渡文化的陶猪、陶羊、陶狗、陶鱼，红山文化的孕妇像、女神像，仰韶文化的红陶人头像、陶塑鸮面，石家河文化的各种人物、动物陶塑等。在西部的马家窑文化、齐家文化及青铜时代的不少遗存中，也都出土有各种人物和动物圆雕塑品，不少彩陶收藏者中都有此类藏品，有的极为罕见，弥足珍贵。

下面再谈谈彩陶中的稀见纹饰。

所谓“稀见纹饰”，主要是相对于彩陶纹饰中大量的几何纹而言。根据我的收藏体会，主要包括这样几方面：（一）象生纹。彩陶纹饰中的象生纹，主要是人纹、动物纹和植物纹三种。（1）人纹。这类纹饰可分为三种：第一种为具象人纹。见诸文献记载的具象人纹、主要出现于马家窑文化的马家窑类型和马厂类型，以及西部青铜时代的四坝、辛店文化中。曾出土多件，除宗日遗址出土的一件二人抬物纹外，余皆被认为舞蹈纹，构图各异，均为史前彩陶中难得的艺术珍品。第二种为变体人纹。这类人纹在半山、马厂类型及辛店文化中均有发现。有的面部绘有五官，下部为骨架形躯体；有的面无五官，下部具人形。但都与完整神人纹有别，应视为一种变体人纹收藏。第三种为人面纹。这类纹样在仰韶文化中即已出现，以马家窑类型较多见。前者如半坡类型彩陶盆中的人面鱼纹，甘肃正宁宫家川出土的属大地湾仰韶早期葫芦瓶上的人面纹；后者如甘肃榆中出土的马家窑类型彩陶盆中的人面纹等。（2）动物纹。主要出现于仰韶文化和马家窑文化，西部青铜时代的四坝、卡约、辛店、沙井文化中也有较多发现。无论早期或晚期，都是史前彩陶中一种极其珍贵的纹饰。（3）植物纹。此类纹饰在史前彩陶中发现相对较少，且多插绘于几何纹图案之中，大多抽象变形。庙底沟时期的花形纹，马家窑、辛店文化的叶形纹、叶脉纹，半山、马厂时期的山林纹，马厂时期的树枝纹等，有不少属写实性植物纹，可作为重点而加以收藏。（二）与原始宗教有关的神人纹。在马家窑文化中，尤其是半山、马厂类型中，彩陶中的神人纹出现较多。在此类纹饰收藏中，应将重点放到以下两种纹饰上：一是完整神人纹，亦称“带头神人纹”。这种纹样属神人纹的一种早期形态，也最能体现神人的全貌，出土数量较少，颇为珍贵；二是应注意收藏神人纹中的“异品”。如绘有长尾以表示雄性生殖器的，绘有女阴符号以表示雌性神人纹者，四肢相向而绘以表示两性交媾者，将多个神人纹绘于一器，呈手拉手的舞蹈形式，或插绘于折带纹之间者。另外，神人纹的头和肢体还可以看到多种怪异的构图形式，皆可视为此类纹饰中的稀见品类。（三）其他带有写实性的纹饰。此类纹饰中，一种属比较写实的纹样。如仰韶晚期大河村类型及马家窑文化、西部青铜时代一些彩陶上的太阳纹、马家窑文化彩陶上的星月纹、四坝文化彩陶上的手印纹等；另一种属模拟某种物象而绘制的几何纹，或者叫图案化的物象纹。如仰韶晚期秦王寨、大河村遗址彩陶上的睫毛纹，马家窑文化彩陶中的鱼鳞纹、火焰纹、女阴纹、雷电纹、云雨纹、编织纹等。这类纹饰很少，极具研究价值，亦可作为重点收藏。（四）几何纹中的稀见纹饰。可以从三方面着眼：一是几何纹中的奇异纹饰。各个时期彩陶中的几何纹饰，虽局部画法各有所异，但总体构图并无太大变化。在这些众多的几何纹中，有极少数十分奇特的纹饰，应视为几何纹中的稀有品类。如河南禹县出土的一件仰韶文化彩陶罐，腹部仅以白彩饰一周类似草本植物茎叶的纹饰，简练而富有装饰意味，十分少见。青海省民和县博物馆藏的一件马厂大罐，最大腹径处仅饰一周绳索纹，颇似捆绑的一根麻绳，奇妙无比，为专家所称道。二是大量雷同纹饰中的特殊构图。如马家窑、半山类型数量众多的旋纹中，专家和藏家所公认的富有特征的旋纹有两种：一种是以图案带为旋线构成的旋纹，一种是由众多细线纹构成旋线的旋纹。前者使旋纹显得十分华丽，后者则使旋纹显得更加气势磅礴。类似的现象，在各个不同时期的彩陶纹饰中都是存在的；三是少数彩陶出土量较少的文化类型中彩陶典型纹饰。这些古文化类型由于彩陶出土量较少，十分难找。对于一个收藏者来说，其典型纹饰就显得尤为珍贵。如石岭下类型的“猪面纹”、卡约文化中庄类型仅在腹上部至颈部施红色陶衣的“红脖子”、辛店文化唐汪式陶器的勾连涡纹、寺洼文化彩绘陶中的双钩圆点纹、沙井文化彩陶中的窄长倒三角纹等。（五）素陶中的稀见纹饰。这类稀见纹饰除前面已经介绍过的堆贴、捏塑等器物上的附属陶塑品外，刻画人纹、动物纹、植物纹、符号纹等亦十分稀少，异常珍贵。如河姆渡文化陶钵上刻画的稻穗家猪纹，大汶口文化、良渚文化、小河沿文化陶器上刻的原始符号纹，以及齐家文化陶器上刻画的人纹、龙纹、蜥蜴纹等，皆属史前素陶纹饰中难得的珍品。另外，在史前的素陶中，自新石器时代早期到史前晚期，先民采用各种技法在器表装饰了大量的几何纹图案，如附加堆纹、锥刺纹、戳印纹、指甲纹、剔刺纹等。有整器装饰的，也有局部装饰的，有的图案相当精美，不亚于彩陶纹饰，也是收藏者切不可忽视的。

我之所以将史前的彩陶、素陶异形器和稀见纹饰统归于“异品”之列，我之所以专项收藏这些“异品”，反复强调要重视这些“异品”的收藏，主要是因为，在大量的史前古陶中，这两类陶器实在太少。尤其是异形器中的仿生器、附有陶塑品的陶器、圆雕作品和稀见纹饰中的人纹、动物纹和植物纹，更是少之又少。打个比方说吧，如果你见到 100 件陶器，完整而磨光的几何纹彩陶可以发现 20 件左右，但不一定能发现一件这种异品陶；如果你见到 1000 件陶器，这种异品陶有可能会发现 2～3 件。也就是说，比较理想的异形陶和稀见纹饰，在西部史前古陶总数的比例，充其量不过 2‰～3‰。没在西部古陶世界徜徉过的人或许感到不可理解，而在西部长期从事彩陶收藏和经营的人，大多有此种感受。在甘青一带，我曾认识几位颇有实力的彩陶收藏家。他们历经十几年或 20 多年的艰苦寻觅，所藏比较典型的异形器和绘有稀见纹饰的彩陶器，合起来也不过十几件。如果你有时间翻阅一下历年来各地出版的史前古陶图片资料，以及有关研究史前古陶的著作，便会知道，那些专家所称道的“史前遗宝”“史前珍品”“史前最具代表性艺术杰作”，翻来覆去也就是各地博物馆所藏的那几件典型的异形器和彩陶中的纹饰异品，总共也不过百余件。如果加上没有介绍的，估计也不会有多少。从这种稀有程度上，也可以看出其珍贵之所在。

对于史前古陶异品的文化价值、科研价值和艺术价值，学术界已多有论述。如果把西部彩陶比作一座五彩缤纷的大花园，那么，这些异品陶无疑是这座大花园中最为耀眼夺目的奇葩。它们都是先民智慧偶然迸发出的火花，都是先民艺术家的杰作，无论造型艺术或绘画艺术，都达到了那个时代、那个地区的最高水平，可以称得上史前艺术的瑰宝。与史前大量的常见器和几何纹相比，这些异品陶无疑更多地承载着原始社会的信息，对研究先民的原始宗教、巫术活动以及生产、生活等各方面，都是至关重要的。考古界及学者们之所以对这部分陶器看得很重，并对其进行重点研究、反复探讨，其原因也就在这里。

三、收藏异品陶应注意的几个问题

就我了解到的情况，西部的史前古陶收藏，大概有两种情况。一种是一些经济实力雄厚者，看到西部彩陶出土量大，价格上涨较快，加之银行利息低，于是把彩陶当作一种投资货物，大量购买，少者 100 多件，多者数百件，有的可达上千件，将其藏于密室，以待升值。另一种是有计划、有目的的收藏者。他们或按文化序列系统收藏，或按文化类型、器物类型专题收藏，也有专题收藏素陶者。不少人的藏品已有相当规模，其中也不乏罕见的陶中异品，为各大博物馆所不藏。经过多年的收藏与研究，都取得了可喜的成果。人们常说，所谓收藏，收藏的是一种文化。如果仅仅把市场的彩陶买回家里，囤积起来，等待时机，转手牟利，这与古玩商并没有太大区别。因此，严格地讲，前者并不能算是“收藏”，应该叫“集藏”或“囤藏”，是一种商业行为。

就我多年来的体会，作为一个真正的彩陶收藏者，尤其是一个专题收藏者，在收藏过程中，以下几个问题是应当引起注意的。

（一）既要重视收藏早期的陶器，也切不可忽视晚期陶器的收藏

考古学上的早期陶器，在甘青地区，主要是指新石器时代早期的大地湾一期文化和师赵村一期文化中的陶器。从彩陶的收藏来看，由于早期彩陶出土量十分有限，因此，在西部的收藏界中，所谓“早期”与“晚期”的概念，主要分两个阶段，即马厂以前新石器时代的彩陶为“早期”，齐家文化及其以后的青铜时代彩陶为晚期。认为“早期”彩陶精细，晚期彩陶粗笨，只看重其外观，而忽略了它们的文化内涵及其在西部彩陶中应有的位置。这种观念在不少彩陶商中也是存在的。前些年，在彩陶出土量较大的时候，他们根本不愿意去做晚期彩陶的生意，即使去做，价格也非常便宜。到了近几年，在彩陶出土量日益减少的情况下，这类彩陶才引起了人们的兴趣。所谓“早期”彩陶，尤其是彩陶鼎盛期的作品，制作规整，打磨光滑，施纹精细，数量稀少，这是事实。但晚期的彩陶也不乏精美之作，尤其是不少怪异的造型、具有写实风格的纹饰，以及一些生动的陶塑品，都出自这一时期，有的甚至堪称国宝级珍品。例如，被收入上海文化出版社所编的《国宝大观》的卡约文化鹿纹双耳罐等，这样的例子还有很多。如果你搞彩陶收藏，尤其是系列收藏，没有晚期的这部分彩陶，如何了解彩陶从发生到消亡的全部过程？如何分析彩陶器形、纹饰的发展演变规律？如果你是个彩陶异形器或彩陶某种纹饰的专题收藏者，无论何种器形或纹饰，“早期”和“晚期”都是缺一不可的。退一步说，即使你购买彩陶完全是出于欣赏之目的，当你将一件卡约或辛店的鹿纹罐摆到古玩架上时，与一件几何纹圆器相比，或许更能体味到远古的神韵，尤其是古羌人游牧生活那种奇妙的韵味。当然，我这里并无贬低几何纹圆器的意思。

（二）既要重现收藏大型陶器，也切不可忽视小件的收藏

所谓大型陶器，主要是指七拃以上的大器。由于历经破坏，加之这种大型器

在当时的制作量可能就比较少，在西部史前古陶总的出土量中也就相对较少。就彩陶而言，作为经营者来说，大器大价，小器小价，这也在情理之中。如果你仅仅是为了欣赏，买几件大而完整的彩陶器，摆放到家里，看起来华丽气魄，亦无可厚非。但对于一个彩陶收藏者来说，切不可仅按个头大小去购买，选择的器形和纹饰，应是各个时期有代表性的及具有一定文化内涵者。尤其是异形器和雕塑作品，基本无大器。再从各地考古学家所认定的史前古陶珍品看，有许多高度都在 10 厘米左右，素陶中的此类小型陶品更多，形体虽小，但不可小看。对于这种小型异品陶器，有些彩陶商可能由于多年的经验，也认识到了它们的珍稀性，有时开价很高，但往往不容易卖出。其原因主要是由于不少收藏者受市场论大小个头开价的影响，因嫌器小价高而不愿购买，以至于把许多很好的收藏机会都错过了。求大而不求小，求大而不求异，求大异而不求小异，这都反映了在对藏品文化内涵认识上所存在的局限性。对于一个真正的收藏者来说，无论收藏异形器还是普通器，无论收藏稀见纹饰还是常见的几何纹饰，都应当是有计划、有目的、有针对性的，切不可盲从，更不能论个头的大小。

（三）既要重视收藏品相完好的彩陶，也切不可忽视残器的收藏

在西部出土的彩陶中，由于在地下埋藏了数千年，加之受地下各种化学物质的侵蚀，以及地壳的变动、人为的破坏等诸多因素，完整器占 30% 左右；而器形完整且带磨光者，可能不到 10%。余者要不烂成碎片，要不局部留有磕碰、干裂痕迹，或大部或局部存在脱彩现象。虽然不少专家再三强调，彩陶不像瓷器等古玩，由于其年代久远，残破并无大碍，更不影响收藏，但由于这里的彩陶出土量实在太大，给了购买者以充分的挑选余地，故许多人买彩陶时，就像在市场里挑鸡蛋一样，无论这件彩陶造型如何优美、纹饰如何精细，只要有指甲盖那么一点磕碰，有一寸长的一道裂痕，有铜钱般大小的脱彩，皆视为残破之器。他们所要挑选的，必须是绝对完整的。对于一个出于陈设目的而购买者来说，或者是为了送礼而购买者来说，这种近乎苛刻的挑选本来也无可厚非，但对于一个收藏者来说，这会把许多购买藏品的机会错过，尤其是对于那些热衷于收藏异形器和稀见纹饰的收藏者更是如此。对于一般的购买者来说，彩陶可能就是一种陈设品，就是一种礼品；而对于收藏者来说，任何时候都不能忘记，它是一种文化。品评一件彩陶好与不好，是其所蕴蓄的文化内涵，所承载的原始社会信息。在各大博物馆所藏的国宝级陶器中，有不少出土时都是残器，但照样是国宝。在西部彩陶市

场上，类似的陶中珍品也是不时可以看到的，但只因残破而无人购买。前几年，兰州城隍庙古玩市场，一彩陶商收到一件半山类型的六拃彩陶壶，上腹画了一个形神俱佳的完整神人纹，神人纹两下肢间画了一个硕大的女阴纹。这对于研究史前先民的女阴崇拜、生殖崇拜等，都具有十分重要的价值，但只因该器系由二十几块残片粘接复原而成，几个收藏家看到后都不愿意购买。后来被一藏友花 1 万元买回。一位彩陶专家看后说："绘有此种纹样的彩陶，20 年可能才发现一件。"像这样一件彩陶，其文物价值、科研价值和艺术价值是无可估量的。即使论其经济价值，在行家眼里，甚至可以超过十几件、几十件同样大小的普通彩陶，或者说也同样是无法估量的。如果你在选择藏品时，既要求其品相完好，又要求其器形特别或纹饰罕见，那样的概率实在太小了，更不能去完善自己的收藏。

（四）既要重视收藏彩陶器，也切不可忽视素陶器的收藏

所谓"素陶"，主要是相对于彩陶而言。素陶中除少数不做任何装饰的素面陶外，大都施有绳纹、篮纹、附加堆纹、刻纹、划纹、锥刺纹等各种纹饰。甘青地区在出土大量彩陶的同时，也出土了数量众多的素陶。这些素陶有的是生产或生活实用器，有的是随葬品，有的可能属于宗教用物。无论其造型或纹饰，都不乏精细之作。尤其是素陶中的雕塑作品，几乎件件可以称得上陶中珍品。但令人感到奇怪的是，在当地的不少收藏者中，都不愿意收藏这类陶器，即使造型、纹饰再稀异，有的也不愿意收藏。这可能与西部彩陶太多而人们普遍对素陶不够重视有关。其实，这对任何一个彩陶收藏者来说，在对藏品的选择上都是不全面的。过去，一些学者提出的所谓"彩陶文化"，就我个人的理解，实际上就包括彩陶和素陶两方面，是一种文化的两种不同表现形式。作为一种文化现象，二者是相辅相成、互为补充、缺一不可的。要想进行彩陶器形的收藏研究，没有素陶不行；要想去专题收藏研究某一文化类型的彩陶，缺少这一时期的素陶同样不完整；如果要搞史前陶塑品的收藏与研究，素陶塑品的收藏更是必不可少的。即使你是一个彩陶的专项收藏者，也不妨将各个时期有代表性的素陶收藏一部分，这样会使你的藏品更加系统、更加完善、更具研究价值和观赏价值。因此，对于任何一个彩陶收藏者来说，一定要着眼于文化的收藏，切不可将素陶与彩陶截然分开。更何况，在西部史前各个时期，尤其是史前晚期，一些古文化类型的彩陶出土量很少，不少形制的陶器原本不见施彩者，如不有针对性地收藏一些素陶，如何去完善、去研究你的藏品？自然更谈不上藏品的系列化了。近几年来，在西部

彩陶收藏界，不少人正在筹划出书、办展，或开办私人博物馆。如果你有此愿望，建议选择一些有代表性的素陶。它绝不会使你的藏品变得“不伦不类”，反而能给你的彩陶增色添彩，更受人们喜爱。一位艺术家说：素陶之美，不亚于彩陶，有的则为彩陶所不及。这也可能是许多艺术家的共识。在西安和兰州，有两位藏友专事史前素陶收藏。前者专题收藏仰韶文化素陶，已初具规模；后者主要收藏西部马家窑文化及青铜器时代素陶，藏品达千余件。他们二位都是搞艺术出身的，可谓眼光独到。

以上说了那么多，归根结底，无非是要重复“物以稀为贵”那句老话。尤其是在古玩收藏领域，这似乎是一个永恒不变的真理。珍稀古玩的文物价值、科研价值、艺术价值和经济价值，这一个“贵”字似乎都将其概括了。

四、彩陶真伪的鉴定

在甘青地区，尤其是兰州、西宁，以及彩陶分布比较集中的地区小城镇里，过去，彩陶仿品虽也不时出现，但基本上看不到专业的彩陶鉴定机构和彩陶鉴定人员。这是因为，在长达 20 多年的时间里，人们见到的彩陶实在太多了，无论是收藏者，还是营销者，甚至盗掘者，对于常见的彩陶品类，尤其是那些大路货，不少人都能识其真假。在这样的环境里，即使你初涉彩陶收藏领域，或出于其他某种需要而想购买彩陶，即使对彩陶一无所知，随时都可以找人鉴定。他们不但能帮你识别真假，而且还能给你讲出何种文化类型、何种价格，上当受骗者很少。后来，随着彩陶的出土量日益减少，赝品大量涌入市场，各地才陆续出现了一些彩陶鉴定机构和彩陶专业鉴定人员。近几年来，随着赝品的“更新换代”，高仿品越仿越“高”。原本清醒的彩陶市场，似乎变得越来越“糊涂”了。于是，大大小小的彩陶鉴定“专家”也就应运而生。在此情况下，这种“鉴定”也就不可避免地会出现一些混乱现象。而这种“混乱现象”，主要来自以下三类人员。

第一类来自彩陶收藏界。在甘青地区，热衷于彩陶收藏的人为数不少，有的藏龄达 20 余年，有的只是近几年才涉足这一领域。由于各自的经济条件和兴趣不同，收藏的专题及藏品的多少也各有所异。彩陶收藏与其他古玩门类的收藏一样，各有各的偏爱，各有各的侧重，纯属个人爱好。而且，从各人的藏品看，无论数量多少、年代早晚，亦各有所长、各有别人没有的精品，藏友间相互交流，取长补短，这本来是一件好事。然而，在这部分人中，有的由于经济实力雄厚，藏品众多，于是便以“权威”自居；有的或在电视上露过脸，在报刊上登过文章，或其藏品在“选宝”一类活动中得过奖，于是也把自己当成“权威”；还有的几个人凑在一起，成立一个什么彩陶研究组织，每个人都给自己封个头衔，于是便都成了“权威”。这种“权威”的泛滥，必然出现互争高下的现象。于是，你贬损我，我贬损你，把自己的藏品说成“国宝”，把别人的藏品说得一钱不值。甚至将真品说成赝品，一味抬高自己，一心想当藏界的“龙头老大”。更有甚者，不仅目无同行，连文博部门的彩陶专家也不放在眼里。挂在嘴边的话是：“他们能看懂什么！”“我们的经验都是花钱买来的！”言外之意，就是只有自己说了算，只有自己才是唯一的“权威”，听了使人感到可笑。这种人虽然为数很少，但由于他们到处以“权威”自居，到处发表“鉴定”意见，或者说到处否定别人的藏品，指手画脚，口不择言，唯我独尊，自命不凡，其能量是不可低估的。彩陶鉴定领域出现的混乱现象，在很大程度上就乱在他们身上。

第二类人员来自部分彩陶经营者。其中有坐地开店者，也有来往于城乡之间的二道贩子。多年来，西部的彩陶市场，在很大程度上都是由这些人操纵着。他们由于长年经营彩陶生意，跑的地方多，见的实物多，对常见的彩陶或某一地区、某几个文化类型的彩陶的鉴定，应该说还是比较内行的。但他们对彩陶的认识存在着很大的局限性。其中的原因，一是这些人原本都是农民，大多数并无多少文化知识，有不少甚至是文盲，对彩陶从未进行过认真研究，仅凭感觉行事。或者说，他们之所以能将这种生意长期经营下去，所凭借的也就是自己那点感性知识。二是在过去很长一段时间里，他们主要是从盗掘者手中购买彩陶，然后运到市场销售，只起着“搬砖头”的作用。由于这些彩陶基本上不存在真伪鉴别问题，自然也就无须在这方面下功夫了。其三，这也是很重要的一个原因，长期以来，由于他们所经营的主要是能卖大价钱的马家窑、半山类型彩陶，对马厂类型（尤其是马厂晚期）及青铜时代的彩陶根本不屑一顾，或者说接触很少，因而在彩陶真假的鉴别上，对自己经常接触的彩陶经验就多一些，对平时很少经营的彩陶就显得明显不足，这连他们自己也是承认的。“没见过的彩陶不敢认”，这几乎是他们的通病。出于以上原因，在彩陶鉴定中，尤其是对那些平时接触较少的彩陶，原本是一件不存在真伪问题的彩陶，他们往往会有的说真，有的说假，有的说局部为真，有的说局部为假，有的甚至一会儿说真，一会儿说假。末了，大都还要问你花多少钱购买的，若购价与市场价大致吻合即判为真，过低则判为假。这都说明他们心中无数。当问其鉴定理由时，他们的回答几乎是相同的：“道理说不出来，只是凭自己的感觉。”不少人认为，这些人看彩陶是不存在问题的。

其实，这只说对了一半。在不少彩陶的鉴定中，无论是器表特征的鉴定，还是文化内涵的辨识，他们理性知识的缺乏，认识上的片面性，都会随时暴露出来。由于他们经常给人鉴定彩陶，虽然是免费的，但也不可避免地会给市场带来某种混乱。

第三类则来自考古文博部门的个别专业人员。其中有的出发点虽然是好的，但由于所从事的并非彩陶专业，在鉴定过程中，也就难免出现误判的现象。如果说此类人员尚有情可原的话，那么，另外一种所谓的“专家”就另当别论了。他们有的并非对彩陶一窍不通，但或出于金钱之目的，或其他原因，鉴定中颠倒黑白，混淆真伪，常常弄得基层收藏者无所适从。有关这方面的事例，西部彩陶收藏界也有不少传闻，虽人数极少，但在很大程度上影响了专业鉴定队伍的权威性，其负面作用不可低估。

在一般收藏者眼中，由于他们都是“专家”，都是“权威”，其言行很容易在人们的思想上造成混乱。西部彩陶界出现的某种混乱现象，毫无疑问都与他们有关。从以上分析中不难看出，在这些人中，有的对彩陶一知半解，更多的则是出于各种不同的目的，或者说心存各种不良动机。将真品说成赝品，将假的说成真的，很少能从他们嘴里听到实话。有时，他们或许还能给你讲出一大堆道理，但若仔细分析，几乎没有一句是对的。因此，我奉劝那些初涉这一收藏领域的朋友，当你买到一件彩陶，尤其是陶中珍品时，千万别听他们胡说八道，更不要为他们的言行所左右，最好多听听那些既有真才实学而又具有职业道德的专家的意见。因为他们毕生从事这一职业，见多识广，毕竟是专家。

如果说，以上所举彩陶生意人和个别专业人员中所存在的问题尚可理解的话，那么，对于彩陶收藏界出现的此类现象，就不能不引起人们的深思。人们常说，收藏在于探索，在于发现。任何一个彩陶收藏者，一旦涉足这一领域，也就意味着走上了一条永无止境的探索之路。在我国西部长达数千年的新石器时代和青铜文化时期，在甘、青、宁数十万平方千米的黄土地下，那是一个未知的世界，那是一本巨型的无字天书。你想到的东西可能会出现，你做梦都想不到的东西照样会出现。我们现在看到的只是冰山一角，谁也不能说自己已经看全了，看懂了。许许多多史前遗物需要我们去发现，许许多多未解之谜需要我们去破解。比起其他古玩门类的收藏，西部史前彩陶在这方面为我们提供了很大空间，这也是西部彩陶收藏家的得天独厚之处。对于一个彩陶收藏者来说，如果你不具备一颗虔诚的心，缺乏甘当小学生的态度，仅仅满足于自己那点藏品，满足于自己那点经验，沾沾自喜，妄自尊大，目空一切，不去认真探索，不可能有所建树。到头来，非但当不了“权威”，反而会威信扫地。

关于彩陶真假的鉴定，甘青各地的彩陶收藏家和经营者，尤其是他们所钟爱的马家窑、半山类型彩陶的鉴定，大都摸索出了一套行之有效的办法。制假者之所以绞尽脑汁而屡被识破，与这些反假能手有针对性地研究反假策略不无关系。近几年来，一些专家学者根据自己的切身体会，总结出了许多彩陶真假鉴定的经验，不少已见诸报端，在此不再赘述。

这里，我着重谈谈青海东部地区马厂晚期彩陶的辨识问题。

如果翻阅一下本书中的藏品，读者也许可以看到，其中有相当一部分出自青海东部地区。这一方面是由于我在青海生活多年，对这一带比较熟悉，但更重要的是，在这一独特的地理环境中，有着独特的史前文化遗存。从大的地理环境上看，该地区地处青藏高原亚东缘和黄土高原的过渡带上，紧临甘肃；也是黄土高原农业区向青海西部牧区的过渡地带，境内丘陵连绵，沟壑纵横，平均海拔高度在 2500 米以下。既没有内地赤热的夏日，也没有高原牧区酷冷的冬季，亦农亦牧，很适合人类居住。据古文献记载，这一带也是古羌人的主要活动地区，素称“西戎地”，史前遗存十分丰富。1927 年，瑞典考古学家安特生就曾在这一地区进行过考古发掘，“马厂类型”即其在民和县马厂塬遗址考古发掘后而命名的。其后数十年来，不断有考古学家及考古、文博部门在这一地区进行考古调查或考古发掘。仅 20 世纪 50 年代以来，经正式考古发掘的大型史前遗址就有著名的柳湾墓地、阳山遗址、阳洼坡遗址等，出土了大量珍贵的史前遗物，为世界考古界所震惊。

从大量史前遗存中可以清楚地看到，甘青地区新石器时代彩陶发展到此，已到了晚期阶段。尤其是马厂类型，晚期阶段的地域特征表现得尤为明显。继马厂之后，齐家文化的柳湾类型、青铜时代的卡约文化，以及辛店文化的某些遗存，也都体现了很强的地域性。在这些遗存中，尤其是马厂类型晚期遗存中，出土的彩陶不仅数量众多，而且与其他地区的同期彩陶也有诸多不同之处。在考古界和收藏界所珍视的异品陶中，这一地区尤为多见，亦表现出明显的地域特征。因此，可以说这里既是衰退期彩陶的主要出土地，也是一个藏龙卧虎之地。然而，令人不解的是，在兰州乃至其他不少地方的彩陶收藏者和经营者中，对这一地区的彩陶很少关注。尤其是马厂晚期彩陶，更是不屑一顾。他们戏称这类彩陶为“红脸猴”，甚至谈“猴”色变。其原因可能是嫌其造型粗笨，色彩单一，不够美观。只是到了近些年，由于马家窑、半山类型彩陶出土量日益减少，这才引起了他们的重视。但由于过去很少接触这类彩陶，对其缺乏了解。遇到那些品相上好的容器，或当地独有的异品陶真品，常常是疑神疑鬼，不敢相认。而对那些陆续出现的同类赝品，更是一头雾水，真假难辨。在对这一地区彩陶的认识上，对不少人来说，可以说是一个“盲区”。在此情况下，致使不少收藏者与珍宝失之交臂，而那些生意人也常常因此失去赚钱的机会。因此，无论收藏者，还是经营者，对于这一地区的彩陶，有一个清醒的认识，掌握其辨伪的经验，都是十分必要的。

与马家窑、半山及马厂早期彩陶的鉴定不同的是，在对这一地区马厂晚期彩陶的鉴定中，除常规的鉴定手段外，应首先把握其地域特征，切实弄清以下几个问题。

（一）要弄清器表陶衣的不同特征。青海东部地区马厂晚期的彩陶，虽与其他地区的同期彩陶一样，绝大部分器表都施有红色陶衣，但这里的此类彩陶不仅数量众多，而且所施陶衣色彩比其他地方都更加丰富多彩，耀眼夺目。可能由于所用矿物质颜料的不同，所见红衣有紫红、土红、橘红、桃红等。有的色彩浓艳，有的清新淡雅。细分起来，有 10 余种之多。从这一时期对红彩的运用及装饰形式看，器物的造型及黑彩纹饰似乎已降到次要地位，主要是千方百计地对红色的突出。因此，推测当时的先民很可能存在着尚红习俗。从这些陶衣所施载体看，也可能是当时人们出于某种偏爱，也可能是由于颜料来源的多少所致，不同红彩所饰的器皿亦各有侧重。（1）紫红。亦有深淡之分。深紫红色多施于瓮、罐、壶、钵之类器物。大多为粗胎器，器表虽粗糙，但由于施彩较厚，出土后色彩艳丽，如同新品，给人以说不出的美感。当你看到它时，即如看到一朵紫红色的玫瑰；当你看到一大片这样的彩陶时，就会有一种走进紫红色玫瑰园的感觉，赏心悦目，心旷神怡。我曾有多次这样的享受，那是当我一次看到 100 多件或数百件此类彩陶的时候。淡紫红色陶衣，主要施于一些磨光器上，数量极少，看起来清新雅致，十分漂亮。除以上两种陶衣外，尚有紫褐、紫灰、酱紫诸色，亦属这一地区独有的陶衣颜色。（2）土红色。与之相近的尚有土黄色。这两种陶衣也是这一地区马厂晚期彩陶中比较多见的，主要施于敞口高领鼓腹盆、提梁罐、双联罐、筒状杯等抛光容器上。这些容器大多体形较小，做工十分精细，所饰陶衣无论土红或土黄，无不打磨精细，抛光极佳。品相好者会发出丝绢般的光泽，也是这一地区红衣黑彩器中最美的一种，可能为部落头人或富裕人家特意制作的器皿。这些陶器之所以主要饰这两种陶衣，如果不是出于颜料稀缺的原因，很可能就是与这一特定人群的审美情趣有关，或者说在当时人们的审美观念中，这两种颜色就是高雅、尊贵、吉祥的象征。除以上介绍的几种陶衣外，在这一地区的马厂晚期彩陶中，尚可看到水红色、桃红色、乳黄色、奶白色、淡紫色等。有的可能是就地取材刻意选取的颜料，更多的大概是因颜料的配置不当而形成的。虽为数不多，但新颖别致，为这一时期的彩陶增色不少。（二）要弄清彩纹色彩的不同特征。与上面介绍的陶衣一样，青海东部马厂晚期彩陶纹饰的颜色也是多种多样的。就我所看到的，有黑、红、蓝、紫、青多种。现分别加以介绍：（1）黑彩。也是这一时期分布范围最广、运用最多的一种颜色，而且无论何种器皿，基本上都是单独施彩。与马厂早、中期黑彩不同的是，晚期的这种黑彩，大多浓黑、厚重，如同新绘上去的一样，与艳丽的陶衣相配，看起来十分漂亮，亦不失为这一时期彩陶的一大亮点。（2）红彩。这里所说的红彩，主要是指器表以单一红色所施的纹饰。所见此类红彩多为土红色，清新爽目，别有风韵。此类红彩纹饰，在甘青各地马厂晚期彩陶中都可以看到，但尤以青海东部地区相对较多，也是这一地区马厂晚期彩陶的一大特色。（3）蓝彩。有蓝黑、蓝灰两种。与黑彩相比，彩纹呈蓝黑色的彩陶虽不时可以看到，但数量相对较少，以乐都、民和一带的湟水流域为多见。彩纹呈蓝灰色的彩陶，则主要分布在民和县新民乡及松树乡一带。著名的阳山墓地也发现于这一地区，所出土的彩陶彩纹色彩，尤其是马厂中晚期的彩陶，基本上为蓝灰色，看起来朦朦胧胧，如同蒙上了一层神秘的面纱。这可能与当时这一特定地区的先民对颜料的配置有关，此种纹饰色彩也是当地这一时期所特有的。（4）紫彩。分紫黑、淡紫两种。前者主要出现于一些粗胎器上，后者则只是在一些磨光器上偶有所见。我曾在民和县的巴州、川口镇一带见过多例。这种淡紫彩多施于淡淡的红衣之上，庄重、典雅，且透出几分神秘之气，亦属这一地区马厂晚期彩陶中独特的彩纹色彩之一。（三）要弄清器物形制的地域特征。马家窑文化彩陶发展到这一地区的马厂晚期，许多器物造型都有了很大改进，变得更适用，更接近于现代器物造型，具有鲜明的地域特征。如敞口高领鼓腹盆、四耳浅腹盆、圆柱形高足罐、尖底罐、提梁罐、单耳带鋬长颈壶、豆形盘、带把盘、小平底敞口碗、方形带盖器、30～40 厘米高的大型带盖罐、带流壶，以及造型各异的酒具等。另外，还可以看到 3～5 个形制相同、彩纹一致成组出现的豆或盘。陶饰品中如陶镯、陶臂环、陶笄、陶串珠、陶牌饰、陶坠饰、簪形器等，祭天礼器中如陶环、陶璧等，在这一地区也是出土最多的。这些形制的陶制品，在马厂早期及其他地区的同期彩陶中很少看到或基本不见，使人耳目一新，对研究史前尤其是新石器时代器物形制的发展演变及原始先民的宗教、文化生活，都具有十分重要的价值。（四）要弄清纹饰的几种地域特征。说到马厂晚期的彩陶纹饰，人们首先想到的可能就是它的简单、粗率、随意。其实，在这些看似粗犷的彩纹中，却有着许多值得珍视的纹样。尤其是在青海东部这一特定地区，许多纹饰都表现出明显的地域特征：（1）从纹饰构图看，这里的许多纹样，尤其是那些象生纹，即使与之前题材、内容相同的纹样，在表现形式上也有明显区别。如垂臂牵手式舞蹈纹，在马家窑类型彩陶中出现以后，其后的半山及马厂早期基本不见，而到了这一地区的马厂晚期却又出现了。从藏者见到的几例实物看，其施纹载体多为罐、壶类容器。舞人自器肩至器腹下部绘制一周，形体高大，舞姿热情奔放，几乎布满器表，而且很少有附属纹饰，与马家窑类型彩陶舞蹈纹的构图形式已有明显变化。再如鹿纹，在之前或之后彩陶上的鹿纹，或以白描手法表现，或以纯黑彩描绘，而在该地区马厂晚期的一些鹿纹中，却大多以短线组成。尤其是双角高竖的雄鹿，如同漫步在淡淡的雾霭之中，给人以若隐若现的感觉，别有一番情趣。在神人纹的表现形式上，或以复线描绘，或以横竖方块纹组成，更是多种多样，皆为这一地区所仅见。另外，在这一地区的彩陶中，还会看到不少构图怪异的纹样。如双头神人纹、骨架式神人纹、四肢鸟形纹，以及我收藏的“谷物神”纹等。这些神秘莫测、耐人寻味的纹样，有许多也只有在这一地区才能看到。（2）从施彩形式上看，其独到之处是对黑、红彩的巧妙运用。在之前的半山及马厂早期彩陶纹饰中，这种复彩的运用，主要表现在以装饰为目的的几何纹描绘中。而此时的复彩则是根据不同需要运用在某些象生纹的绘制中。如某些神人纹，除躯干以黑彩描绘外，圆球状头形、面部五官，甚至连双手五指都分别以红彩绘出，表现出明显的肌肉感，看起来更写实、更生动。多年来，此类复彩神人纹器，我所见到的实物不下 20 例。我收藏的马厂晚期雏鸭形壶、雌雄同体神人纹长颈壶即如此。在个别动物纹样中，亦可看到此种现象。这种以复彩表现象生纹的手法，尤其是将红彩用以肌肉的表现上，在我国美术史上，可能是最早出现的，虽为数不多，但弥足珍贵。另外，在民和县松树乡一带的马厂早期彩陶中，尚可看到黑、红、白三种颜色绘制的彩陶。白彩的施彩形式与马家窑晚期的黑、白彩几何纹大致相同，但多施于瓮、罐类容器的颈、肩部位，亦为这一地区所仅见。研究这一时期彩陶施彩形式时可作为参考。（3）从施纹载体看，除常见的红衣黑彩器外，尚可看到素陶器上施有单独纹样的彩陶，这在其他地区的同期彩陶中也是少见的。在青海东部出土的马厂晚期陶器中，有相当一部分为素陶。这些素陶除少数施有绳纹、篮纹外，大部分仅对器表稍加打磨，泥条盘筑痕清晰可见。这种素陶器上所绘彩纹，所见多以黑彩或红彩孤零零地施一单独纹样，以神人纹居多。其次为动物纹、植物纹、“卐”字纹、符号纹等。虽为数不多，但新颖别致，独具风采。记得 20 年前，我曾收藏到一件 60 厘米高的大瓮，腹部一侧以红彩绘一 50 厘米高的完整神人纹。仅那条长尾就有 10 余厘米，纹饰醒目，气势不凡。在我见到的各期神人纹中，应是最高大的一个。仅就观赏价值来说，并不亚于那些以黑、红彩精绘出来的彩陶。

另外，在青海东部的马厂晚期遗存中，还出土有大量的陶塑品。除形象各异的陶塑人像外，塑陶动物中如牛、羊、猪、狗、鸡、鸭、鹿、熊、鸟等，自然界中大部分飞禽走兽及先民生活中的许多家禽家畜形象，几乎都能看到。与之前各个时期的陶塑品相比，这一地区的陶塑品同样具有鲜明的地域特征。例如，大部分塑品都具有较强的写实性。陶塑动物中，无论何种动物，对外部形体特征都把握得相当准确，使人看了一目了然。在人像的雕塑上更是如此。无论形体大小，亦无论男女老幼，是孕妇还是少女，都能表现得十分清楚。而且，在大部分陶塑人像中，都运用了刻、划、捏塑及彩绘多种技法，头发及双手五指都有表现，不少还戳划有肛门。再加上部分彩绘，看起来活灵活现，栩栩如生。出土有不少形态怪异、充满神秘色彩的陶塑品。著名的浮雕男女同体瓶，即出土于柳湾墓地。迄今仅发现的几件彩陶圆雕孕妇像、男女两性连体人像，也都出自这一地区的马厂晚期遗存中。在一些瓮、罐类的素陶器上，还不时会看到或堆塑或贴塑上去的小型人像。有的上部和腹部各塑有一头，有的上部为人头，下部似动物躯干。而且，这些塑品的面部大都十分怪异，有的非人非兽，有的似哭似笑，有的面目狰狞，神秘又带着几分恐怖，使人难以捉摸。

从以上介绍中，我们可以清楚地看到，在马厂晚期看似粗犷随意的彩陶背后，所折射的正是当时人们那种豪放的性格、充满活力的思想，以及希求变革的精神。如果说后来的齐家时期是一个社会大变革的时期，那么，马厂晚期似乎已经拉开了这种“变革”的序幕。当时生活在青海东部地区的古羌人，由于所处的特殊的地理环境、人群相对集中、族群久远的历史、深厚的文化积淀，很可能就是一群思想最活跃的人，是站在这种变革最前沿的先行者。反映在彩陶的制作中，较之其他地区，无论在色彩的运用上，还是形制的设计上，具有更大的差异、更多的创新，似乎都是必然的。作为一个彩陶收藏者，尤其是作为一个研究型收藏者，这也正是所要关注的。只有关注它，才能认识它，研读它；只有认识了，读懂了，看到了它的“美”，把握住了它的地域特征、真伪的判断分析，自然也就有了主动权。

有关技术方面的鉴定，由于甘青各地彩陶的出土情况各不相同，加之制假者的手段各有高下，就个人的鉴定经验而言，任何一种方法都不可能是灵丹妙药。从青海东部地区马厂晚期彩陶的制假情况看，多年来，主要反映在局部的作伪上，整器作假只是近几年才陆续出现。因此，在鉴定过程中，应结合这一时期彩陶的特点，着重关注以下几方面：（一）看彩纹上有无斑驳的银色光泽。这一时期的彩陶由于施彩较厚，所用矿物质颜料历经数千年土埋及地下各种化学物质的侵蚀，出土后，无论其色彩如何浓艳，彩纹上大都会看到斑斑驳驳的炭化现象，而且可见自里向外反射的银色光泽。而新仿彩陶，尤其是那些用矿物质颜料所绘的抛光器，由于反复抛光，彩面上虽然也会出现银色光泽，但这种“银光”只是淡淡地附着于彩面之上，无炭化现象，更不见因受侵蚀而出现的斑驳之痕。历史岁月留下的沧桑痕迹，无论如何是做不出来的。（二）看脱彩部位的痕迹是否自然。在甘青一带的彩陶中，凡埋藏地距地表较近或靠近水源的彩陶，出土后大多有脱彩现象。在青海东部的马厂晚期彩陶中，其脱彩部位有两种现象：一是反映在这里出土较多的粗胎器上，脱彩部位多呈麻窝状分布，脱彩部分与未脱彩部分由深至浅呈自然过渡状，有的彩纹脱彩部位尚留有点状或块状淡色彩纹，皆显得十分自然；二是所施陶衣较厚的彩陶，由于施衣前胎体大都经过细致打磨，加之施衣过厚，以致受潮后出现两张皮的现象，故脱彩部位多呈块状脱落，就像揭下一层薄皮一样，露胎处亦十分平整光滑。作伪者为了制造假象，往往在不破坏整器彩纹的情况下，在彩纹局部地方或未施彩处，以浓硫酸进行腐蚀。如此制造出来的脱彩部分，有的呈成片的水滴状；有的呈枝杈状；有的如流水淌过的痕迹，露胎处平整光滑，不见蜂窝状麻坑；有的则趁酸蚀后胎体未干时，以抹布擦拭，将部分彩纹擦得模糊不清，隐约可见胎体，但大部分留有明显的擦痕。同时，在这些作伪的彩陶上，还大都留有因酸蚀而出现的蓝灰色云团状痕迹，这也是他们试图所做的“碱锈”。综合分析，很容易识破。（三）看折带纹间的单独纹样及素陶上的刻纹是否为原有纹饰。折带纹是马厂晚期彩陶上的常见纹饰，由于留白较多，除少数填绘有单独纹样外，大多作为主题纹饰仅绘一组折带。一件同样大小、同样品相的彩陶，折带纹间有无补白纹样，售价往往相差数倍乃至数十倍。因此，作伪者在金钱的驱动下，常常在那些没有填绘纹样的折带纹间补加纹样。他们所填绘的主要是那些神人纹、动物纹、植物纹、天象纹等稀见纹样，有的几可乱真，如不仔细观察，很容易上当。刻纹，主要是指素陶器表阴刻的单独纹样，在马厂晚期及后来的齐家时期素陶器上都可以看到，虽为数不多，但十分珍贵，在收藏圈中的交易价甚至高于同期精绘彩陶。所见伪器，新胎器多在胎体未干时以硬物划出或以刀刻出，老胎器则直接用刀刻。如前述折带纹间伪补的单独纹样一样，此类刻纹也大多是神人纹、动物纹等珍稀纹样。对以上两种伪器的鉴别，前者主要是用湿毛巾擦拭。湿毛巾擦过，老胎老彩上的水分会即刻吸入胎体，而新加之彩由于含有胶质物，不但吸水较慢，且彩面发亮，很容易分辨出来。有的为了蒙骗买主，往往采取酸蚀、打磨、上碱锈等手段，对新加之彩乃至整器进行做旧，虽新彩与老彩看起来颇为相似，吸水率也基本相同，但或多或少地留下一些做旧痕迹。若遇到此类异品陶，购买时一定要仔细观察。另外，这里还要提醒藏者注意的是，在马厂晚期施折带纹的彩陶中，尤其是相对较多见的施有此类纹饰的长颈壶中，绝大部分品相都相当完好。如此彩纹不清或脱彩者只是个别现象，而此种品相不佳又绘有稀见纹样者，更是少之又少，千万不能有侥幸心理。伪刻的鉴定，主要看所刻阴线是否自然。古陶上所刻的阴线内大都布满碱锈，阴线两侧碱蚀较重，线纹缺乏棱角。而伪刻阴线虽大多经过打磨做旧，棱角过于圆润平滑，线内锈迹与器表锈迹无论其厚薄，色彩都会有细微差别。若拭去阴线内伪锈，即会现出原形。而且，作伪者所刻纹样，大都生硬呆板，缺少灵动之气，稍有经验者，即可分辨出来。（四）看器表堆塑及镶嵌是否为原器之物。在器物的肩、腹、耳等部位，堆塑或贴塑小型人像或动物，这也是马厂晚期及齐家时期常用的装饰手法。凡附加有此类塑品的陶器，无论彩陶或素陶，在藏家眼里，都是难得的珍品。作伪者往往根据所要作伪的陶器的陶质、陶色，选取质地相同的泥巴，烧制出人像或动物等小型塑品，再贴附于器表某一部位，然后做旧处理，以蒙骗买主。此种作伪手法，在彩陶和素陶中均可看到。马厂晚期以彩陶为多见，有的若不仔细观察，很难识其破绽。陶器器表以骨粒、骨管、松石粒、贝壳等进行镶嵌的装饰技法，在马厂晚期及青铜时代不少文化类型出土的陶器中都是存在的。由于历经千年岁月，这些古陶上的镶嵌物已大部脱落，只留下用以镶嵌的凹坑。此类古陶上脱落的镶嵌物，若是在原器出土处就地捡拾，然后镶嵌上去，亦可视为真品。但遗憾的是，市场上所见的此类古陶，基本上都是盗掘者夜间挖出的，脱落的镶嵌物早已不知所终。于是，作伪者便利用器表留下的凹坑，选取遗址中出土的此类镶嵌物镶嵌，所见以骨管为多，张冠李戴者普遍存在。有的为了卖出好价钱，还常常选取旧的松石粒、松石片、贝壳、骨片，甚至玛瑙珠、珊瑚珠、玉珠进行镶嵌，致使不少人上当受骗。在真伪的鉴别中，前者以湿毛巾擦拭是最有效的办法。伪塑品因系新烧制而成，未经氧化过程，吸水性较差，而塑品与器表衔接处系胶质物粘接而成，吸水性更差。湿毛巾擦后，新塑品与原器面会显示出两种完全不同的色彩效果，尤其是二者衔接处，往往会出现一圈深深的水印痕。另外，再以雕塑技法看，无论人物或动物，大都线条生硬，形象呆板，毫无古拙之味，是真是假，明眼人一看便知。后者主要看所嵌之物是否为原有之物，是否是现代的新品，与原有凹坑的大小是否一致，是否有人为粘

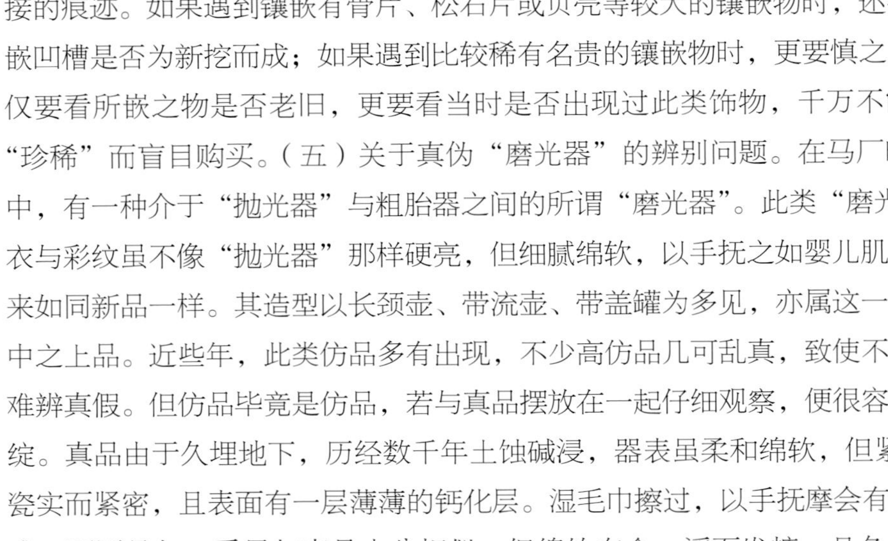

接的痕迹。如果遇到镶嵌有骨片、松石片或贝壳等较大的镶嵌物时，还要看看所嵌凹槽是否为新挖而成；如果遇到比较稀有名贵的镶嵌物时，更要慎之又慎。不仅要看所嵌之物是否老旧，更要看当时是否出现过此类饰物，千万不能为求其“珍稀”而盲目购买。（五）关于真伪“磨光器”的辨别问题。在马厂晚期彩陶中，有一种介于“抛光器”与粗胎器之间的所谓“磨光器”。此类“磨光器”，陶衣与彩纹虽不像“抛光器”那样硬亮，但细腻绵软，以手抚之如婴儿肌肤，看起来如同新品一样。其造型以长颈壶、带流壶、带盖罐为多见，亦属这一时期彩陶中之上品。近些年，此类仿品多有出现，不少高仿品几可乱真，致使不少收藏者难辨真假。但仿品毕竟是仿品，若与真品摆放在一起仔细观察，便很容易看出破绽。真品由于久埋地下，历经数千年土蚀碱浸，器表虽柔和绵软，但紧贴胎体，瓷实而紧密，且表面有一层薄薄的钙化层。湿毛巾擦过，以手抚摩会有一种黏手感。而赝品乍一看虽与真品十分相似，但绵软有余，浮而发糠，且色彩过于浓艳，缺乏陈旧感。至于真品那种历经沧桑岁月留下的痕迹，更是不见踪影。

这篇文字写得似乎过长了。主要是，在多年的收藏过程中，所见、所闻、所想甚多，趁此机会将心里想说的话都说出来，也算是一吐为快吧。同时，也算是从文字上对我 20 多年来的这项收藏做个总结，以了却这桩心事。

上编

史前异形古陶

一　原始独立陶塑

（1）马家窑类型陶塑人像

史前陶塑中的独立圆雕作品，也是我国出现最早的陶塑品，但数量十分稀少。据有关考古文献，在新石器时代早期的裴李岗文化、红山文化、河姆渡文化等遗存中即有零星发现。仰韶文化时期，此类塑品在各地的不少遗址中虽然都有出土，但数量也十分有限。这类陶塑出土较多的是位于长江中游的石家河文化，有人估计达千余件。在甘青地区的马家窑文化中，石岭下、马家窑及半山类型发现较少，马厂至齐家文化时期，以及其后青铜时代的一些古文化遗存中发现相对较多，尤其是齐家文化，无论人物或动物，都有较多出土，也是这一时期陶制品中极富特色的品类。

这三件陶塑人像为马家窑类型遗物。

左像高 11.3 厘米，头顶似一尖圆形发髻，面部未雕刻五官；两边仅捏塑出两个大耳，双臂垂至下腹，双手呈抱腹状，下部为喇叭形；背部镂出一近方形深孔，可能是为方便插置而特意设计的。

中像高 11 厘米，头顶似一台阶形发髻，面部仅戳划出嘴巴；两侧捏塑两个大耳，双臂呈下垂状，下部捏制成喇叭形。

右像高 9.8 厘米，头顶似一塔形发髻，面部戳刺有双眼和嘴巴；两侧捏塑两个大耳，双臂前拢下垂，下部与前二像大致相同。

三个陶人像于 2004 年出自甘肃省永登与景泰两县交界的一个叫叉口驿的地方，是老乡修公路时挖出来的。三个陶人均为细泥橙黄陶，造型古朴雅拙，从一些细部特征看，可能都是女性。头顶的那个尖圆形，可能是高耸的发髻，也可能是头发上的某种饰物。左、右两个陶人像双臂两侧所饰锯齿状花边，以及右像两臂间所饰的斜向绳纹，可能表示皮袍的绒毛或肥袍的袍褶。下部的喇叭形可能表示曳地的袍摆。另外，从三个陶人修长的躯体看，亦具女性特征。马家窑文化陶塑，就人像来说，有的制作精细，形态端庄，生动传神，有的则简单粗糙，神秘怪异。据专家研究，前者多为祖先崇拜的产物，后者则多为巫师形象，或者说是巫师的替身。从这三个陶人的捏塑工艺和古怪神秘的形象看，很可能属于后者。马家窑类型处于母系氏族社会阶段，所塑造的可能就是所崇拜的女巫形象。而之所以将这三个女巫替身同葬于地下，无疑蕴含着某种美好的祈求和愿望。

（2）马家窑类型陶塑人面

左高 5 厘米，面宽 6.5 厘米；右高 4.3 厘米，面宽 5.5 厘米。两件塑品均为泥质灰褐陶，雕塑风格基本相同。除面中部捏塑一高高的鼻梁外，着重突出两个圆孔形大眼，形似骷髅头，虽无其他细部刻画，但一看便知是人面，并给人以阴森恐怖之感。二人面均打磨光滑，背面未加修饰，下方有一孔，与双眼相通，可能供穿绳系挂之用。史前的这种小型人面塑品曾出土多件，有陶质的，也有石质的，有的五官雕刻齐全，有的仅表现双眼和嘴巴，有的则着重突出双眼。就其面部表情看，有的平和慈祥，有的则显得怪异而神秘，但都有可供穿绳的系孔。推测可能是先民佩戴的一种灵物，类似当今人们佩戴的护身符，为的是祛魔辟邪，求的是通顺吉祥。而不同表情的人面，可能有其不同的文化内涵。

两件塑品于2004年分别出土于甘肃省临洮县和永登县。

（3）半山类型犬形陶塑

通高4厘米，泥质红陶，整体呈上细下粗的矮圆柱形，中空，近底处微微外撇，略呈喇叭状。顶部前端为一略向上仰的不规则泥突，似嘴巴，后为两个呈八字形分开的椭圆形凸饰，可能表示双眼。整体看去颇似一只昂首蹲踞的小犬，捏制虽十分简略，但看起来生动传神，惹人喜爱。

考古资料表明，我国先民对狗的驯养，大约在1万年前就已经开始，至少七八千年前已是常见家畜。有关史前狗的陶塑品，见诸文献记载的，早期有河姆渡文化的狗形陶塑，后来有山东胶县三里河大汶口遗址出土的犬形陶鬶，以及湖北天门石家河遗址出土的几件小型陶塑狗等。在甘青一带的史前古文化遗存中，四坝文化曾发现一件彩陶方鼎上塑有三个陶狗。此外，我在藏友处还见到过一件马厂类型带盖器上塑有一个狗形纽和一件齐家文化圆雕狗。可见作为狩猎护牧的忠实帮手，各个时期先民对狗这种动物都是非常喜爱的。

2006年出土于甘肃省康乐县。

（4）半山类型陶塑动物

左通高 4.2 厘米，长 9 厘米；右通高 4 厘米，长 7.7 厘米，均为泥质红陶。造型大致相同。体躯较长，背部微拱，四肢粗壮且向两边叉开。左兽头较小，尖嘴平伸，两侧捏塑两个大耳，后有一短尾，似雌性；右兽头较大，略上仰，尖嘴翘起，尖角高竖，后无尾，似雄性。这两件陶塑品造型怪异，似狗非狗，似猪非猪，似羊非羊。我曾审视了半天，也看不出为何种动物。

西部史前的陶塑动物，在马家窑文化中出土相对较少，而且大多比较抽象，尤其是马家窑和半山类型，更是如此。但大部分还可以看出其动物属性，诸如此类似是而非的塑品较少见。有的可能是塑者的水平问题，有的可能是当时尚存而今已经绝迹了的动物，有的也可能是他们理想中的神兽。

两件陶塑均于 2005 年出土于甘肃省广河县。

（5）半山类型陶祖

陶祖即陶塑男性生殖器，出现于新石器时代中期，盛行于晚期的龙山文化时期。在西部马家窑文化及青铜时代的不少遗存中，陶祖也都有发现。马家窑文化晚期至青铜时代早期出现相对较多，可以看出当时男性生殖器崇拜之风是十分流行的。史前陶祖基本上都是按照男性生殖器形状塑制的，而且大多塑制得相当逼真。在原始陶塑中，不失为一种生动形象的上乘陶塑艺术品。就我所见到的陶祖，大者长达 25 厘米左右，纵切面直径近 7 厘米，形似一根擀面杖；小者不足 5 厘米，只有食指一样粗细，但一般常见的长度多在 15 厘米左右。这种大型陶祖与小型陶祖是否与持有者的身份与使用场合有关，值得研究。

该藏品通长 4.2 厘米，细泥红陶，属史前陶祖中较小的一种。体形虽小，但有两点独特之处：一是体现在尿道口的设计上。常见的陶祖尿道口多为一锥刺小孔，或以利器戳划一竖槽。该塑品在表现形式上除戳划一竖槽外，还另将龟头切割成三瓣，十分少见。二是在陶祖下方置有椭圆形底座。此类带座陶祖曾在藏友处另见过两例，大者长 15 厘米左右，均可竖置，可能是为方便祭祀而特意设计的。

2007 年出土于甘肃省榆中县。

（6）马厂类型彩陶无臂站人像

高 17 厘米，类砂红陶，中空，整体造型呈站立状。头高昂，两侧捏塑两个招风耳。颈粗壮，肩胛肥硕，无臂。两腿较短且呈叉立状，双脚呈椭圆形，可平稳站立。面部五官雕塑得尤为生动。双眼压印成八字形，鼻梁高耸并戳刺有两个鼻孔，小嘴戳划成横椭圆形，唇部鼓凸，似乎在吹着口哨。圆而微鼓的下颌及丰润饱满的双颊，使整个面部都表现出很强的肌肉感。所施彩纹除颈部的一周斜十字纹外，发型纹、文面纹及衣纹皆以复道平行线纹和竖线纹表示。

该陶人的奇特之处是无双臂，两个肩胛处仅饰一与腹内相通的圆孔。在史前各期出土的独立陶塑人像中，双臂与肩胛都是连塑在一起的，单另安装活动性双臂的可能性不大。另外，从肩胛处所镂圆孔看，不但孔洞很小，而且周围皆呈圆弧状，与陕西汉墓出土的裸体无臂俑肩胛处为安装木臂而特意制成的圆形平面也不相同。那么，先民为什么要将这件陶人双臂做如此神秘化的处理呢？陶人颈部所绘的一周斜十字纹似乎为我们回答了这个问题。“×”为原始数码五字，乃古人祭祀用数。有学者研究，史前绘有“×”形符号的陶器，大多为祭祀用物。另据许慎《说文》：“五,五行也，从二，阴阳在天地间交午也。”据此推测，这件神秘的陶人很可能与祭天有关。肩胛处的圆孔，可能是先民在祭天活动中用来插放某种法物，或系上绳子往高空悬吊的。陶人可能是巫师的替身，也可能是某种神灵的象征，以期通过这种祭祀活动，让这件充满神力的陶人将民意上达，给百姓带来更多福祉。七八年前，民和县就曾出土过一件无臂陶人，高 10 厘米左右。造型与该陶像大致相同，亦出自松树乡一带，说明这种陶人出土地十分有限，可能为某个氏族或部落特有的祭祀神偶，具有浓重的巫术色彩。

1990 年出土于青海省民和县松树乡。

（7）马厂类型素陶站立形男性人像

高 20 厘米，类砂红陶，中空，整体造型呈昂首、抱胸、叉腿站立状。该陶

像除头部两侧捏塑双耳、面部戳刺双眼和嘴巴外，其余部位并未做任何细部刻画。但其粗长的颈部，阔圆的胸部和背部，以及那充满力度的双臂、粗壮且呈叉立状的双腿，所表现的很明显是一个肌肉发达、雄健刚毅、充满阳刚之气的青年男子汉形象。也可能是先民理想中的英雄形象，很容易使人联想到当今运动场上那些举重健将，不失为一件形神兼备的史前陶塑艺术品。

该陶像不仅体形高大，而且十分完整，与巫师替身有别，应是作为祭拜偶像出现的。在陶人腿裆中部，镂有一与腹内相通的小孔，可能是为固定陶像而用来插木棒的。在两个脚掌上，布满密密的布纹，推测先民在塑制该像时，是放在麻布上的，而且为了能使其站稳，曾经过长时间的加工修饰。

1996 年出土于青海省民和县隆治乡。据老乡讲，当时在同一墓葬中共出土两件，尺寸大小相同，一件出土时已残，被其抛弃，殊为可惜。

（8）马厂类型陶塑男女连体人像

左侧陶像高 15 厘米，右侧陶像高 15.3 厘米，均为夹砂红陶，中空，体表饰白色陶衣，光素无纹。二陶像呈背靠背站立状，长躯相连，两侧连接处各戳划一竖槽，以做分界线。相连躯干整体呈扁圆长筒状，下部呈八字分为两部分，以表示双腿，并塑有双脚。在腿部分叉处，镂有两个以表示二像肛门的圆孔。体现二像男女生理特征部分，主要在头、面、胸及腹部。左侧女像表现的是一位体态丰腴的孕妇，大腹高隆，半球状丰乳耸立胸前，双手一上一下平缓地抱于腹部，孕妇特征体现得非常明显。在面部刻画上，塑者也能较好地把握女性特征。头略小，面上仰。双眼和小嘴戳划而成，小鼻和双耳捏塑而成，面部各个器官均显得小巧玲珑，可以看出是一个成熟女性形象，庄重、沉稳而慈祥（A）。右侧男像头稍大，双目仰视，眼眶和眼球都表现得很清晰。鼻梁上窄下宽近长方形，口大张，上下唇的肌肉质感表现得也很明显，整个面部表情带有几分神秘感。双耳一侧捏塑得比较明显，另一侧看不大清楚。胸部镂有两个与体内相通的小孔，以表示男性乳房。右臂弯曲至腹部，手掌呈捂腹状，左臂上弯至面部，手掌紧贴面颊，看起来好像在思考着什么（B）。

青海省乐都县柳湾遗址出土的那件浮雕人像彩陶壶，自 1964 年出土以来，曾引起学术界广泛关注。但由于其造型比较抽象，究竟是男是女，还是两性同体，学术界见仁见智，提出了各种不同见解。比较普遍的看法，认为应是男女两性同体像。我的这件藏品于 1997 年出土于青海省民和县马营镇一带，与柳湾遗址相距不远，可以说是继柳湾浮雕人像壶之后又一新的发现。但相比之下，无论其雕塑艺术形式，还是造型的文化意蕴，后者都显得更形象、更生动、更贴近生活，也使人有一种亲切感。从出土地域、出土年代及表现形式看，该陶塑与柳湾雕浮人像所蕴蓄的内涵可能是相同的。所表现的都是母系氏族向父系氏族的过渡，以不同形式反映这一转型期深刻的社会现象，应是这一特殊社会形态的特殊产物。

A

B

（9）马厂类型彩陶羊

左通高9.5厘米，体长11.5厘米；右通高9.5厘米，体长13.6厘米。二陶塑均为泥质红陶，中空，造型大致相同。整体呈昂首站立状，小圆头，尖圆嘴，颈高竖，腹微垂，臀宽大。后捏塑一短尾，尾下镂有一表示肛门的圆孔。四肢粗壮且呈叉立状。所施彩纹亦基本相同。通体饰淡红色陶衣，黑彩施纹，背、胸部各绘一组平行波折线纹，腹侧各绘一道平行线纹，四肢外侧各绘一组竖短线纹，纹饰简单而草率。两件陶塑虽捏制简略，但看起来膘肥体壮，神气十足，应是先民理想中的牧羊形象，也可能是作者对所牧羊只的模拟之作。从其整体造型特征看，应是两只母羊形象。

羊也是我国原始先民饲养最早的“六畜”之一。据有关文献，家羊的普遍饲养，距今已有五千年左右。在我国西部地区，新石器时代晚期先民饲养的家畜中都有羊。进入青铜器时代，羊更是各个时期先民饲养的主要家畜之一，并为一些古羌人氏族所崇拜，甚至成为他们信奉的图腾。这一时期出土的羊形陶塑，包括彩陶中反复出现的羊纹、羊角纹等，似乎都说明了这一点。

1998年出土于青海省民和县核桃庄乡。

（10）马厂类型彩陶狗

通高12.5厘米，体长14厘米，泥质红陶，中空，整体造型呈昂首站立状。颈高竖，头高昂，嘴巴前伸，双耳略向内弯，面部上方捏塑两个圆鼓的眼睛。四肢粗壮且呈叉立状，体后捏塑一略向下弯的短尾，尾下镂有一表示肛门的圆孔。通体饰淡红色陶衣，黑彩施纹，胸、背部及四肢外侧分别施数道竖波折线纹，应是皮毛的象征。该陶狗看起来精神抖擞，似乎正警惕地观察着随时可能出现的恶兽，也可能正全神贯注地寻觅着什么猎物。作者塑制得如此生动传神，原型很可能就是朝夕相处的牧羊犬或狩猎犬。

据有关文献，我国原始先民对狗的驯养，大约于1万年前就开始了，为“六畜”中驯养最早的动物之一。作为看家、护牧、狩猎的忠实帮手，狗在先民生活中的作用，毫无疑问是其他家畜所无法取代的。因此，史前不少地区的先民都有爱狗、崇狗的习俗，有的甚至作为自己膜拜的图腾。这在史前岩画、彩陶图案及出土的雕塑作品中，都是看得很清楚的。也许正由于他们对狗素有的这种深情，才热衷塑制狗的形象，才能把狗的形象表现得如此逼真传神、栩栩如生。

1998 年出土于青海省民和县核桃庄乡。

（11）马厂类型彩陶鸟

左通高 9.2 厘米，体长 10.5 厘米；右通高 9 厘米，体长 10.2 厘米，细泥红陶。二陶塑整体分上下两部分，上部仅捏塑出鸟的外形轮廓，首尾两端呈弧形下收，形成以表示双腿的圆柱；下部捏塑成一圆形底座。背、腹收缩自然，曲线流畅，头、躯、尾比例适中，塑制虽十分概略，但曲背、伸颈、昂首、垂尾的神态，都还是表现得十分清楚的。在细部刻画上，仅鸟头两侧各戳刺一表示双眼的小凹坑。喙尖处戳划一区分上、下喙的横槽，虽十分简单，但毫无疑问都起着画龙点睛的作用。通体饰红色陶衣，黑彩施纹，其施彩形式亦大致相同。下腹至圆足处各施一道竖波折线纹，腹部两侧各施三道平行波折线纹，应是翅羽的表示。

此外，这两件陶塑体表打磨抛光极佳，所饰红色陶衣温润光洁，亦属同期彩陶中的上乘之作。

先民塑制的这两件陶鸟，可能是草原上的百灵，也可能是蓝天上的云雀，或是其他与先民朝夕相伴的高原精灵。小鸟华丽的羽毛、婉转的鸣叫声、高翔于蓝天的优美身姿，以及对气候节令的本能感知，可能都是他们爱鸟、崇鸟的原因。有的可能是他们心目中的神鸟，视为祥瑞的象征，有的甚至成为他们虔诚崇拜的图腾，但更多的还是反映了他们对大自然的热爱。

1988 年出土于青海省乐都县老鸦城。

（12）马厂类型彩陶雌雄连体鸟

通高 9.2 厘米，体长 12.5 厘米，细泥红陶，捏塑而成，整体呈“十”字形，两侧二鸟仅捏塑出鸟首、鸟喙和鸟颈，头低垂，并戳刺有双眼，喙下勾，喙尖戳划一凹槽，呈微微张开状。中部连接处呈倒三角形且两侧隆凸，可能表示双鸟的躯干，上部的月牙形可能表示双鸟高高卷起的尾尖，两侧分别自鸟首呈弧形下收成圆柱形，应是双鸟四肢的表示。下部为实心圆形底座。通体饰红色陶衣，黑彩施纹，双鸟首、腹部位绘一平行线纹，表示四肢的部位绘两道弧线纹，间绘一斜十字纹，上部卷尾处两侧各绘三道竖短线纹，这些可能都是鸟羽的抽象表示。从其整体造型特征看，尤其是底部为方便竖置而设置的圆形底座，应是马厂先民特意制作的一件祭祀用物。之所以将陶鸟塑成连体形，与彩陶及岩画中的连体动物纹一样，皆为交合巫术的形象体现，祈求人口繁衍的巫术用意十分明显。因此，推测这件陶塑很有可能是先民在增殖巫术活动中使用的法物。史前的连体动物陶塑发现极少。从有关考古文献看，迄今仅西藏昌都卡若遗址出土过一件双体兽形罐，但由于其造型概念不够准确，亦有人称“双联罐”，命名上尚有争议，因而这件藏品就显得尤为珍贵。

1998 年出土于青海省乐都县老鸦城。

（13）马厂类型陶祖

通长 23.6 厘米，纵切面直径 5 厘米，泥质红陶，中空，龟头上镂有一与器腹相通的尿孔。在史前陶祖中，该陶祖不但体形较大，而且塑制得也比较生动，阴茎粗壮，龟头硕大。阴茎前端至龟头处微微上翘，显得坚挺有力，属史前陶祖中的上乘之作，可能是作为祭祀用物出现的。从中不难看出马厂先民对男性生殖器崇拜的虔诚之心，从一个侧面也反映了他们祈求人丁兴旺、部族发达的美好愿望。一般认为，马厂时期是母系社会向父系社会过渡的时期，因而也是社会形态比较复杂的时期。据此推测，出土陶祖的地方，可能意味着生活在那里的氏族或部落父权制已经确立，或处于即将过渡到父权制的社会形态之中。

2001 年出土于青海省民和县中川乡。

（14）齐家文化陶塑人头

通高 5.8 厘米，泥质红陶，下部为圆筒形，上部为一椭圆形人头。面部雕塑虽十分简略，但把五官特征和人像神态清楚地表现了出来：眼窝深陷，鼻梁高耸，两腮鼓胀，嘴巴向前噘起，并分别戳刺有双眼、鼻孔和小口。看起来似乎在仰面观望着什么，又好像正处于昏昏欲睡之中。从腮部和口部的塑制特征看，表现的也可能是一位善吹口哨者，体现了齐家艺人高超的陶塑功力。从仰韶到马家窑文化时期，陶塑人头虽有不少发现，但大多是器皿上的附属塑品。到了齐家文化时期，此类独立的小型陶塑人头出现相对较多，大多无穿孔，并可单独竖置。因此，推测这种人头塑品可能是摆放在住房内的，或揣于怀中随身携带的，与佩戴此类护身符的目的可能是相同的。

2005 年出土于甘肃省广河县。

（15）齐家文化陶塑雄鹿

左通高 9.3 厘米，体长 14 厘米，类砂灰陶。这是一头雄鹿的形象，头竖的双角，前伸的长颈，壮实的躯干，强健的四肢，都体现出雄鹿的体貌特征。从整体塑制工艺看，作者刻画的重点主要在头部。双眼用管状物戳印成阴边圆珠形，既表现了眼眶，又突出了眼球，看起来颇富立体感，真正起到了画龙点睛的作用。鼻孔剔挖成枣核形，嘴巴戳挖成一道弧形沟槽，不但体现了鹿的五官特征，也使整个塑品充满了灵动之气。美中不足之处是双角内弯似牛角，尾巴过长似驴尾，皆显得有些夸张。

右通高 3.3 厘米，体长 6.5 厘米，泥质红陶，中空，整体造型呈伸首、翘尾、伫立远望状。头部仅捏塑一角，分为两叉，呈向后平伸状。面中部捏一竖棱，两侧各戳刺一眼睛，上颌尖长，前端戳刺有两个鼻孔，下颌较短，与上颌间戳划一嘴巴，腹下捏塑两前一后三条腿，可平稳站立。该陶鹿虽体形较小，捏制也比较简略，但作者对鹿的外部形态特征把握得还是相当准确的，在头部的刻画上更是生动形象，逼真传神。这件塑品有一点值得注意，那就是体后高高翘起的似臀非臀、似尾非尾的管状部分。这个小管几乎与头部平齐，末端有一圆孔，与中空腹部相通。这种现象在齐家文化的兽类和禽类陶塑中曾发现多例。故有藏友推测，此类陶塑中的大型塑品可能具有祭祀与实用两种功能。圆管即为“流”，而小型塑品可能具有哨子的功能，圆口即为“哨口”。但无论作何解释，我想先民的这种设计都不会是随意而为，应有其特殊功用，值得研究。

左陶鹿 1998 年出土于青海省平安县，右陶鹿 2006 年出土于甘肃省武威市。

（16）齐家文化陶羊

当我收藏到这 5 只陶羊时，高兴之余又感到自豪——我拥有了原始先民一群可爱的羊。

5 只陶羊均为夹砂灰褐陶，捏塑而成，体形较小。大者高 6 厘米左右，体长 9 厘米左右；小者高 4 厘米左右，体长 7 厘米左右。整体塑制简洁，似乎是随意捡块泥巴，信手捏就，连嘴、鼻、眼等细部都未进行加工处理，但羊的形体特征却都尽显出来。尤其是那小头、小耳、小尾，捏塑得恰到好处，使人一看便知是羊，这正是史前许多动物陶塑的共同特征。四肢的捏塑虽缺少变化，且显得有些夸张，但给人以粗壮有力之感。腹部有的微微下垂，有的上拱呈弧形，看起来亦有肥瘦之别。5 只陶羊均未捏塑双角，但从整体造型特征看，所塑应是一群母羊。5 只陶羊于 2000 年前后出土于青海东部地区一齐家文化墓中。由于生活在这里的古羌人以牧羊为生，终年与羊为伴，对羊十分熟悉，塑制起羊来才得心应手。也许正因为如此，他们对羊才有着一种特殊的感情，即使到了另一个世界，也要让可爱的羊群时时陪伴在自己身边。

（17）齐家文化陶蛇

通高 8.7 厘米，泥质红陶，中部一段蛇身呈实心圆柱形，上端塑一椭圆形蛇头，下部为喇叭形底座。这件塑品乍看很像从器物上脱落下来的残件，但实际上是一件独立的圆雕作品。下部的喇叭形底座虽局部残缺，但从保留下来的部分看，外撇的边缘自然、完整，不见任何粘接或脱落的痕迹，这个喇叭形当初就是作为底座制作的，使用时应是竖置的。该塑品的蛇头雕塑颇有特点，椭圆形蛇头上等距离阴刻三道竖槽，间饰三个以表示蛇眼的锥刺圆孔。无论从哪个角度看，都是一个大口微张、双目圆睁的蛇头。而且，环蛇头可见三个蛇面，皆显得生动形象，逼真传神。喇叭形内底有一小孔，亦可插入木棒。从这些特殊设计看，推测该塑品应是一件祭祀用物。据专家研究，在原始先民的龙崇拜中，蛇是最早出现的形象之一，也是最主要的动物之一。但史前的具象蛇形陶塑出土极少，这件塑品的发现，无疑为研究者提供了又一难得的实物资料。

2006 年出土于甘肃省武威市。

（18）齐家文化陶鱼

通长 19 厘米，腹宽 12 厘米，尾宽 6.5 厘米，夹砂红陶，中空，整体呈扁长椭圆形。前端镂一与腹内相通的圆孔以表示鱼嘴；后部鱼尾为扁喇叭形，可供平稳竖置。鱼身施满绳纹，可能表示鱼鳞，与光素的尾鳍形成鲜明对比，从而将原生鱼类的外部特征清清楚楚地表现了出来。虽未塑出背鳍、胸鳍、腹鳍及臀鳍，亦未刻画双目，但仍属比较写实的鱼塑作品。而且，由于其形体硕大，显得更加珍贵。

史前鱼形陶塑发现并不多。新石器时代早期的河姆渡文化曾发现粗具形象的此类塑品，其后则很少看到。在甘青一带，这种鱼形陶塑主要见于齐家文化和四坝文化，但出土量极其有限。齐家文化的这种鱼形圆雕塑品，包括我的这件藏品在内，多年来曾见过三例，其造型和塑制工艺大致相同。对于这种塑品，有藏友认为是特制的随葬品，但从其既可平置又可竖置的塑制工艺特征看，也有可能是作为祭祀用物出现的，是齐家先民作为多子多产象征而顶礼膜拜的“神鱼”。

2001 年收藏于兰州城隍庙古玩市场。从其陶质和施纹工艺特征看，应属甘肃中部齐家文化秦魏家类型遗物。

（19）齐家文化陶水獭

通高 4 厘米，体长 6 厘米，泥质灰褐陶。这是一件史前罕见的水獭陶塑品。从其整体造型看，似乎是正在水中畅游，又好像是捕鱼捕累了，刚刚爬到岸边，正在歇息的样子。但无论处于何种状态，水獭圆头肥躯的外部形态，尤其是昂首四望那灵敏机警的形象，都生动形象地表现了出来。我们之所以将这件陶塑品定名为“水獭”，不仅因为其整体形象特征与自然界中的水獭十分相似，而且从民族学有关资料看，由于甘青地区的大河小溪中生活着许多水獭，生活在这一带的藏民素有捕水獭的习惯。水獭毛短而密，皮质轻柔坚韧，不仅御寒性好，而且防水防潮。捕捉到水獭后，主要是用其皮毛镶制袍边。有的专门选取棕褐色背毛，有的则将棕褐色背毛与乳白色腹毛剪接拼制成各种图案，看起来十分漂亮。这既是昔日藏人袍边的主要饰物之一，同时也是人前炫耀的资本、家庭财富的象征。20 世纪 80 年代中期，我在青海西南部藏区做民俗调查时，曾就此事与不少藏族老人进行过交谈。他们说，这种习惯是自古相沿而来的。据此推测，也很有可能是古羌人沿袭下来的一种装饰习俗。或者说，至少在齐家文化时期，古羌人就已经开始利用水獭皮了。正如史前的其他许多动物陶塑一样，先民由于祖祖辈辈以其肉充饥，或以其皮毛御寒，对它们都有一种特殊的感情，都是因爱而为的。这件水獭陶塑品的出现也是如此，如果不是齐家人世代受其恩惠而对这种动物倍有好感，是不可能将其形象精心塑造出来的。

1998 年出土于甘肃省积石县。

（20）齐家文化陶塑“阳乌图腾柱”

在史前良渚文化等遗址出土的一些玉璧上，阴刻有一种怪异而神秘的图案。图案下方为一台阶式框架，框架上方为一花柱，花柱顶端刻一或站或呈欲飞状的小鸟。对于这种图案，有专家解释为“阳乌图腾柱图”或“阳乌祭坛图”。将台阶式框架释为“祭坛”，花柱释为“图腾柱”，小鸟释为“太阳鸟”。认为花柱为氏族的图腾柱，阳乌乃氏族的图腾，将二者结合在一起，即“阳乌图腾柱”，表示的是先民对太阳鸟的崇拜。而下方之所以要刻一祭坛，表现的又可能是先民对太阳鸟祭祀时的情景。另外，在大汶口文化一彩陶背壶上，也发现绘有一“阳乌图腾柱图”，但所绘比较抽象。以上所见主要是玉璧上的细线阴刻图，或彩陶上的彩绘图。作为反映这一题材内容的原始陶塑品，就目前所能掌握的资料，这件藏品可能是唯一的一件。

该陶塑通高 18.5 厘米，底径 8.3 厘米，夹砂黄褐陶，体表饰黑色陶衣，下部为上细下粗呈倒扣喇叭状的空心圆柱体，外底有一圆孔，顶端塑一卧鸟。鸟头两侧各贴塑一乳形泥丁以表示双眼，背部阴刻四道平行线纹，间刻复道斜线纹、折线纹，以表示翅羽。在鸟体下方堆塑一周绞索纹，以表示鸟巢。这里，作者将图腾柱视为大树，将小鸟置于大树上的鸟巢内，表现的可能是雌鸟正在树上巢穴中孵卵的情景。下垂的鸟头、内勾的尖喙，以及平卧的躯体，看起来全神贯注，纹

丝不动，把一只正在孕育新生命的雌鸟神态表现得淋漓尽致。在图腾柱上半部，阴刻有三组复道平行线纹，间刻复道垂弧纹、复道斜线纹，表现的可能是大地、江河和雨露，是一种祥瑞的象征。

据专家研究，在原始初民的观念中，鸟类不但能沟通天地诸神，同时也是背负太阳运行的神灵，故有“阳乌”之称，因而备受各地先民的喜爱和尊崇。齐家先民爱鸟的习俗，在陶塑作品中反映得尤为明显。在这一时期出土的大量陶塑动物中，鸟类塑品占绝大多数。就我所见到的，有卧鸟、站鸟、飞鸟、啄食鸟等，但大多是鸟体独立塑品。而将鸟与图腾柱合塑在一起的所谓“阳乌图腾柱”陶塑品，尤其是将一只正在孵卵的鸟的形象塑于高高的图腾柱上的陶塑品，还是首次发现。那么，先民为什么要别出心裁地创作这样一件陶塑品呢？这无疑与他们那根深蒂固的生殖崇拜观念有关，但这又不是一般意义上生殖崇拜观念的反映，而是饱含着对太阳鸟的崇拜和特殊的寄托。祈求太阳鸟更多地孕育新的生命，让太阳给人们带来更多的温暖，让天地神灵给人们带来更多的福祉。史前的此类陶塑品，除这件独立圆雕外，在马家窑文化及西部青铜时代的彩陶带盖罐上，有将盖纽塑成鸟形的。在这里，罐体既是容器，同时也可能是作为祭坛出现的。而盖顶下方的圆筒形盖壁，应是图腾柱的象征。这样的盖罐可能也是祭祀用物，是“阳乌图腾柱”或“阳乌祭坛”的另一种表现形式，都是先民对太阳鸟崇拜的体现，他们的渴望与追求都是相同的。

这件陶塑品保存完好，造型别致，制作精细，刻纹委婉流畅，体表打磨抛光极佳，通体黑亮如漆，若侧光而视，黑色矿物质颜料由于久经土埋水浸，可见斑斑驳驳银色光泽，显得异常漂亮，在齐家黑衣陶中实属罕见，堪称史前陶塑艺术之瑰宝。

该陶塑原为青海贵德县一藏家收藏，后转藏于兰州一藏家手中。据说 20 年前出土于甘肃省广河县一带，具体地点不详。

（21）四坝文化陶鱼

体长 14.7 厘米，腹宽 5.2 厘米，厚 0.5 厘米，夹砂红陶，捏塑而成。这是一件四坝先民的即兴之作，乍一看相当粗率，若仔细观察，鱼的基本特征和富有表现力的部位，都还是表现了出来，造型概念还是完整的。如背部较厚且拱起并有一鳍，腹部扁平，头部呈圆弧形且口部微微凸起，尾鳍虽未分开但已初具形态等。通体虽未进行任何细部刻画，但无论谁看，一眼便能认出是条鱼，而且是一条正在游动的鱼。不苛求写实，只塑其基本形态而不注重细部刻画的陶塑品，虽然在新石器时代早期比较常见，但史前晚期亦不乏其例。

四坝文化主要分布在甘肃河西走廊中西部地区，距今3900—3400年，属古羌人文化。由于生态环境的影响，四坝人在农牧业经济中虽各有偏重，但大多还是从事半农半牧业。虽然那里也分布有内陆河，但捕鱼在他们的生活中不可能占多大比重，有关考古文献也未见有捕鱼工具的记载。然而，考古人员在四坝遗址中却发现了数枚鱼形彩陶埙，再联系到我收藏的这件鱼形陶塑，至少可以说明，四坝人虽然不以鱼为主要食物来源，或者说他们原本就很少捕鱼，但对鱼还是喜爱的，甚至是崇拜的。其原因可以从两方面来解释：其一，据西部藏人讲，他们自古以来就忌食鱼。认为鱼自天上来，是沟通天地人间的神，进而也就将鱼视为“神灵”而加以膜拜了。有关藏族民俗学也告诉我们，藏人的这一习俗，很可能与他们的原始宗教有关。但是否自古羌人相沿而来，尚需研究。其二，正如彩陶上的许多动物纹和史前的许多动物雕塑一样，这种鱼塑品在先民眼里并不一定是图腾标志。可能由于喜欢水中的游鱼，也就将其形象塑造出来，或供观赏，或用于陪葬，或作为儿童的玩物，更多地则反映了他们对大自然的热爱。

2003年出土于甘肃省张掖地区。

（22）四坝文化陶狗

通高 3.3 厘米，体长 4.5 厘米，夹砂褐陶，捏塑而成。体呈长椭圆形，尾上翘，四肢叉立，尖耳高竖，双眼和鼻孔戳刺而成，嘴巴戳划成横凹槽形。体形虽小，但狗的体貌特征都生动形象地表现了出来。在史前的人物或动物陶塑中，无论体形大小，有不少虽无表现双目和嘴巴，但大多戳刺或镂有鼻孔和肛门，这是否与先民对这两个部位的器官有某种特殊认识有关，还是出于某种宗教方面的原因，值得研究。

2003 年出土于甘肃省民乐县。

（23）四坝文化陶狐狸

通高 2.3 厘米，体长 6 厘米，夹砂褐陶，捏塑而成。头部塑制得尤为逼真，尖耳高竖，尖嘴前伸，双眼戳刺而成，生动形象，栩栩如生。一团小小的泥巴，经先民艺术家这么捏巴几下，一件活灵活现的陶狐狸便诞生了，其陶塑艺术功力可见一斑。

在我国西部藏民中，狐狸是传统的狩猎兽。狐狸那丰厚美丽的毛皮，也一直是制衣御寒的原料之一，用整张狐皮缝制的狐皮帽，男女老幼几乎人人一顶，不仅用于防寒，也是炫耀于人前的华贵饰物，甚至被视为富贵、吉祥的象征。藏人这种对狐皮崇拜的习俗，很可能是自古羌人相沿而来的。然而，在西部史前考古文献中，有关先民猎狐的记载却很少看到，有关狐狸的陶塑品则更为罕见。可能有两方面的原因：一是狐狸肉发酸不能食用，猎民猎到狐狸后，大多就地取其皮毛，肉体即弃之不要了。不像家畜或其他可食的野生动物，或用于陪葬，或食肉后将骨骼抛于住地，成了后人的考古研究资料。二是史前先民的动物陶塑，多为饲养的家畜或性情温驯的野生动物，伤人害畜的恶兽很少塑制。狐狸应属于后者。我在多年的史前古陶异品收藏中，虽时时留意各类陶塑品，但有关狐狸的塑品仅见此一例，因而这件陶塑狐狸就显得尤为珍贵。

2003 年出土于甘肃省民乐县。

（24）四坝文化陶猫

通高 3 厘米，体长 5.8 厘米，夹砂褐陶。整体造型呈静态站立状，头微仰，尖耳高竖，面中部捏塑一小鼻，双眼锥刺而成，嘴巴戳划成一凹槽，面部两侧及下颌处阴刻胡须纹。体躯呈长椭圆形，臀部捏塑一半圆形片状短尾，腹下捏塑四尖锥状短肢。作为小型陶塑，猫这类动物是很难表现的，但先民艺术家抓住猫的面部特征，竟能将其活灵活现地塑造出来，使人一眼便能看出是猫的形象，实在令人叹服。猫被人类驯养，大概是在原始农业有了较大发展的时期，目的可能是对付猖獗的鼠害。有考古实物印证的，距今已有4000多年历史。该陶猫出现于距今4000年左右的四坝文化，很可能是以家猫形象塑制的。据有关考古文献，当时四坝人饲养的家畜有羊、猪、狗、牛、马、鹿，加上猫达7种之多，与今天河西人饲养的家畜大致相同。

2003年出土于甘肃省民乐县。

（25）卡约文化陶龟

长7厘米，宽4厘米，厚1.5厘米，泥质灰陶，捏塑而成。体呈扁长椭圆形，前后捏塑头和尾，两侧捏塑似短肢。头略长，前端锥刺双眼和嘴巴。背部自颈至尾端竖刻一脊线，脊线前后两端各阴刻一斜线以突出龟颈和龟尾。脊线上横刻数条短线，两侧分别阴刻竖线纹、弧线纹和圆圈纹，可能表示龟背纹。龟腹平素无纹，中部微凸，平置时尾部上翘，颈部前伸，再加上悬起的四肢，看起来呈水中畅游之态，颇具动感。

在史前不少遗址中，都曾发现过龟的雕塑品，或玉质的，或陶质的，大都比较写实。而这件陶龟虽采用了多种雕塑技法，但造型概念仍显不够准确。对于其动物学上的归属问题，我曾琢磨了半天，后来根据其整体造型和纹饰特征，将其定名为“龟”。该陶龟属小型陶塑，又无供穿绳的系孔，可能是作为死者生前喜爱之物而陪葬的，也可能是按照当时葬俗握于死者手掌之中的。无论出于何种目的，让这种象征长寿和充满吉祥的动物陪伴在身边，无疑寄托着对来生种种美好的希望。

1986 年出土于青海省湟中县。

（26）寺洼文化陶鸡

通高 15 厘米，体长 17 厘米，夹砂灰褐陶。整体呈静态站立状，喙尖圆且略向下勾。头部两侧各用一圆形泥饼贴塑出眼睑，泥饼中部锥刺一小孔以表示眼球，头顶捏塑一半圆形齿状凸棱以表示鸡冠。尾部呈扁宽半圆形，略上翘，边缘

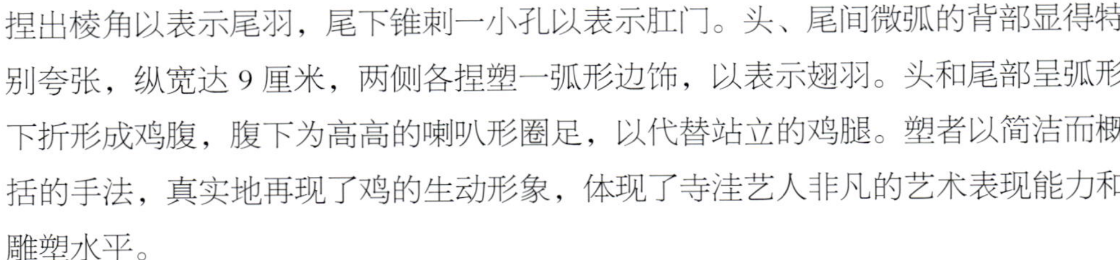

捏出棱角以表示尾羽，尾下锥刺一小孔以表示肛门。头、尾间微弧的背部显得特别夸张，纵宽达 9 厘米，两侧各捏塑一弧形边饰，以表示翅羽。头和尾部呈弧形下折形成鸡腹，腹下为高高的喇叭形圈足，以代替站立的鸡腿。塑者以简洁而概括的手法，真实地再现了鸡的生动形象，体现了寺洼艺人非凡的艺术表现能力和雕塑水平。

这件陶鸡出自甘肃省庄浪县一寺洼文化墓中，虽无具体出土地点，但从其陶质陶色看，与寺洼陶器完全一致：一、陶质为夹砂灰褐陶。寺洼陶器主要为夹砂红褐陶和夹砂灰褐陶质，也是寺洼类型和安国类型的常见陶质。二、陶质疏松，体表可见大量碎陶末、沙粒和云母片等羼和料。这是寺洼陶质的一个显著特征，主要是为了增加陶胎的疏松度，以便在烧制过程中水分蒸发，防止陶器破裂。三、体表颜色不纯，可见灰黑、砖红色斑痕。这是寺洼陶器显著的器表特征，主要是因火候不足所致，与其疏松的胎质一样，为制陶技术相对滞后的表现。四、体表可见多处指印痕。这种指印痕在寺洼陶器皿内壁也经常可以看到，亦可作为鉴定寺洼陶器的一个依据。

在甘青地区的史前古陶收藏者中，不少人对素陶不感兴趣，对素陶中的灰陶更是不屑一顾。其实，无论灰陶或黑陶，作为史前陶器陶色的一个组成部分，无论新石器时代，还是青铜时代，在各地的不少遗存中都是存在的，龙山文化时期更是一种主流陶色。在西部各个时期的古文化遗存中，或多或少也都有灰陶出现。在这些灰陶中，也不乏精美之作，尤其是陶塑品，有的堪称稀世珍宝。而有些人不愿或不敢收藏灰陶制品，主要是常将灰陶与汉陶混为一谈。如果认真对比研究一下，就不难发现，西部地区出土的史前灰陶，尤其是史前晚期的灰陶，无论其陶质陶色、造型或纹饰，与汉陶都是有明显区别的，陶塑品更是如此。虽然其年代与中原地区的商周时代大致相同，有的甚至晚至春秋时期，但由于这一地区的经济发展滞后，仍处于原始社会时期，大部分陶塑品，无论人物或动物，那种古朴稚拙的韵味，在汉代前后的陶塑中是很少看到的。如果望灰陶而却步，作为一个收藏者，将会失掉许多收藏精品的机会，尤其是灰陶中那些难得一见的陶塑品。

（27）寺洼文化陶猪

看到这三个陶猪，使人不禁联想到，当主人提着猪食来到猪圈跟前时，它们颠着肥笨的身躯，嗷嗷叫着，向主人走去，急不可待地想要吞下食物的情景。既具有夸张的艺术性，又不失生动的写实效果，憨态十足，情趣无穷。寺洼艺人也可能是抓住猪此时此刻那种贪婪可笑的神态而创作的。

三个陶猪均为夹砂灰褐陶，捏塑而成。左通高 7.2 厘米，体长 15.8 厘米；中通高 7.5 厘米，体长 15.2 厘米；右通高 6.7 厘米，体长 13.3 厘米。虽形体有大有小，但整体造型大致相同。体躯肥硕，呈长椭圆形，头部上仰，脖颈前伸，嘴巴微张，鼻子上拱，双耳前竖，短尾蜷曲向一边，四肢叉开，呈欲前行状。眼睛、鼻孔和肛门分别锥刺而成。三个陶猪四肢较短，前肢比后肢略高，既显示猪体前伸上仰之态，又表现了猪体的肥硕之状。三件陶塑与前面介绍的陶鸡一样，均出自甘肃省庄浪县寺洼文化墓地。胎质疏松，体表布满灰黑、砖红色斑块，可见碎陶末、云母片和沙粒等羼和料，并有几处明显的指印痕，与寺洼陶器的陶质及体表特征完全一致。三件陶塑虽出现年代相对较晚，但与史前其他古文化遗址出土的陶猪塑品相比，构思新颖，雕塑技法娴熟，姿态生动传神，充满生活气息，使人感到亲切，不失为史前猪塑品中的上乘之作，同时也可以看出寺洼艺人深厚的艺术功力。

（28）寺洼文化陶祖

左长 12.7 厘米，整体呈圆棒形，一端较粗，纵切面直径 3.5 厘米，末端阴刻一周竖线纹，可能表示阴毛；另一端为圆头，中部锥刺一小孔，以表示尿道口。

右长 12 厘米，整体呈圆棒形，较粗的一端纵切面直径 3.5 厘米，较细的一端为圆头。前端阴刻一周平行线纹，以突出龟头，圆头中部锥刺一表示尿道口的小孔。

两件陶祖均为夹砂红褐陶，质地较粗，胎中可见大量河沙、石英砂、碎陶末等羼和料。据货主讲，两件陶祖均出自寺洼文化墓中。从陶质陶色看，亦具寺洼陶器特征，应属这一文化类型遗物。与我收藏的另几件陶祖相比，这两件陶祖的塑制工艺虽比较简略，但整体造型概念应该说还是比较准确的。由于西部青铜时代的陶祖发现相对较少，亦属难得之物。

两件陶祖均于 2006 年出土于甘肃省广河县。

二　器皿附属陶塑

（29）庙底沟类型堆塑蜥蜴纹带嘴罐

高 19 厘米，口径 12 厘米，泥质橙黄陶，敞口、高领、溜肩、鼓腹、双耳、平底。口沿一侧置一较大的肩耳，对应的腹部一侧置一小环耳。肩部一侧置一短嘴，肩部至上腹两侧各堆塑一蜥蜴纹，一侧略小，应为雌性（A）；一侧较大，应为雄性（B）。两个蜥蜴纹的造型及雕塑风格大致相同。口大张衔于罐嘴一侧，四肢粗壮有力，趾端皆刻有趾爪纹，肥腹、长尾，体躯自颈部至尾尖弯曲成三道弯。通体阴刻半月纹，以表示密披的鳞片。从整体造型看，这两件陶塑动物，动物学上应属蜥蜴目壁虎科类动物。壁虎善爬墙。从其向上向下分别叉开的四肢，以及张开的趾爪、扭曲的身姿、弯曲的长尾中，都可以清楚地看出，两只壁虎利用趾上的吸盘，正紧贴于墙壁之上，或正在墙壁上爬行。不仅造型准确，而且塑制得惟妙惟肖，体现了先民艺术家深厚的雕塑功力。据有关资料，史前经考古发掘出土的蜥蜴类陶塑品，河南陕县（今三门峡市陕州区）庙底沟遗址曾出土一件，陕西铜川王家河遗址曾出土一件。另外，在豫陕一带的庙底沟遗址中，还曾出土过几件残塑。这些陶塑蜥蜴纹，都是以堆塑形式出现于容器之上的，而且主要集中在仰韶中期的庙底沟时期，说明史前的此类塑品是十分有限的。而且从已发现的此类塑品看，有的相对较小，有的残缺不全，有的生硬呆板，因而，这件藏品就显得尤为珍贵。

蜥蜴也是我国许多地区原始先民崇拜的动物。据专家研究，在原始社会中，蜥蜴曾以龙的形象受到膜拜，曾以“雨神”的形象受人尊敬。在马家窑文化彩陶中，具有无限神力的神人纹，有的就是先民特意将蜥蜴与人的形象结合的产物。在一些氏族或部落中，蜥蜴甚至成为图腾。而蜥蜴形陶塑之所以多出于庙底沟时期，而且多堆塑于容器之上，这一方面说明当时人们对这种表现形式的偏爱，同时也可以看出，他们对这种动物是十分崇拜的。有的可能是一些氏族或部落的图腾，堆塑有蜥蜴纹的容器，应当就是他们祭拜这种图腾时的祭器。

2001 年出土于甘肃省宁县。

A

B

（30）马家窑类型人面形器口

残高 9 厘米，口部直径 20 厘米，可以看出，这是一个大瓮的瓮口。就我了解到的情况，像这样在颈部塑有人面的马家窑类型大瓮，在甘肃境内出土有 20 余件，大部分残破不全。我曾见到过两件完整器，高达 60 厘米左右，最大腹径 50 多厘米，堪称“陶中之王”。在人面表现手法上，基本上都是采用捏塑与彩绘相结合，即鼻子和双耳捏塑而成，其余部位以黑彩绘出，面部表情也大同小异。我的这件藏品虽是残件，所幸五官俱在，基本保存了人面的全貌。鼻呈鹰钩状，双耳虽小但充满张力，两眼大而圆，双眉上挑似雄鹰展翅，嘴略小呈横椭圆形，面部下面一道下弧形黑彩纹可能表示浓密的胡须。面部着重突出的是那双最能体现人物性格的大眼。两个大眼珠连同眼眶，几乎占去整个面部的二分之一。无论捏出的片状器官，还是彩绘的线条，无不充满力度。可以看出，作者所塑造的是一副非凡的男子汉面孔，表现的是一位充满英雄气概的男子汉形象。

考古资料表明，母系社会出土的陶塑人像，以女性为多见。马家窑类型时期的社会发展阶段仍处于母系氏族公社，而这一时期的先民把男像塑于陶器上，且塑成如此彪悍的男子汉形象，并塑在如此高大的陶瓮上，可以从两方面来解释：其一，可能是他们理想中祖先的英雄形象，应是始祖崇拜的产物。其二，可能是现实生活中的英雄。或在对外战事中英勇杀敌，屡建奇功，或在狩猎活动中打死

了虎、豹、熊之类猛兽等，于是便把他们的形象塑于陶器上。我曾在青海高原西南部的边远藏区进行过民俗调查，那些古羌人的后裔说，在昔日的部落时代，甚至直到现在，凡有如上功绩者，都会被人们视为英雄，有的死后还会被后人像神一样祭祀膜拜。先民之所以将人面塑于高大的瓮口部位，无疑是将瓮口视为人头，将瓮体视为人体，以显示英雄的高大形象。因此可以判定，这样的人面形器口大瓮，不可能是一般生活实用器，而是赋予宗教寓意的祭祀用物。

2002 年出土于甘肃省永靖县。

（31）半山类型附塑人头彩陶钵

通高 11 厘米，口径 15 厘米，底径 7 厘米，细泥橙黄陶，敛口、折沿、弧腹、单耳、平底，环形耳上端至口沿处塑一片状人头（见下图）。黑、红彩施纹，

口沿绘对齿纹，腹部绘平行带纹、锯齿纹、垂弧纹，内壁绘骨架式人形纹。要了解这件陶器的用途，首先应弄清钵内纹饰与那个人头特殊的文化意蕴。

钵内骨架形人纹绘制得比较简练，躯干以一竖带纹表示，头部绘成一椭圆形圆圈，头下方躯干两侧绘两排肋形纹，下腹绘成一条横带纹和四条斜带纹，显得更抽象。对于这种神秘古怪的所谓“X 光式人体像”，或“骨架式人体纹”，自 20 世纪 20 年代瑞典学者安特生在甘肃临洮发现的那件半山类型彩陶钵内画的此种纹样后，曾引起学术界极大兴趣。一般认为，这种怪异的骨骼艺术形式，是源于萨满教巫师的艺术传统，是巫术观的一种具有特征性的表现形式。在他们看来，人的衣服和肉体都不重要，其生命的本质存在于骨骼之中，人死后也只有在骨骼内才能实现生命的往复再生。因此，这种骨骼状态也是“死者再生”的象征。回头再说说那个陶塑人头。头高昂，面上仰，双目深陷，鼻梁高耸，嘴唇紧绷，表情严肃，神气十足。头部呈上窄下宽近三角状，面部两侧捏制较宽，可能表示披散的长发，俨然是一位高高在上、威严而神秘的巫师形象。钵内的“人体骨架”，正置于巫师面前。这位通天地、通阴阳、神通广大的巫师，可能正在施展法术，把另一个生命——也许是祖先的生命，注入这副骨架里，使其能够再生。可以看出，这件彩陶钵内的纹样与口沿上的陶塑是有机结合在一起的，可能是巫师施展法术的场面，是祝殖巫术的产物，也是先民祈求人丁兴旺、部族发达在巫术信仰方面的见证。陶钵可能是巫师手中的道具，也可能是摆放在祭祀场所的祭器，是一件非同寻常的用物。原始社会是充满巫教气氛的社会。然而，无论在彩陶纹饰中，还是陶塑人像中，直接表现巫师形象的作品并不多见。因而这件彩陶钵也就显得尤为珍贵。

1996 年出土于甘肃省永靖县。

（32）半山类型附塑陶鸟双耳壶

高 24 厘米，口径 7.8 厘米，底径 9 厘米，泥质橙黄陶，侈口、卷唇、长颈、圆肩、双耳、平底。黑彩施纹，颈至腹部在七道平行宽带纹界定的图案带内分别绘斜线纹、平行线纹、连续折线纹，下部绘垂弧纹，属半山早期边家林遗物。在肩部一侧，附塑一陶鸟。陶鸟通高 6.6 厘米，体长 10.7 厘米，其陶质陶色与壶体相同。尖喙、曲颈、椭圆腹，尾扁宽呈扇形，双腿塑成圆柱形，头部两侧锥刺双眼，腹部两侧各锥刺三个凹点，尾端呈锯齿状，近尾端处饰三个平行排列的穿孔。整体造型呈仰立状，圆腿立于壶肩，尖喙紧对壶颈，如同啄木鸟一样，好像正在啄食什么食物，塑制得既形象而又逼真。所施纹饰亦为黑彩，鸟头绘竖线纹，颈绘平行线纹，背绘网格纹，腹至足部绘平行带纹，这些应是鸟羽的抽象表示（见下图）。

这件附塑陶鸟彩陶壶，是我藏品中的重器之一。但在最初编写本书时，并没有将其收录进去，其原因就是存在一疑点，那就是鸟腿与壶体衔接处有一明显接痕。该陶壶是我 2004 年连同那件堆塑有陶熊的彩陶壶一起从一位党姓藏友处购买的，购时已有接痕。据党先生讲，他购买时原来是完整无损的，后来由于妻子不慎将鸟体弄掉，是他又重新粘接上去的。这毕竟是售者所言，不足为信。到了 2006 年 8 月，甘肃临夏彩陶鉴赏家马友礼先生因事来到我家，看到这件陶壶和另一件附塑陶熊彩陶壶后，惊奇地问："这两件东西怎么在你这里？"原来二器最

早就是他从乡下购回兰州的。这件附塑陶鸟彩陶壶购自兰州西部的永靖县，另一件则购自青海民和县，时间是6年前的2001年。马先生再三向我说明，为防止这类珍贵彩陶流失海外，仅此一件他就花去1万多元，这在当时已是相当高的价格。因此，他在购买时非常慎重，对鸟体与壶体衔接处等关键部位都进行了反复检查，当时的确是完好无损的。当谈到鸟腿和壶体的接痕时，老马说，鸟体确实是党先生妻子不慎弄断的，当时就如何修复问题，他还征询过我的意见，是我建议他原样粘接的。这就证实当我购买时党先生的介绍并非虚言。说来也巧，2007年7月，民和县核桃庄乡老安来兰办事，遂邀其到家里闲谈。安先生也是一位彩陶鉴赏家，我们相识也有10多年。当说起民和县出土的彩陶异形器时，他无意中谈到，几年前，那里曾出土过一件半山类型彩陶壶，壶上塑了一只小鸟，非常生动。我听后心里一震："莫非是我收藏的这件陶壶！"当我将陶壶拿出来请他看时，他惊奇地说："没错，就是这件！"原来，这件彩陶壶最初也是出自青海省民和县，具体出土地为西沟乡南塬村附近，时间是2000年10月。出土第二天，货主即将他请了过去。当时因索价太高，未能如愿购买。后来被永靖县一彩陶贩购买，再后来才转入老马之手。据老安回忆，当他第一眼看见这件陶壶时，体表还粘有湿漉漉的泥土，除局部脱彩外，无论壶体、鸟体，还是二者的接合部，均完好无损。从以上介绍中可以看出，这件彩陶壶从出土到我收藏，前后历经5年时间。其间至少曾转过四道手，不但有明确的出土地可查，而且从第一位目击者到后来的几位收藏者，尤其是从鸟腿折断到粘接的过程，都是有名有姓的，也可以说是传承有序的。我之所以不厌其烦地对这件彩陶壶的来龙去脉进行详细介绍，主要是怕因其有伤而引起不必要的误解。以后，不管该器流入何人之手，或为博物馆所藏，以免再为一道小小的接痕研究来、讨论去，使这件史前珍宝蒙受不白之冤，甚至被当作赝品而被抛弃。

据安先生讲，十几年前，民和县还出土过一件半山类型彩陶壶。颈、肩一侧附塑一陶羊，羊嘴紧贴壶颈，四肢站立于颈肩接合部，整体呈仰立攀山状，与该器陶鸟姿态大致相同。可以看出，在青海东部半山类型的器皿附属陶塑中，将附属陶塑品单另塑制好后，再选一适当位置粘接于器物上，应是这一地区半山人喜欢采用的一种装饰手法。而且，陶塑品粘接的位置及摆放的姿态也有许多雷同之处。但这类陶塑品极易脱落。无论出土时已经脱落，还是后来藏者不慎将其弄掉，然后再重新粘接上去，这都是很自然的现象，没必要大惊小怪，更不能盲目地去否定。退一步说，即使制假者想拼凑这样一件组合器，要想找一件这样的陶鸟也是不容易的，或者说是根本不可能的。

（33）马厂类型器腹附塑人头单耳壶

高 18 厘米，口径 5.8 厘米，底径 7 厘米，泥质土黄陶，侈口、长颈、圆肩、鼓腹、单耳、平底，器腹一侧捏塑一人头。黑、红彩施纹，口沿内侧绘垂弧纹，颈部至颈肩接合部绘平行带纹、斜网格纹，腹部绘内填网纹的圆圈纹、平行带纹、竖短带纹，耳部绘平行短带纹，施纹精细，属马厂早期遗物。

腹部陶塑人头高 2.5 厘米，宽 2.3 厘米，呈长方形，面部五官雕塑清晰，眉骨高耸，双目深陷，鼻梁扁平，鼻翼凸起，并锥刺有两个鼻孔。嘴巴呈张开状，下颌微微前伸，上颌与下颌处分别以黑彩绘数道胡须状竖短线纹，看来应是一位男性老人形象（见下图）。器皿上附加的这种小型人头陶塑，主要见于马厂时期，多塑于器物的肩、腹或纽部，头后侧多有一长颈，可能是为了使人头更加突出。这种孤零零的陶塑人头，与整个器形或器表纹饰并无内在联系，先民可能是通过此种形式，以表达他们的始祖崇拜或双亲崇拜之情，有的可能为祭器。

2003 年出土于青海省平安县。

（34）马厂类型附塑陶熊双耳壶

史前的陶塑动物，甚至包括彩陶上的动物纹，大多是性情温驯、与人为善并能为人类提供肉食来源的动物。而那些经常伤人害畜的恶兽，尤其是虎、豹、熊之类的大型猛兽，却很少看到。这件附加于彩陶壶上的狗熊陶塑（见下图），就我所能掌握的资料，应是迄今我国所发现的唯一一件有关熊的史前陶塑品。

先民在彩陶上塑出熊的形象，可能有其特殊内涵。熊异常凶猛，受到威胁时，它会不顾一切地迎面扑去，直到将对方制伏；熊力大无比，一巴掌能把人的半个脸扇掉；熊充满智慧，它不仅能记路，遇险时还常常倒地装死，以迷惑对方；熊也是充满神秘色彩的动物，冬季长眠于洞穴，夏季则单独四处流浪，神出鬼没，行踪不定。熊的这些行为特征，无疑使先民感到神秘而敬畏，正像他们在其他许多自然灾害面前一样感到无可奈何，进而产生崇拜心理。在很早以前，熊就是一些氏族或部落的图腾，当作自然界的神灵加以崇拜。这件堆塑陶熊彩陶壶，出现于距今 4000 年左右的马厂时期，当时的原始农业经济已有很大发展，推测该器可能是先民在巫术活动中使用的一种道具，是一件被赋予巫术力量的神器。可以从以下两方面理解：其一，可能是先民在狩猎巫术活动中使用的神器。狩猎开始前，将这样一件神器置于祭祀场合。在巫师的施法过程中，认为已将超自然的神魔力量赋予熊身上，对其进行祭祀膜拜，可以得到一种超凡的力量，以便在狩猎活动中一帆风顺，猎捕到更大的动物、更凶猛的野兽，获得更多的肉食。也就是说，通过这种祭祀，使巫术的影响力能在现实的猎事中发生作用，更有利于狩猎活动的开展。其二，可能是先民镇魔驱邪的法物。熊的力量和智慧，使先民感到敬畏，加上巫术赋予的力量，很可能被先民视为具有镇魔驱邪无限威力的神兽而顶礼膜拜。尤其是当氏族或家人遇到灾祸时，可能更是如此。将猛兽视为神兽，借助猛兽的力量避邪消灾，在如今西部藏区也是普遍存在的。尤其是熊，在藏人心中更是力量与智慧的象征。在藏传佛教的护法神殿里，大都悬挂有熊皮、熊掌一类东西。在藏民的土屋和帐房里，屋内门口大多也铺有一张熊皮。其目的也都是希望借助熊的力量和智慧消灾驱邪，求得平安。据他们讲，这种习俗也是自古传下来的。佛教传入藏区虽然已是后来的事，但很有可能是他们将民间这一习俗引进寺院的。

该器 1988 年出土于青海省民和县。高 30 厘米，口径 10.5 厘米，底径 10.7 厘米，属马厂中晚期遗物。器体保存完整，可惜因受蚀较重彩纹局部脱落，但仍不失为史前彩陶中的珍罕之物。

（35）马厂类型堆塑双蛇纹彩陶壶

高 23.5 厘米，口径 10 厘米，底径 9.3 厘米，泥质橙黄陶，侈口、短颈、溜肩、鼓腹、双耳、平底。在对称的两耳上方，各堆塑一蛇纹，并以此为界，在分作两部分的壶腹上，各绘两条盘蛇纹。一面右边的一条蛇盘曲两圈，蛇头较写

实，呈三角形向下勾垂，似乎尚处于冬眠之中。左边的一条蛇盘曲近三圈，蛇头呈尖圆形，微微上仰，看起来似乎刚刚结束漫长的冬眠期，正欲舒展躯体，外出觅食（A）。另一面右边的一条蛇盘曲近四圈，但蛇头高高抬起，整个躯体好像充满着力度，正要冲出冬眠洞穴；又好像遇到了天敌，正处在警惕的自卫之中。左边的一条蛇盘曲近四周，蜷曲较紧，蛇头与蛇身亦紧贴在一起，看起来倦态十足。在这条蛇纹的下面及右上方，共画了7个不规则的圆圈，可能意味着该蛇刚产完卵，或在孵卵之中，是一条正在孕育新生命的雌蛇（B）。陶壶上的四个蛇纹，分别由浓重的红彩画出蛇体，然后以黑彩描边，在橙黄色的陶衣衬托下，看起来十分醒目。双耳上方堆塑的两条蛇纹，均呈屈身游行状。一蛇纹弯曲四道弯，似乎在缓缓而行；另一蛇纹弯曲三道弯，而且弯度有力，看起来好像在急速盘行之中。两条堆塑蛇纹均未施彩，这在彩陶器皿堆塑中也是常见的，可能是为了凸显堆塑的艺术魅力。与同期彩陶中的此类堆塑相比，这两条蛇纹堆塑还是比较生动的，不但头、尾都做了细部表现，那盘曲而行的身姿，更是塑制得活灵活现，动感十足。在史前各个时期的彩陶上，在题材内容上堆塑与彩绘有机结合在一起的现象并不多见。因此，无论从题材内容上，还是在艺术表现形式上，该器都可以称得上远古艺术的杰作。

1996年出土于青海省民和县。

A

B

（36）齐家文化附塑骷髅头单耳罐

高 16.5 厘米，口径 10 厘米，底径 7 厘米，夹砂红陶，侈口、高领、溜肩、鼓腹、单耳、平底。器腹施斜向绳纹，领部打磨光滑，一侧附一宽板状环形耳，另一侧堆塑一硕大人头。人头上宽下窄，两腮塌陷，鼻子扁平，且中部以一竖槽分为两瓣，双眼和嘴巴镂成三个圆孔。无论从先民雕塑的初衷去琢磨，还是从不同的角度去观赏，该人头都是一个形象逼真、极其罕见的骷髅头。

那么，先民为什么要把死人的颅骨塑于陶器之上呢？推测可能与他们的“颅骨崇拜”有关。据学者研究，颅骨崇拜源于先民的灵魂不灭观念。在原始先民的观念里，人虽死但灵魂是存在的，灵魂就存在于骨骼里，更有可能存在于头颅之中。因此，他们把头颅看得很神圣，甚至视为灵魂的象征。也有专家指出，考古学家在先民的颅骨中发现的碎颅、颅顶钻孔、涂红等现象，以及齐家文化墓中发现的入葬前将头部砍下置于躯体其他部位的所谓“砍头乱骨葬”，都可能与先民的这一习俗有关。

该陶罐器表积满烟炱，而且为夹砂陶质，说明里面是盛放液体的，是长期在火上使用的，但并不能简单地认为就是生活实用器。从领部附塑的骷髅头看，明显地带有巫术色彩，很可能是一件与巫教有关的特殊用物。另外，还有一点值得注意，那就是人面的口部与罐腹是相通的。若在罐内盛满液体，手执对应的环形把手，液体即可从口部流出，口部在这里起着“流”的作用。让液体从神圣的骷髅头口部流出，这液体可能有着非同寻常的意义。而饮用这样的液体，可能蕴蓄着更深层次的内涵，其具体用途有待进一步研究。

该器 1987 年 11 月出土于青海省乐都县距柳湾遗址不远的白崖子村附近一齐家文化墓中，是我的早期藏品之一。

（37）齐家文化器口附塑人面双耳罐

通高 26 厘米，口径 10.5 厘米，底径 6.5 厘米，夹砂红陶，侈口、束颈、溜肩、鼓腹、双耳、平底。器口用泥片隆起一半圆，周边饰齿状堆纹，中部雕塑五官。鼻梁捏塑而成，鼻尖微微上翘，双目镂空而成，深邃而有神，嘴巴戳划而成，嘴角上翘，微微张开。面部的五官位置不但塑制得均匀恰当，而且看起来似乎露出淡淡的笑容，给人的直观感觉是憨厚朴实、和蔼可亲。从面部的整体雕塑风格看，应是一位成熟的女性形象。瓶体的其他装饰，除上述双肩耳外，颈部稍加打磨，其余部位皆施斜向绳纹，与常见的齐家夹砂粗陶装饰大同小异。有学者研究，先民制作的许多陶器，尤其是瓶、罐类容器，大都是以人体为母体进行制作的，这种推测或许是有道理的。从该瓶的总体造型看，最大腹径略微偏下，腹下部收缩明显，曲线流畅，优美典雅。瓶体与人面结合得非常协调，颇似一位双腿并拢站立的孕妇。从陶质和器表附着的烟炱看，该器也是一件与火有关的实用器。但与前面介绍的附塑骷髅头陶罐相比，二者所蕴蓄的文化内涵显然有别。前者神秘怪异，带有明显的巫术色彩；后者一

看便知是平民形象，可能为祖先崇拜的产物。

甘肃省博物馆藏有一件秦安寺嘴坪出土的石岭下类型人面器口瓶，泥质红陶，其整体造型及雕塑风格与该器大致相同。石岭下时期比齐家时期要早1000年左右。就我所看到的资料，其间再未发现过类似的陶塑品。那么，后者是齐家先民突发奇想的偶然之作，还是与前者有某种内在联系，这也是给我们提出的一个疑问。另外，该器的塑制形式与同时期的鸮面罐十分相似，推测可能与鸮面罐一样，应为富人家的用物，亦是身份与财富的象征。

该器1988年3月出土于青海省乐都县柳湾遗址附近的高庙镇，是我的早期藏品之一。

(38) 辛店文化附加女阴形陶塑双耳罐

高27.2厘米，口径17.5厘米，底径10厘米，夹砂红陶，侈口、高领、溜肩、鼓腹、双耳、平底。肩部阴刻一周复道折线纹，双耳阴刻复道斜十字纹，腹部两侧各饰一女阴形堆塑。女阴形陶塑如蚕豆般大小，竖椭圆形，中部刻一竖槽，两侧隆凸呈半圆形，酷似女性生殖器（见下图）。一般认为，青铜时代是母权制与父权制并存的时代。出现女阴形陶塑的地方，可能说明当时的氏族或部落仍处于母系社会阶段，也可能意味着父权制已经确立而母权制的影响依然根深蒂固地存在着。

在马厂至齐家时期，以及进入青铜时代的一些陶器上，先民喜欢在上面装饰一些人物、动物、人体器官等小型陶塑品。其手法有堆塑、捏塑、贴塑多种，形体虽大都较小，但无不塑制得逼真传神，可能各有其特定的文化内涵。这些器皿附属陶塑中，男性生殖器大多利用器物的耳、把、纽予以表现，单独作为附属塑品者甚少。女性生殖器有单独塑于器皿上的，但数量极少。作为一个史前古陶收藏者，对附塑有此类陶塑的器皿，皆可作为珍品加以收藏。

2002年出土于青海省乐都县洪水镇。

三　人形器

（39）四坝文化彩陶人形双耳罐

这种上为罐体下置双腿双足的“人形罐”，与前面介绍的全身形体俱全的人形器一样，除四坝文化外，在马厂、齐家时期也都有发现。就我看到的实物资料，马厂类型罐体较大，多附有双耳，双腿粗矮，呈矮胖人形，有带彩器和素器两种。齐家文化人形罐有大有小，上下比例匀称，看起来比较秀气，但基本为素器。器表往往用堆贴、锥刺、拍印等多种技法装饰出各种花纹图案，看起来也很漂亮。四坝文化人形罐制作最精，通体打磨光滑，并施满彩纹。上部多为双耳圆底罐，双腿为单另制成后对接而成，而且双腿通常较高。但三个时期的人形罐有一个共同特点，那就是双脚较大，看起来与双腿和罐体不太协调，这可能是为了使器体站稳而特意设计的。这种人形罐的出现，可能与三实足罐有某种渊源。在马厂时期，曾出现一种三实足罐。罐为敞口、双耳、深腹罐，与人形罐罐体相同；底部接三圆柱形足，足形与人形罐双腿相似。如果去其一足，在另外两足下端接上双脚，便成为人形罐。故推测这种人形罐有可能是受其启发而制作的，或者说是在这种三足罐的基础上演变而成的。

这件藏品属四坝文化遗物。通高 24.2 厘米，口径 10.5 厘米，腹径 15 厘米，泥质黄陶。这件人形罐基本上是按照人体外形特征进行构思设计的。高领以表示人的颈部，双耳可能表示人的双臂，罐腹圆鼓且底部呈圜形，与人的腹部极为相似。加上下部的双腿双足，酷似站立的人形。此外，器表纹饰也很有特点，尤其是罐腹与双脚上的纹饰，与人形罐体配合得恰到好处。通体所饰的淡红色陶衣，可能表示人的肌肤。罐腹两侧自领部至腹下部各绘的四层菱形网格纹，很像用粗麻线或羊毛线织成的衣服。双脚前半部所绘的三角折线纹图案，很明显是制靴线的象征。与罐体其他部位简单的纹样相比，作者着重突出了这两部分最能代表人的衣着特征的纹饰，应该说是颇费了一些心思的。同时也为我们研究四坝人的衣着装饰提供了不可多得的形象资料。

关于这种人形罐的用途，学术界有各种不同看法。它可能是一种陈设器，也可能是一种与宗教、祭祀有关的神器，有待进一步研究。

该器 2003 年出土于甘肃省张掖地区，具体地点不详。出土时罐体与双腿已脱离，后经对接复原。

四 鸮面器

（40）甘肃东部地区齐家文化师赵村类型鸮面罐

在甘青地区的史前文化遗存中，出土带有鸮面雕塑的陶器，就我所见到的有三种：一种是在陶缸腹部等距离堆塑三个猴面形鸮面，多出自仰韶中期的庙底沟类型，可称为“鸮面缸”；第二种是在陶鬲口部一侧隆起一半圆形面，其上雕塑出鸮面，多出自齐家文化和辛店文化遗址中，可称为“鸮面鬲”；第三种即齐家文化鸮面罐。第一种实物我曾见过两例，因出土量极少，价格昂贵，未能如愿收藏。我所收藏的除一件辛店文化鸮面鬲外，主要是齐家文化的鸮面罐。此类器形虽相对较多，但收藏起来也颇费劲儿，虽经多年寻觅，也仅收藏到 10 余件。

有人认为，鸮面罐是青海省乐都县柳湾遗址齐家文化墓地出现的一种新器形。其实，就考古发掘的实物看，在甘肃东部齐家文化的师赵村、七里墩类型，中部的秦魏家类型，一些遗址中也都有零星发现。各地出土的鸮面罐，总的形制特征虽有些雷同，但局部表现手法还是有所区别的。在这一部分中，我将藏品按不同出土地区的不同文化类型分别加以介绍，文化类型不详者，则只说明出土地区，以供研究者参考。

左罐出自甘肃东部的天水一带，属师赵村类型。通高 13 厘米，底径 5.5 厘米，侈口、束颈、鼓腹、平底，口部一侧附一肩耳，对应的口部另一侧隆起一半圆形鸮面。鸮面上部和中部各施一道齿状附加堆纹，且末端一直延伸到颈部。在鸮面最前端的堆纹装饰两侧，镂空两只眼睛。通体施压印绳纹，可能用以表示鸮面那丰厚的羽毛。右罐通高 10 厘米，底径 7.5 厘米，夹砂红陶。整体造型与左器大致相同，但面部的塑制则略有所异。上部捏出一横棱，前端施齿状附加堆纹，中间施横向绳纹，这些所表示的可能都是鸮鸟的羽毛。在前端的半圆形堆纹中，中部一齿略高，可能表示鸮喙。鸮喙两侧镂空双眼。颈部施一周齿状堆纹，所表示的应是项饰。鸮面虽不见“丁”字形堆纹，而且上部的齿状堆纹又以横棱代替，但扁平的面部特征，以及双眼镂空的位置，与这一地区常见的师赵村类型鸮面罐大致相同。该器由于罐体粗矮，整体看上去颇似一只蹲踞的雏鸮，显得十分可爱。甘肃东部地区出土的这种鸮面罐，形体大都较小，我所见到的不下 10 例。其形制大同小异，在文化类型归属上，应该都是师赵村类型遗物。这种鸮面罐的显著特点是面部扁平，双目镂至喙部。面部的附加堆纹装饰，无论齿状或泥条状，多为“丁”字形，看起来颇为怪异。此种形制的鸮面罐，在甘肃中部、西部地区和青海东部地区是很少看到的。

鸮，也就是人们俗称的猫头鹰。早在距今 6000 年左右的红山文化时期，就出现了各种质地的鸮形雕塑品。在仰韶文化庙底沟类型及甘青地区的一些古文化遗存中，也发现有鸮面的陶塑品。这起码说明，在史前不少地区的先民中，是将鸮作为吉祥鸟看待的，是敬重和崇拜的，甚至可能还蕴蓄着某种更为深刻的文化内涵。甘青地区齐家文化出现的这种鸮面罐，应是早期先民这种习俗的延伸和发展。

（41）甘肃东部地区齐家文化长眉长喙形鸮面罐

通高 17.4 厘米，底径 6.3 厘米，细泥橙黄陶。这是甘肃东部地区出土的另一种鸮面罐。与这一地区常见的师赵村类型那种扁平面鸮面罐相比，有以下几点不同之处：一是这种鸮面罐均为细泥橙黄陶，而且制作规整，打磨细腻，看起来十分漂亮；二是器体瘦高，颈部微收，上下比例匀称，整体外形呈流线型，给人以秀美典雅之感；三是罐口一侧隆起的面部呈圆弧形，与人面的整体轮廓有几分相似之处，颇有写实意味；四是在面部器官的塑制上，除镂空的双眼中部自上而下饰一表示鸮喙的附加堆纹外，双目两侧又各饰一自上而下的齿状堆纹装饰，而且，这三条齿状堆纹装饰一直延伸到颈部以下，看起来就像近现代民俗画上的老寿星；五是这种鸮面罐器表不见烟炱，均无使用过的痕迹，结合所用泥料（其他各地鸮面罐均为耐火防裂的夹砂陶），推测制作的初衷，可能就不是放在火上烧煮的。那么，此类鸮面罐究竟是做何用途呢？是用于祭祀，还是用于陈设、用于随葬？这也是一个值得研究的问题。

2001 年出土于甘肃省武山县。

（42）甘肃中部地区齐家文化猴面形鸮面罐

通高 17 厘米，底径 7.5 厘米，夹砂黄陶，鸮面高隆且微微后仰，两面弧度较大，几乎占去罐口的一大半。正中自上而下饰一道齿状堆纹，表现的似乎不是鸮喙，而是一个高高的鼻梁。双眼镂空于面部最上方，好像长在额头上，呈朝天仰望之状。对于这件怪异的陶塑品，我曾琢磨再三，无论从哪个角度欣赏，都看不出像只猫头鹰。那么，它究竟是什么动物呢？是熊？是狗？是羊？看来都不像。后来，我还是按照考古界对这类器形的习惯称谓，定名为“鸮面罐”。又因其面部特征有点像猕猴，故称“猴面形鸮面罐”。正如史前的许多陶塑

品一样，这种因造型概念不够准确而显得似是而非的塑品，可能与先民怪诞的思维有关。

同时，这件怪异的陶塑品也给我们提出了这样一个问题：那些常见的“鸮面罐”，是否都是鸮鸟的形象？尤其是那些外观造型相同而面部雕塑各异的“鸮面罐”，很可能就是某种家畜，某种其他鸟类，或某种异兽，尤其是猫科动物等。凡是先民心中的吉祥动物，凡是崇拜的动物，都有可能采取这样的形式将其形象塑于其上。另外，在这种“鸮面罐”中，还有一种面部似人似兽似鸟的塑品，在青海柳湾遗址和甘肃东部地区各见过一例，颇为怪异，可能是先民所崇拜的某种神灵。这也说明，作为塑造崇拜物的载体，“鸮面罐”所表现的内容可能是多方面的。

2001 年出土于甘肃省广河县。从其出土地及陶质和器表装饰特征看，可能为秦魏家类型遗物。

（43）甘肃中部地区齐家文化单穿双目鸮面罐

通高 22 厘米，底径 9.5 厘米，夹砂土黄陶，高领、单耳、平底。这件鸮面罐出自甘肃中部广河县一带，与青海东部出土的鸮面罐相比，塑制工艺显得简单而粗率。从整体造型看，头和身子几乎各占一半，显得比例失调，给人以笨拙的感觉。在鸮面雕塑上，无任何附加堆纹装饰，仅镂空出双眼，而且一只眼高，一只眼低。此外，由于双眼的穿孔位置低于背后的罐领，透光不足，使整器看起来缺乏灵动之气。在甘肃中部黄河、洮河流域的一些齐家文化分布地区，类似的鸮面罐我曾见过多例。有的鸮面光素无纹，有的仅单穿一眼，

有的仅以齿状堆纹塑一鸮喙，甚至使人怀疑，这些器形究竟是不是鸮鸟的形象。此类鸮面罐在甘肃东部和青海东部的齐家文化中是很少看到的。这些鸮面罐大多带有使用过的痕迹，看来并非随意制作的随葬品。这从一个侧面反映了不同地区的齐家先民不同的陶塑风格和不同的审美情趣。从出土地及陶质和器表装饰风格看，可能为秦魏家类型遗物。

（44）青海东部地区齐家文化柳湾类型鸮面罐

通高 15 厘米，底径 7.5 厘米，夹砂红陶，侈口、束颈、鼓腹、单耳、平底，口沿一侧附一肩耳，对应的口部另一侧隆起一半圆鸮面。鸮面周边施齿状附加堆纹，可能表示面羽；面中央施一竖条齿状堆纹，可能表示鸮喙；喙部两侧镂空两只眼睛；颈肩接合部施一周齿状堆纹，可能表示项饰。整体看来形神兼备，尤其是鸮面与罐体结合得恰到好处，颇似一只蹲踞的猫头鹰。

这件鸮面罐出自青海东部著名的柳湾遗址附近，也是我开始收藏彩陶三年后得到的第一件鸮面罐，伴我已有 20 余年。就我多年的收藏实践看，甘青一带的齐家文化鸮面罐，以柳湾一带出土的最多，而且也最精致。据有关考古资料，仅柳湾遗址的齐家文化墓葬中，出土的鸮面罐就达 10 余件之多。而这种造型的鸮面罐，也主要见于柳湾类型分布区里，或者说以柳湾遗址分布区为多见。10 多年前，我曾数次到青海东部出土彩陶的地方考察，先后见到的此类鸮面罐达 20 件之多，我收藏的就有 6 件。所以说这一带出土的鸮面罐最精致，最具特色，在许多方面都能够体现出来。从罐体设计上看，虽然有大有小、有高有矮，但与所塑鸮面都结合得恰到好处。从齿状附加堆纹装饰看，虽有简有繁，但雷同者很少。尤其是在两只鸮眼的设计上，更是匠心独运。鸮面罐最能体现鸮鸟机警凶猛的地方，当属那两只镂空的圆眼。这种鸮面罐镂空的双眼，大多又圆又大，而且双目穿孔的位置都高于背后的罐口。若背光而置，平视其双眼，背后的光线会从眼中透出，闪闪发亮，炯炯有神，酷似猫头鹰的双眼。而且在不同的光线下，更会产生不同的效果，这也是其他各地出土的鸮面罐所不及的。

据柳湾有关考古资料，柳湾墓地出土有鸮面罐的齐家文化墓葬，多为大型墓葬，有的甚至与石磬同出一墓。可以看出，鸮面罐当时就是身份与财富的象征，绝非一般人家所拥有。

（45）青海东部地区齐家文化柳湾类型大型鸮面罐

这件藏品也出自青海东部的柳湾遗址一带，其陶质陶色及鸮面雕塑工艺，与这一地区常见的鸮面罐无异。但有两点与众不同：一是器形高大。一般来说，常见的鸮面罐体高大多在 15 厘米左右。14 厘米以下者，或 20 厘米以上者，皆属难得之物。而该器高达 25 厘米，实属罕见。其二，在颈部常见的齿状堆纹环形项饰下方，另饰有一周“人”字形齿状堆纹坠饰，使整个鸮面罐显得富贵而豪华。正如史前的许多雕塑品一样，先民艺术家对每一件作品的雕塑，都不是凭空想象的。包括环形项饰在内，鸮面罐上这些不同的项饰，很可能是对当时人们佩戴的项饰的模拟之作。考古资料表明，原始人的项饰虽有骨珠、石珠、陶珠及松石等，但大都是串联而成的环形项饰。像这种带有一周坠饰的串珠饰，尚未发现实物资料。如果研究原始人佩戴的项饰，尤其是齐家人的项饰，这件鸮面罐上的齿状堆纹项饰式样，无疑为我们提供了很好的参考依据。

切不要把这些鸮面罐仅仅看作猫头鹰的形象再现，看作造型雷同的粗陶器皿，当你把它们集中起来摆放到一起，进行欣赏、研究的时候，便会发现，无论其罐体的设计、鸮面的雕塑，还是附加堆纹装饰，甚至每一个细部的变化，都会给你带来诸多乐趣，带来无穷遐想，都会给你提出许许多多个为什么，甚至会把你的思绪带到数千年前那个遥远而神秘的年代。这，或许就是鸮面罐背后所蕴藏的深刻的文化内涵。鸮面罐所值得玩味的地方，也是收藏史前陶塑的魅力之所在。

（46）青海东部地区齐家文化柳湾类型小头缩颈形鸮面罐

如果你将青海东部地区出土的齐家文化鸮面罐与甘肃东、中部的鸮面罐做一比较，便会发现，前者头部大都较小，而罐体无论高矮，腹部则比较圆鼓，基本上是按照鸮鸟的外形特征设计的，显得生动形象而可爱。然而，这件鸮面罐却有点与众不同：头过小而后缩，以至于几乎看不出颈部。由于头部太小，使罐体显得更加圆鼓而丰满，加上罐腹所施绳纹，看起来鸮头似乎紧缩于丰厚的羽毛之中。我想，这绝非雕塑家因技巧方面原因而造成比例失调的结果，很可能是根据自己平时观察到鸮鸟在寒冬季节里的特殊形态而特意设计的一种形象。看到这件鸮面罐，会很容易联想到，在青海高原凛冽的寒风中，鸮鸟为保存体内热量，紧缩小头，瑟瑟发抖，那一副可怜巴巴的样子，滑稽可笑，情趣盎然。

从这件鸮面罐的制作工艺中，我们还可以看到，齐家先民在制作时，不但非常重视鸮面的设计和雕塑，而且在罐体的设计上也是颇费心思的。结合该器，我曾对 20 多件大小不同的鸮面罐进行对比研究，发现鸮面罐的罐体与同时期常见的同类罐子有明显区别，可能是为配合鸮面雕塑而特意设计制作的一种罐子。例如，凡是呈昂首站立姿势的鸮面罐，罐口大多较大且外撇，领部较高且内束，腹以下收缩较明显，最后形成小平底。反之，凡是呈蹲踞姿势的鸮面罐，罐口大多较小，领部较矮，腹以下收缩不明显，且底部较大。此外，罐体的颈、肩部大多经过打磨，圆润光滑，给人以羽毛丰厚的感觉。由此可以看出，齐家先民是将鸮面和罐体当作一个整体进行设计制作的，并非随意在一件实用罐上加塑一鸮面了事。如此塑制出来的鸮面罐，或站或卧，使人一目了然，并能从中领略鸮鸟那各种不同的神态。

鸮面罐雷同的形制特征，使我们不难推测出其使用方法。使用时可能首先往罐内灌满液体，然后放到火上烧煮。待烧煮到一定程度后，再手执单耳将液体从

鸮面上两个镂空的眼睛中倒出。那么，齐家先民为什么要把鸮鸟的双眼作为流口呢？这可能与他们对鸮鸟眼睛的认识有关。我们知道，猫头鹰的双眼又大又圆，目光犀利，炯炯有神。在漆黑的夜晚，它不仅能及时发现猎物，而且也能准确地将其捕获；即使在白天睡觉时，也是睁一只眼、闭一只眼，以防猛禽恶兽伤害。这些都可能使他们对鸮鸟的眼睛产生一种神秘感，进而对鸮鸟产生崇敬之情。他们将鸮面塑于器口，使一只普通的容器变成鸮形，并让液体从鸮鸟眼睛中流出，可能蕴含着吉祥、平安、幸福之意。也可能与原始宗教有关，有着更为深刻的内涵。

该器通高 20.6 厘米，底径 7.5 厘米，夹砂红陶。1987 年出土于青海省乐都县距柳湾遗址不远的高庙镇。

（47）青海东部地区齐家文化柳湾类型雏鸮形鸮面罐

左器通高 13.5 厘米，腹径 11 厘米，底径 6.3 厘米。塑制工艺与常见的柳湾地区出土的鸮面罐大致相同。

右器通高 11.8 厘米，面部较大且略向前伸，颈较长，腹浑圆，略下垂，外底近圜形。常因站立不稳而左右摆动，有点像当今的儿童玩具不倒翁，可能是塑

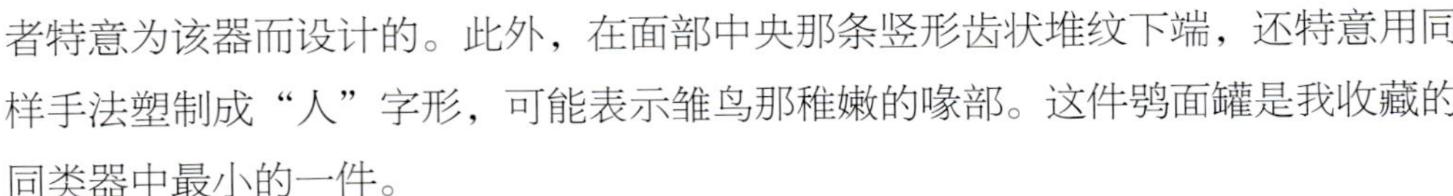

者特意为该器而设计的。此外，在面部中央那条竖形齿状堆纹下端，还特意用同样手法塑制成“人”字形，可能表示雏鸟那稚嫩的喙部。这件鸮面罐是我收藏的同类器中最小的一件。

这两件小型鸮面罐，形体矮小，具雏鸮形态，给人以稚嫩可爱的感觉。若将其与大型鸮面罐摆放在一起欣赏，那种胖墩墩、傻乎乎的雏鸮形象，更会明显地显现出来。推测先民塑制这种小型鸮面罐的初衷，可能就是雏鸮。

二器均为夹砂红陶。器表烟炱表明，这种小型鸮面罐无疑也是实用器。但正如史前许多一物多用的陶器一样，也不能排除具有儿童玩具的功能。试想，当孩子们将这种小型鸮面罐放置于地上，当作一只小鸟或不倒翁玩具玩耍时，会给他们的生活增添多少乐趣。

二器均于 1991 年出土于青海省乐都县。

（48）青海东部地区齐家文化带系鸮面罐

通高 19 厘米，底径 7 厘米，夹砂黄陶，罐体为侈口、束颈、鼓腹、双耳、平底。罐口一侧隆起一半圆形鸮面，鸮面上端置一小鋬。鋬上饰两个近方形系孔，其余无任何雕饰。从外观造型看，应属鸮面罐无疑。但为什么又与其他鸮面罐不同呢？对此，有朋友认为可能是鸮面罐未形成之前的产物，有的则认为可能是鸮面罐衰败后的制品。我认为，该器很可能是件特制的随葬品。理由是：其一，塑制工艺简单。鸮面上既无镂空双眼，通体亦无任何附加堆纹装饰。其二，可能是由双肩耳罐临时改制而成。常见的鸮面罐皆单肩耳，不见双耳器。另外，该器的鸮面与罐口粘接痕迹明显，改制痕迹清晰可见。其三，通体不见烟炱，无任何使用过的痕迹。

有学者研究，史前墓葬中出土的一些形体矮小、制作粗陋的陶器，大都是专门用来陪葬的。尤其是到了新石器时代晚期，以及进入青铜时代以后，这种情况反映得尤为明显。这件出自齐家文化的鸮面罐，可能就属于这一类陶器。而且很可能是那些穷人家为使死去的亲人能够享用这种器皿而特意改制的随葬品。同时也可以看出，随着贫富分化的日益加剧，在人们思想上产生的那种强烈的物质占有欲。

1986 年出土于青海省民和县。从出土地看，可能为柳湾类型遗物。

（49）辛店文化鸮面鬲

通高 34 厘米，夹砂红陶，器表施一层白色陶衣。该器实际上是在一三袋足鬲口部隆起一半尖圆形鸮面，然后在中部饰一竖道以表示鸮喙的齿状附加堆纹，鸮喙上方两侧再镂出双眼。尖喙上的椭圆形小口，可能是作为流口而设置的。鸮面上方边缘部位至背后另半部口沿所施一周齿状附加堆纹，可能表示鸮鸟的羽毛。整体上看，颈部粗矮，三袋足分裆较高，且明显内束，与外撇的鬲形袋足有明显区别。这样的袋足与微微上仰的鸮首结合得恰到好处，使整个鸮形看起来羽衣丰满，肢体肥硕，似乎吃饱了，正在静静地伫立远望，塑制得十分生动。根据这件器物总的造型和塑制工艺特征，我将其定名为“鸮面鬲”。

鸮面鬲在甘肃地区的齐家文化和辛店文化中都有发现，但数量极少。就我所见到的实物，整体造型皆为三袋足鬲形，但鸮面的塑制却不尽相同。主要有两种：一种即如常见的鸮面罐上的半圆形鸮面，另一种即这种尖喙形带流鸮面。对于这种器形，也有人提出可能是齐家文化的鬶或盉。齐家的三袋足鬶或盉，与龙山文化的同类器物相似。但与这种鸮面鬲相比，不但整体造型有较大差别，而且皆无鸮面雕塑。尤其是在一独立的器物口部隆起一半圆并雕塑出鸮面的塑制手

法，在罍和盉中也是看不到的。

该器 2004 年出土于青海省民和县中川乡大马家沟—辛店文化墓中，为史前不可多得的陶塑艺术珍品。

五　鸟形器

（50）半山类型斜管状流鸟形壶

在甘青地区，鸟形壶主要见于马家窑文化和齐家文化，盛行于半山和马厂期。各个时期的鸟形壶形制大致相同。上腹呈椭圆形，似鸟的躯干；壶腹两侧各附一环形耳，以表示鸟的翅膀；壶口呈罐形或管状，以表示鸟头或鸟喙；壶口对应一侧腹部饰一半圆形凸纽，以表示鸟尾；壶下腹收缩成小平底，以代替鸟腿鸟趾；壶体上部的彩绘花纹，可能是象征鸟多彩的羽毛。

马家窑类型鸟形壶出土较少，所见壶体腹高，管状流较长，看起来就像引颈张望寻觅猎物的长腿水鸟，清秀而别致。鸟形壶以半山类型最精彩。这一时期的造型虽大同小异，但制作规整，打磨光滑，画工精细，施纹繁缛，可以说件件都是精美之作。到了马厂时期，虽然一部分较大的鸟形壶变得越来越抽象，有的甚至显得有些粗糙，但有不少小型器已不像过去那样雷同，无论腹、耳、口、尾，都出现了不同程度的变化，其中有不少已趋于写实。如有的壶腹制成鸟的躯干状，有的以齿状附加堆纹表示鸟翅，有的上腹纹饰以写实手法表现鸟羽等。

我收藏的这件半山类型鸟形壶，通高 12.3 厘米，底径 8 厘米，细泥黄陶，椭圆形腹，斜长管状流，单耳，平底，尾已残。黑彩施纹，肩部绘复道垂幛纹，加上间施的锯齿纹，酷似鸟的翅羽。该器体矮而肥硕，很像一只蹲踞的鸟。从其造型和所施彩纹看，应属半山早期遗物，出土量极少，殊为难得。半山早期的这种鸟形壶，除下腹较矮外，其上腹、长流及施纹形式等，与马家窑类型同类器有诸多相似之处，从中不难看出二者的承继关系，以及前后的演变轨迹。

1998 年出土于甘肃省永登县。

（51）半山类型罐形口大型鸟形壶

通高 40 厘米，口径 11 厘米，腹径 43 厘米，底径 11.5 厘米，细泥黄陶，罐形小口，上腹浑圆，下腹内收，形成小平底。器腹两侧各置一环形耳，壶口对应一侧腹部饰，表示鸟尾的半圆形凸纽。黑、红彩施纹，主题纹饰为一完整神人纹，绘于壶背最显著位置。神人纹两侧各绘一内填黑白对应菱形纹的圆圈纹，其余空白处补绘同心圆纹、斜十字纹、内填十字纹和网格纹的圆圈纹等。画工精细，施纹繁缛，整个上腹几乎全部绘满纹饰，这也是半山彩陶鼎盛期常见的施纹风格。

鸟形壶上所绘彩纹，马家窑类型和齐家文化时期基本为单一的几何纹，半山和马厂时期几乎一半以上绘有神人纹，而且绝大多数都是完整神人纹，并作为主题纹饰绘于壶背最显著位置。从神人纹所绘位置及大而醒目的表现形式看，推测这部分鸟形壶可能都是作为神器出现的。壶上所绘神人纹，可能是巫师的替身，也可能是某种神灵，以期通过虔诚的祭拜，或巫师所施某种法力，使壶内液体产生“神效”。或为消灾驱邪，或为多孕多产，或为了求得神佑，以实现某种美好愿望，带有明显的巫术色彩。

1995 年出土于甘肃省榆中县。

（52）半山类型雏鸟形单耳鸟形壶

这是一件造型新颖别致的雏鸟形壶。高 5.5 厘米，长 9.7 厘米，泥质黄陶，长椭圆形。腹部圆润饱满，平底微微内凹，两侧无耳；后端无尾，前端置一管状短流，流口下方别出心裁地加置一环形小耳，可能表示鸟的嗉子，整体外形像一个大鸭蛋。黑彩施纹，腹部绘复道斜十字纹、平行带纹、竖短带纹等，给人以毛茸茸的感觉。半山、马厂以及齐家时期的小型鸟形壶，我曾见过数例，但造型大多与大型鸟形器相同，看不出雏鸟的特征。这件小型鸟形壶，使人一眼便能看出是只雏鸟的形象，殊为难得。

在史前的雏鸟形陶饮器中，见诸文献记载的，主要是内蒙古小河沿文化那件颇似一只张着大嘴嗷嗷待哺的小鸟的雏鸟形壶。其实，在甘青一带的不少史前文化遗存中，发现的此类陶器已有多例，有的造型相当生动。先民之所以着意塑制这样的作品，无疑反映了对幼鸟的喜爱。同时，这种对新生命的珍视，也是他们期望多生多育的生殖崇拜观念的一种折射。

2000 年出土于甘肃省榆中县。

（53）半山类型鸟形钵

高 8 厘米，口径 8.7 厘米，底径 6 厘米，细泥黄陶，敞口、圆唇、弧腹、平底。黑、红彩施纹，唇部绘点状纹，腹部绘平行带纹、锯齿纹、复道竖带纹、斜网格纹等。在钵腹一侧，堆塑一鸟头。鸟头呈前伸状，尖喙、粗颈并戳刺有双眼，塑制非常写实。更有趣的是，作者将鸟头置于一椭圆形图案之中。图案内的黑色线条自鸟颈向周围辐射，不但看起来颇似小鸟的羽毛，而且也使未施彩的鸟头显得更加醒目。在钵的另一侧腹部中间，堆塑一鸟尾，鸟尾呈上蜷状，并阴刻数道以表示尾羽的竖线，亦十分形象。如此钵腹两侧一头一尾、一高一低，前后呼应，不但设计得恰到好处，也使整个小钵活了起来，整体看上去，颇似一只羽毛华丽、机灵可爱的小鸟。

在内蒙古赤峰地区的红山文化遗址中，曾发现一件凤鸟形素面盆。盆体做凤体，前塑一凤头，后塑一凤尾，看起来活灵活现。距今 6000 年左右，应是迄今发现年代最早的鸟形盆，被专家誉为“中华第一凤”。我收藏的这件鸟形钵，整体设计形式与凤鸟盆大致相似，虽年代相对较晚，但作为彩陶器，尚属首次发现，同样是十分珍贵的。

这里值得一提的是，此种形式的器皿，或陶质的，或瓷质的，在进入文明社会以后的各个时期都可以看到。如浙江省博物馆藏的东晋越窑青瓷鸽形杯、故宫博物院藏的五代越窑飞鸟把杯等。在出土的汉唐明器中，有时也可以看到类似的陶制品。从这些不同时代制作的形制十分相似的鸟形器中，不难看出中华文化的连续性。

2001 年出土于甘肃省永登县。

（54）马厂类型罐形口鸟形壶

通高 31 厘米，腹径 30 厘米，底径 10 厘米，泥质土黄陶。上腹浑圆饱满，壶口上移至近中部，壶口对应一侧腹部置一表示尾羽的半圆形凸纽。上腹虽近似深腹罐形，无太大变化，但也明显体现了鸟形的特征。此类鸟形壶我曾见过多例，有的除腹部一侧饰一象征鸟尾的半圆形凸纽外，上腹与深腹罐无异，可以看作是马厂类型鸟形壶逐渐抽象化的例证。黑、红彩施纹，壶背显著位置绘一硕大的完整神人纹，神人四肢充满力度，面部所绘几何纹则充满着神秘色彩。神人纹两侧各绘一大圆圈纹，圈内各绘三个小网格圆圈纹。西北老乡称为“三环”，这也是马厂时期精细彩陶上常见的纹样。与前面介绍的半山类型大型鸟形壶相比，其主体纹饰大致相同，只是后者缺少补白图案。虽然该器为马厂早期遗物，但已显示出纹饰逐渐简化的趋向。马厂时期，尤其是到了马厂后期，随着氏族成员等级差别和贫富不均现象的出现，这种鸟形壶也可能是地位较高者和富裕人家的随葬品或陈设器。

1998 年 12 月出土于青海省乐都县。

（55）马厂类型雏鸭形壶

通高 10 厘米，口径 4.5 厘米，泥质土黄陶。这是一件比较写实的鸭形壶。壶腹呈长椭圆形，酷似鸭腹；管状长流略向前伸，明显地表现出了鸭颈；颈腹接合部饰两个环形耳，很像两只小翅膀；短尾上阴刻两道竖槽，以表示尾羽；外底略内凹，可能是为突出肥硕的鸭腹。整体看上去，很像一只发现了食物的小鸭，正扇动着小翅膀，晃着肥胖笨拙的躯体在向前奔，稚嫩可爱，栩栩如生。通体饰红色陶衣，所施黑彩纹饰亦颇有特点。除同期彩陶上常见的几何纹外，腹部两侧各绘一内填黑白对应菱形纹的长椭圆形图案，应是比较写实的翅羽纹。与上部表示双翅的环形耳上下呼应，以立体装饰与彩绘纹饰两种形式，不仅进一步增强了小鸭的动感效果，也使小鸭形象更加生动地表现了出来。在管状流前侧至壶腹近底部位，绘一体躯高大的完整神人纹。神人纹头部绘成一圆圈，面部以写实手法用三个小圆点绘出双眼和嘴巴。躯干以两条平行的竖带纹表示，两侧除绘有四肢外，中部另绘有形似肋巴的条带方块纹，尾部亦绘有一相同纹样，显得怪异而神秘。这种变形完整神人纹，主要出现于马厂晚期的一些中、小型彩陶上。构图形式多种多样，一般不作为主题纹饰出现，主要用于“补白”，绘在什么位置的都有，可能已变成一种具有宗教或巫术内涵的祈福性纹样，绘于不同用途的陶器上，可能都有其特定含义。这件雏鸭形壶应是作为饮酒器出现的，所绘神人纹应与祈福有关。

在马家窑文化的鸟形壶中，有不少似鸭者，但都没有该器塑制得如此写实。从甘青地区的相关考古资料看，这里的史前先民并不见有养鸭的记载。因此，推测这种鸭形壶，很可能是对野鸭的模拟。另外，是否可以这样理解，这种鸭形壶与其他鸟形器一样，也可以看作是家禽与野禽综合形象的概括。

1987 年出土于青海省民和县隆治乡。

六　鳖形器

（56）马厂类型鳖形壶

我将这件形似鸟形壶的陶器定名为“鳖形壶”，主要是基于它与鸟形壶有以下几方面的区别：一、鸟形壶多为弧背深腹，下腹与常见的深腹罐相同。该器上腹浑圆，下腹低矮，收缩明显，折棱清晰，形似卧足器，整体呈椭圆球状，很像一只肥壮的鳖。二、鸟形壶多为罐形口或长管状流，而该器为短喇叭形口，形似欲伸欲缩的鳖头。三、鸟形壶后部多饰有象征尾羽的半圆形凸纽，而该器则无，可能表示鳖的短尾已隐没于裙边之下。四、上腹与下腹间具有明显的折棱，这在鸟形壶上是很少看到的，可能为龟类裙边的表示。五、鸟形壶上的彩绘纹饰有许多与壶体并无多少直接联系，而该器所施旋纹颇似变形鳖甲纹，或寓意鳖游于水中。六、该器虽有与鸟形壶相同的双腹耳，但这里可能主要是为了使用的方便，与鸟形壶象征双翅的腹耳还是有所不同的。此外，从该器整体造型看，看不出像任何鸟类或禽类动物，无论从哪个角度欣赏，都更像一只鳖。

这里不妨再谈谈被西北老乡称为“鳖罐”的鸟形壶。虽然考古界将此类陶器定名为“鸟形壶”，但从甘青地区已发现的各个时期的鸟形壶看，其中有不少确实像鳖，或既像鸟又像鳖。因此，此类器形的陶器统称为“鸟形壶”显然有失偏颇。即使那些常见的鸟形壶，有的像鸭，有的像鸡，称为“鸟形壶”亦显得过于笼统，还是应当据其不同造型而分别加以命名为妥。

该器通高 12 厘米，口径 3.3 厘米，底径 6 厘米，泥质土黄陶，制作规整，

手法简练，构思新颖，形神俱佳，属马厂类型彩陶中之珍品。

2002 年出土于甘肃省榆中县。

（57）齐家文化鳖形壶

就我所能看到的有关考古资料，我国史前出土的龟鳖形陶器，比较典型的大概有两件。一件出土于江苏吴县澄湖的良渚文化遗址。泥质黑陶，扁椭圆形，弧背，折腹，前置一筒形小口，后有一短尾，折腹周沿及脊背线做齿状附加堆纹装饰。类似的器形，甘青一带的马厂类型及齐家文化中也有发现，一般定名为“鸟形壶”。另一件出土于山东胶州三里河村大汶口文化遗址。素陶，腹以粗圆管卷曲一周而成，前置一筒形小口，下置四足，背有一弧形提梁。这件陶器，也有学者将其称为“兽形陶鬶”，可见对该器的命名尚有争议。另外，在 10 多年前，我在兰州城隍庙古玩市场曾见过一件马厂类型鳖形壶。壶腹呈扁椭圆形，前置一略向前倾的管状流，下置四短肢；后置一半圆形短尾，背施网纹，比较写实，很像一只鳖，应是名副其实的鳖形壶。当时因卖主索价太高，未能如愿收藏，实为憾事。多年来，我也曾看见过不少藏友的彩陶藏品，但始终再未见过这种鳖形器。

我收藏的这件鳖形壶，属齐家文化。高 8.3 厘米，通长 17 厘米，腹径 13 厘米，泥质红陶，背呈圆弧形，腹下折，收缩成小平底，很像鳖体。尤其是那一周明显的折棱，把鳖甲的裙边也表现了出来。前置的喇叭形小口略前倾，微上扬，很像伸颈张口的鳖头。后饰的三角形小突略下弯，极似鳖尾。再加上形似鳖甲的圆弧形上腹，把一只鳖的形象活灵活现地表现了出来。若将其置于案头，无论从哪个角度看，都是一个鳖形。

这件鳖形器可能是先民使用的酒壶。短尾中部有一穿孔，可能是供穿绳系挂之用。平时将壶系于腰间，饮时随时可用，倒是十分方便，与古代豪饮者腰间系的酒葫芦有相似之处。在发现的一些史前鳖形雕塑品中，有不少带有可供穿绳的小孔，可见先民是经常将这些鳖形物件系挂于身上的。据专家研究，在原始先民的观念中，龟鳖不仅是长寿的、充满灵性的吉祥动物，也是财富和权力的象征。他们将鳖形壶或鳖的雕塑品佩挂于身上，可能意味着对人生这种最美好的东西的渴望和追求，并求其禳灾祛祸，给自己带来吉祥。将酒壶制成鳖形，将人间最美好的玉液琼浆注入鳖腹，用口对着鳖嘴畅饮，可能有着一种非同寻常的含义。

2001 年出土于甘肃省渭源县。

七　葫芦形器

（58）仰韶文化葫芦形素面陶瓶

葫芦形陶瓶是仰韶文化的典型器物，在大地湾仰韶文化早期遗址以及仰韶文化史家类型、下王岗类型的一些遗址中都有出土。在临潼姜寨遗址，曾出土一批这样的器物。这一时期的葫芦形陶瓶，有绘彩纹的，也有素面的。整体外形呈流线型，自然和谐而流畅。可能是仰韶先民对葫芦过于熟悉的缘故，模拟塑制出来的这种葫芦形陶瓶，无论高矮胖瘦，件件都很逼真，可以看出原生葫芦各种形态的真实原貌。

仰韶文化中盛行一时的葫芦形陶瓶，在马家窑文化的马家窑类型中发现较少。这一时期的葫芦形陶瓶，从总的造型看，上下腹明显增大，均呈圆球状；中部明显内束，清楚地分为上下两部分。外形虽也像葫芦，但与仰韶葫芦形陶瓶相比，已显得有些笨拙。尤其是仰韶葫芦瓶外形那种优美的线条已不复见。半山类型的葫芦形器出土量极少。有人认为这一时期没有葫芦形器，其实这是一种误解。我曾见过两件实物：一件侈口矮领，一件为敛口。上下腹均呈球状，与马家窑类型葫芦形器相比，细长颈已经消失，形体变小而粗壮，颇似马家窑类型中出现的束腰罐。然而，到了马厂时期，这种葫芦形器却较多地出现在彩陶之中。这一时期的葫芦形器，口部多呈罐状或瓶状，腹部则膨胀扩大为深腹，已失去“葫芦”的本来面目。因此，有学者直接将这种器形称为“罐”或“壶”，但

它毕竟还有葫芦的影子，考古界一般将其定名为“葫芦形罐”或“葫芦形壶”。这种葫芦形器不但大多体形较大，而且多设置双腹耳或双肩耳。可以看出，先民制作时考虑的主要还是它的实用功能。到了齐家文化时期，以及进入青铜时代的辛店文化时期，这种葫芦形器还偶尔可以看到，其造型大多呈敛口束腰罐式。这种葫芦形陶器，从仰韶到马厂，前后延续了两千多年，从中不难看出其发展演变的轨迹及其人文精神漫长的延续过程。

这件藏品高 24 厘米，口径 3.5 厘米，底径 8 厘米，泥质红陶，胎质较粗，亦未施彩，可能是件随葬品。作为仰韶时期的遗物，算不上精细之作。但正如那时的许多葫芦形陶瓶一样，对原生葫芦的模拟十分成功：小口细颈，上腹细瘦，下腹丰腴，腹壁做流线型，基本上是依照原生葫芦形状制作出来的，依然可以看出仰韶葫芦形器的风采。

2004 年出土于陕西省华阴市。

（59）马厂类型双腹耳葫芦形彩陶壶

高 31 厘米，口径 9 厘米，底径 10 厘米，泥质红陶。该器器腹与同期常见的深腹罐无异，两侧亦附有双耳，只是将口部改制成无耳罐形，应属一种变体葫芦形器。白陶衣上黑、红彩施纹，罐形口沿内侧绘平行带纹、斜线纹，颈部绘对三角纹，腹部至壶体肩部绘平行带纹、阴地菱形纹，壶腹绘连续网格回形纹、平行带纹、垂弧纹。如此绘制出来的纹饰，呈黑、红、白三种颜色，色彩对比度强，看起来十分醒目。尤其是作者充分利用白色陶衣的色彩优势，绘制的阴地纹看起来十分漂亮。在马厂类型彩陶中，饰白色陶衣者很少见，而在这种白陶衣上所施的花纹图案，画工一般都比较精细。可以看出这种彩陶在当时就是重点制作之器，因而也是这一时期的精美之器。

这种罐形口葫芦形器仅见于马厂时期，推测可能是一种储酒器。罐形小口不仅起着装饰和

加固器口的作用，更主要的是可以防止液体从器口溢出，如储酒之类易于挥发的液体；这样的小口也便于用软塞封堵，与一般的壶、瓮口相比，无疑更有其独到之处。前面已经谈到，此类形制的葫芦形器，很可能是从仰韶葫芦形瓶演变而来的，但也不能排除为马厂先民根据需要而设计出来的一种新器类。

1998 年出土于甘肃省永登县。

（60）马厂类型瓶形口双腹耳葫芦形彩陶壶

高 26 厘米，口径 5.5 厘米，底径 8.7 厘米，泥质土黄陶。该器系由上部一小瓶与下部一敛口罐对接而成，拼接痕迹明显，看起来小瓶似乎是平置于罐口之上，显得格外醒目。壶腹两侧各置一环形耳。黑、红彩施纹，上部小瓶口沿内侧绘放射状竖短带纹，腹部绘平行带纹、竖波折纹；下部壶体自上而下在三条红色平行带纹界定的图案带内分别以黑彩绘竖短线纹、波折纹、阴地菱形纹、斜十字纹、垂弧纹等。到了马厂中后期，在彩陶的施纹形式上，以红带纹将施彩部位分作若干部分，然后再施以不同黑彩纹饰的现象，是经常可以看到的。在青海东部地区的同期彩陶中，反映得尤为明显。这既是这一时期彩陶装饰形式的显著特点之一，同时也是彩陶纹饰日趋简化的一个明显标志。但该器的造型颇有特色。上部瓶体既瘦且高，下部壶体瘦肩深腹，上下结合得恰到好处。整体看上去清秀典雅，这在同期的葫芦形器中也是少见的。

1987 年出土于青海省民和县大庄乡，是我的早期藏品之一。

（61）马厂类型罐形口双肩耳葫芦形彩陶壶

高 14.8 厘米，口径 4.8 厘米，底径 8.5 厘米，泥质土黄陶。整器由上下两个深腹罐对接而成。上罐较小，深口、高领、鼓腹，黑、红彩施纹，口沿内侧绘圈带纹、竖短线纹，领部至腹部绘网格纹、平行带纹、菱形网纹；下罐呈扁圆形，黑彩施平行带纹、阴地菱形纹、内填圆点的大圆圈纹。二罐对接处呈亚腰形，两侧各置一环形耳，并以红彩施平行宽带纹，属马厂中期遗物。

该器造型及施纹工艺有三个特点：其一，上部小罐制作十分规整，施纹一丝不苟，加之对接处内收明显以及所施红色平行带纹相衬托，看起来就像平置于大罐之上，不但异常醒目，而且极富装饰性。其二，双耳扼上下二器对接处“亚腰”而置，既方便使用，又是一种装饰，同时也对二器对接处起着加固和保护作用。其三，下部罐腹上的 7 个连续阔边大圆圈纹，均以黑色重彩绘成，与扁圆形罐腹结合得恰到好处，使下部罐体显得更加沉稳，也使整器显得更加庄重大方；同时也对突出上部小罐起着明显的衬托作用。

对于这种葫芦形器，也有人称为“双联罐”。因这种器形多由上下二罐对接而成，此种称谓亦无不当。但人们习惯上所称的连体陶器，主要是指横向相连的器物，故对这种外形与葫芦相似的陶器，还是称为“葫芦形器”比较妥帖。

1987 年出土于青海省民和县核桃庄乡。

（62）马厂类型双卧腹罐相叠形葫芦形彩陶壶

高 14 厘米，口径 6 厘米，底径 9 厘米，泥质红陶。与前一件双肩耳葫芦形壶不同的是，该器系由上下两件卧腹器对接而成。上器呈侈口、高领、卧腹瓶形；下部侧为一较大的卧腹罐，在二器衔接处两侧各置一环形耳。如此巧妙的设

计，给人一种特别沉稳之感。而上部高高的瓶口，以及两个高耸的肩耳，又弥补了因两个扁腹器的结合而带来过于扁矮的不足，同时也使整器增添了几分灵动之气。通体饰白色陶衣，黑彩施纹。瓶形口沿内侧绘圈带纹、垂弧纹，颈、腹绘倒三角纹、折带纹，壶腹绘一周连续回形纹。该器收藏于 10 多年前，老乡刚带到兰州时，我最早看到。当时因嫌纹饰绘制较粗而未购买，后经古玩商两次倒手。当我再次见到这件器物时，才决定购买下来。搞系列收藏者，遇到收藏范围内的藏品，无论其品相好坏，不妨先将其收藏。尤其是彩陶中的异形器，即使同一类造型，也有它的某些不同之处。买回后再细细品味，就会品出其奇妙的味道来。

1996 年购于兰州城隍庙古玩市场，出土地不详。

（63）马厂类型三节葫芦形彩陶瓶

高 16 厘米，口径 4 厘米，底径 5 厘米，泥质土黄陶。该器形体瘦长，由上部的一个侈口罐和中、下部的两个敛口罐对接而成。双耳置于下部罐腹两侧，整体形似宝塔。通体饰淡红色陶衣，所施黑彩纹饰虽比较简单，但构图颇有特色，也可以说是依据瓶体造型特征而特意设计的。瓶体自上而下从三个内束分别施一道圈带纹。三个罐腹上分别施数道竖带纹，看起来就像为保护瓶体而特意固定上去的皮条或绳索，新颖而别致。或许，先民在使用此类容器时，无论是陶质的、木质的，就是采用这样的办法进行保护的。它可以防止磕碰，同时如将系挂的绳子与瓶体上的附加物及环形耳连缚在一起，携带起来也更稳当、更方便。在西部藏族及其他一些少数民族中，昔日牧民外出所带的陶质或木质用具，也常常采取这样的办法用牛皮条予以保护。

原生葫芦的形状多种多样，这也就决定了这种模拟葫芦造型的陶器的多样性。这件多节葫芦瓶可能也是模拟之作，应为随身携带的酒器。

1998 年出土于甘肃省永登县。

(64) 马厂类型敛口葫芦形彩陶罐

高 27 厘米，口径 7.5 厘米，底径 9 厘米，泥质土黄陶，敛口、鼓腹、单耳、平底。黑、红彩施纹，口部施内填网纹的圆圈纹，腹部施四大圆圈纹，内填网纹和复道十字纹。所用红彩为橘红色，这种红彩仅见于半山和马厂的少量彩陶中，给人以清新明快之感，与黑彩相配，红黑分明，色彩对比度强，视觉效果极佳。

这件敛口葫芦形罐，是我见到的唯一的一件。熟知葫芦的人都知道，原生葫芦形态多种多样，先民在长期的生活实践中，对这种使用最早、使用时间最长的植物果实，根据自己的需要加以取舍，无疑摸索出了许多不同的使用方法。史前出土的形制各异的葫芦形器，可能都与他们对葫芦各部位的取舍有关，或者是在此基础上加工塑制的一种变体形式。我收藏的这件敛口葫芦形罐，很可能是模仿他们使用的一种从葫芦上腹中部平切的容器塑制而成的。先民的聪明才智，即使在这种葫芦形器的制作中，也是看得很清楚的。

2002 年出土于甘肃省榆中县。

（65）齐家文化束腰罐

高 15 厘米，口径 8 厘米，底径 6 厘米，泥质黄陶。该器实际上是由上下两个敛口罐对接而成。上器比下器略小，腹部两侧各附一横耳，造型新颖别致，应属一种变体葫芦形器。体表所施红彩纹饰，除下器双耳上方所绘两个变形神人纹尚较清晰外，余已大部脱落，但大致可辨认出自上而下以平行带纹、竖带纹和网格纹的构图形式。这种束腰罐是马家窑类型晚期出现的一种新器类。除甘肃省博物馆藏的一件外，我在藏友处还见过两件。其形制大致相同，上部均为敞口盆形，下部为一敛口罐。上器腹部两侧饰鋬，下器腹部两侧置横耳，有施黑、白复彩者，也有纯施黑彩的。在其后的半山、马厂时期，这种束腰罐基本不见，到齐家和后来的辛店时期偶尔可以见到，但上部盆形已变成敛口罐体，且数量极少，多为素器。

从葫芦形器的各种不同造型可以看出，先民在对葫芦的使用中，根据用途，对各个部位的取舍方法是多种多样的。若从葫芦上部最大腹颈处切开，即为盆状；若从上腹上部切开，即为敛口罐状。因此，先民按照平时所用的葫芦器，将葫芦形陶器制成类似马家窑、齐家这种束腰罐形式是完全可能的。事实上，不少学者也都是将这种束腰罐当作葫芦形器的一种变体看待的。

2004 年出土于甘肃省积石山保安族东乡族撒拉族自治县。

八　靴形器

（66）马厂类型彩陶靴形器

有关史前陶制靴形器的出土情况，见于文献记载的，主要是青海省文物考古研究所藏的一件辛店文化彩陶靴形器。该器是乐都县高庙镇柳湾村农民在农田水利建设中发现的，实际上也是一件采集品。靴高 11.6 厘米，底长 14.3 厘米，靴底前尖后方，靴筒绘对称双线回纹，靴帮绘双线带纹和三角纹，十分精细。另外，在兰州一藏友处，我还见到过一件，亦属辛店遗物。高约 6 厘米，底长 8 厘米左右，靴面前端靴尖处上翘并内弯形成一弯钩，形似道家的道靴，颇为怪异。这两件靴形器虽局部造型有异，但其总体结构基本都是分靴筒、靴面和靴帮、靴底三部分，采用的都是“帮底分件”的制作方法，反映了当时人们已经掌握了比较成熟的制靴技术。

我收藏的这件靴形器，通高 8.3 厘米，底长 7.9 厘米，泥质红陶，圆口、斜直筒，靴面近方形，靴帮较高。该靴看起来比较粗笨，但作为靴子的仿生塑品，各个部位塑制得还算比较写实。如靴口微外撇、靴筒上部略内束、靴面中部微鼓，以及靴头呈圆弧状、后面明显表现出了脚后跟等。通体饰淡红色陶衣，紫红彩施纹。靴口内侧绘圈带纹和竖带纹，靴筒口沿处绘一周竖短带纹。中部绘两道平行带纹，间绘竖短带纹。靴筒与靴面衔接处绘一周点状纹，靴面在单线界定的方形图案区内绘十字纹，靴帮绘斜带纹。靴头在单线界定的方形图案区内绘平行线纹、斜线纹，靴底绘粗网格纹。无论从造型或纹饰上，都看不出靴面、靴帮与靴底衔接的痕迹，加上较高的靴帮及略向内凹的靴底，可以明显看出，整个下半部可能是用一大块兽皮压制而成的。而靴面较平，靴筒与靴面接合部的一周针脚状圆点，则说明靴面与靴筒可能是分别缝制而成的。由此可以判定，这种靴子主要是由靴筒、靴面和靴帮靴底三部分组成，反映了马厂晚期这种靴子仍处于帮底不分阶段，与后来辛店时期的靴子有明显不同。从如今西部藏人对靴子的装饰部位及装饰图案推测，彩陶靴上的彩绘图案，很可能就是当时活跃在河湟地区的古羌人的靴饰。这种对靴子的装饰习俗可能一直延续了下来，他们的审美情趣应是相同的。

据专家研究，原始先民最早是用整块兽皮裹脚的，后来才出现用一块兽皮先制出靴的下半部，即靴底和靴帮，然后再用布料或毛褐子缝上靴面和靴筒。在西部边远藏区，直到 20 世纪六七十年代，藏民制靴时，采用的仍然是这种比较原始的方法。他们通常选用两块较厚的牛皮，用楦头将其压制成船形。为了使其成形，楦头压制后，有的还往里面充填沙子或羊毛。待“船形”制成后，再与羊毛褐子或布料制成的靴面和靴筒缝制在一起。整个靴子由靴筒、靴面和靴帮靴底三部分组成，与马厂晚期的制靴方法相似。从中可以看出，西部地区进入青铜时代以后，在制靴技术不断进步的情况下，这种原始的制靴方法，在边远藏区一直延续了下来，无疑与这一地区社会经济发展的不平衡有关。这件靴形器为马厂晚期遗物，距今 4000 年左右，比辛店同类器要早 600 年左右，为迄今发现的年代最早的靴形器。这种靴形器，西北藏界称“脚罐”。就我所见到的，有单只的，也有二器相连的“连体器”；有无耳的，也有带耳的，但其整体造型均为靴形。这种靴形器的发现，不仅为我们研究史前尤其是新石器时代晚期先民靴子的靴形、装饰特点及制作方法提供了实物资料，而且对这一时期陶器形制的研究也有着十分重要的作用。这种靴形器（包括后面将要介绍的一件同期同类器），主要出现于马厂晚期，或者说主要出现于青海东部地区马厂晚期的遗存中，正如我在前言中所谈到的，也是当地古羌人活跃的思想、创新的观念在陶器制作中的一种反映，与当时的社会背景是分不开的。关于这种靴形器的用途，与前面介绍的鸟形

器、鳖形壶等仿生器一样，可能都是与原始宗教或某种巫术活动有关的器物，是一种带有巫术色彩的神器。

1988 年出土于青海省民和县西沟乡。

（67）马厂类型靴筒附塑人面彩陶靴形器

通高 8.2 厘米，底长 8.5 厘米，靴口直径 3.5 厘米，泥质红陶。圆形靴口微微外撇，靴筒向后倾斜。靴头呈尖圆形并剔削出 5 个凸棱以表示脚趾；后跟为圆弧形，底呈长椭圆形，靴筒前部堆塑一硕大人面。通体饰土红色陶衣，黑彩施纹。靴筒在两条平行线界定的图案带内绘一周竖波折文，靴面在一“C”形曲线界定的图案区内，中间绘一竖线纹，竖线两侧绘菱形网格纹，靴帮至靴底未施影。从整体造型及施纹形式上可以看出，该靴形器的结构与前面介绍的那件同类器大致相同，亦主要分靴筒、靴面和靴帮靴底三部分，属马厂晚期帮底不分的靴形。但与前者不同的是，该靴靴面中部有一竖线，表示的可能是靴脊。靴筒前侧陶塑人面系捏塑而成。人面鼻梁高耸，并戳印有两个鼻孔，两侧捏塑两个招风耳，亦十分醒目。下颌尖圆，微微上翘，颇具肉质感。其施纹形式与同期彩陶人像的面部纹饰大致相同。

这件彩陶靴形器向我们展示的靴式，可能是我国鞋履文化在远古时期的一种表现形式。众所周知，我国民间的鞋履文化十分丰富。如圆头靴象征“圆顺”，云头鞋以示礼仪，以六块皮料缝制的皮靴寓东、西、南、北、天、地六合之意，取名“六合靴”等。此外，靴（鞋）头所饰雀、凤、虎头、猫头等动物形象者，亦有各种不同的文化内涵。在西北民间童靴中常见的虎头靴，据说所饰虎头即有避邪之效。从这件靴形器上的人头设置位置看，与民间靴、鞋所饰动物图案有相似之处。塑成人头形，应与当时人们的信仰习惯有关。在马家窑文化尤其是马厂时期的生活实用器和祭器上，塑有此类人头者曾发现多例。据专家研究，这些人头形附属陶塑，除有的可能是巫师形象外，基本上都是神灵崇拜或祖先崇拜的产物，或者说都是他们心目中的保护神。因此，推测该器所塑可能就是先民崇拜的神偶，无疑也是出于避邪消灾、求得护佑之目的。但与民间靴、鞋上的动物图案装饰相比，这类人头形饰物宗教或巫术的目的似乎更为明确。由于靴子是直接与人体接触的用物，他们所祈求的是通过靴子这个中介，将“神”的护佑力作用于人。而在这种靴形器上塑上人头，可能是希望通过对这种器物的使用或祈祷，以达到同样的目的。在史前出土的数量极其有限的靴形器中，就藏者所见，基本上都是单一的靴形，附塑有人头者极其罕见。

该器原为青海一藏家所藏，据说 1990 年前后出土于青海省乐都县。

（68）齐家文化附加堆纹单耳靴形器

左器高 10.3 厘米，口径 7.2 厘米，底长 12.5 厘米，夹砂红陶，侈口、直筒，靴面为长弧圆形，底呈长椭圆形，靴后侧附一环形耳。靴面施两道做横向排列的齿状堆纹，近靴头处雕塑 5 个长而宽大的脚趾，趾上饰齿棱，形似鸡爪，趾端皆雕刻有指甲纹。此类脚趾形似鸟趾，看起来怪异而神秘。

右器高 11.5 厘米，口径 7.3 厘米，底长 13.5 厘米，整体造型与左器相同。所异者为靴口以齿状堆纹加厚一周，靴筒上下部位各施一道齿状堆纹，靴面另饰有三道做竖向排列的同样纹饰，显得更加美观。该陶靴靴体肥胖，为此类靴形器所少见。

二器均于 2006 年出土于青海省民和县。

九　带盖器

（69）马厂类型乳形纽带盖罐

新石器时代陶器中的带盖器，出现时间较早，延续时间很长，所包括的陶器种类也比较广泛。如鼎、罍、甗、杯、盒、尊等。在甘青一带的彩陶带盖器中，除四坝文化发现有几件形制特殊的带盖方鼎和筒形、盒形带盖器外，比较多见的主要是带盖罐和带盖瓮棺两种。后一种我将在介绍瓮棺时进行介绍，这一部分主要介绍我收藏的 10 余件带盖罐。

甘青地区的带盖罐，在马家窑文化、齐家文化以及进入青铜时代的四坝、卡约诸文化遗存中都有出土。其中马厂时期相对较多，四坝文化器形最为别致。各时期盖罐的罐体与常见的深腹罐大致相同，其精妙之处在于盖顶那个提纽。就我所见到的盖纽，属仿生陶塑的有各种人形、人头形、各种动物、植物、人体器官、房屋建筑等。属几何体的有方形、圆球形、三角形、菱形、棱柱形、圆饼形等，不下数十种。从中不难看出，盖纽是先民制作带盖罐的重点，是带盖罐的灵魂，是最能体现这种器皿艺术之所在，同时也寄托着他们种种美好的愿望。因此，欣赏和研究这种带盖罐，不仅要看其纹饰，更要看它的盖纽艺术，品味所蕴蓄的人文内涵。

带盖罐的盖合形式主要有三种：一是盖边与罐口均呈斜坡状的楔形卡合；二是盖边与罐口呈锯齿状卡合；三是大盖浮扣于小口上的平扣式盖合。前两种可能是先将盖罐的盖子与罐体按一体制成后，待半干时用利器在颈肩接合部根据需要的盖合形式切开，将其一分为二；后一种可能是按照罐体和盖子的不同比例分别制作的。这几种不同的盖合形式，可能是出于装饰的需要，也可能与器皿的不同用途有关。

这件藏品通高 25.5 厘米，底径 7.5 厘米，泥质土黄陶。盖呈倒扣喇叭形，乳形纽。罐为敛口、鼓腹、双耳、平底罐，双鋬已残。这是一件马厂晚期遗物，红陶衣上黑彩施纹，盖施圈带纹、复道折线纹，罐体施复道回形纹、竖带纹、平行带纹、垂弧纹等。该器乳形纽也是马厂晚期带盖罐中常见的一种纽式，其状很像女性乳房，与史前的一些女性雕塑着重突出乳房一样。这种位居盖顶的乳形纽，可能都是生殖崇拜观念的一种折射。

1997 年出土于青海省民和县巴州镇。

（70）马厂类型鼻形纽带盖罐

通高 33 厘米，底径 9.5 厘米，泥质土黄陶，盖呈倒扣喇叭形，鼻形纽，敛口、鼓腹、双耳、双鋬、平底。红陶衣上黑彩施纹，器盖施平行短带纹、平行带纹、复道折带纹。罐体施竖短带纹、平行带纹、复道回形纹、方格纹等。这是马厂晚期的一件精细之作，造型规整，端庄大方，器表打磨精细，抛光极佳。土红色陶衣温润光洁，浓黑的彩纹稳重而清晰，看起来如同新品，不亚于早期的复彩器。盖顶所置鼻形纽，也是马厂类型带盖罐上常见的一种纽式。当时可能缚有系绳，以便提携挪动。盖子与罐体呈楔形卡合，密封度相对较好。盖壁下方有四个穿孔，可能作排气用。推测这类器皿应是为发酵某种食物而特制的专用器，可能用于酿酒，也可能用于发酵其他食物，类似今日农家的泡菜坛子。据专家研究，先民在很早以前就掌握了酿酒技术，但是否也懂得其他食物的发酵酿制技术，尚有待在今后的考古实践中得到证实。

1998 年出土于青海省民和县。

（71）马厂类型杯形纽带盖罐

这件盖罐是我5年前的藏品，出土于青海省乐都县距柳湾遗址不远的老鸦城附近。刚出土时，彩纹十分完好，由于老乡在拉运途中纤维袋的摩擦，大部分彩纹已变得模糊不清，殊为可惜。器盖新颖别致，上部提纽为一敞口深腹罐，口沿等距离饰6个方形片状凸饰，形成花边口；下置一圆柱形高柄，底为圆形盖面，若单独放置，可以明显看出是只高柄杯形状。盖与罐口呈楔形扣合，相对比较严密。因此，推测该器可能是件兼储酒与饮酒两种功能的酒器：上部为酒杯，下部为储酒罐，饮时将罐内的酒倒入杯中，一杯一杯地慢慢品尝，不饮时则原样盖好，以防余酒挥发。这样的设计是颇具匠心的。一物两用或一物多用，在史前的陶器中经常可以看到。不仅节省了器物摆放的位置，同时也解决了生活用品匮乏之困，反映了先民在陶器设计制作中的聪明才智。

该器通高24厘米，底径8.5厘米，泥质红陶。紫红色陶衣上黑彩施纹，盖施圈带纹、折带纹，罐腹施网纹、折线纹等。构图简单，施纹粗率，纹饰虽无多少可供欣赏之处，但仅从造型看，不失为史前彩陶中的一件珍品。

（72）马厂类型陶祖形纽带盖罐

原始社会进入父系氏族以后出现的陶祖，不仅仅见于独立的陶塑品，在先民烧制的陶容器某个部位上，以及一些男性陶塑人像中，都可以看到陶祖的形象。例如将器皿的把、足、流制成陶祖形状，在男性陶塑人像中重点突出生殖器等。从中不难看出，那时的男性生殖器崇拜风气是相当流行的，与母系氏族的生殖器崇拜一样，大都反映了企望氏族发达的美好心愿。我收藏的这件带盖罐，盖顶塑成一男性生殖器，龟头形象塑制得尤为生动。先民将崇拜物塑于高高的盖顶，并作为经常触摸的提纽，不仅为了看起来醒目、用起来方便，可能另有更深层次的文化内涵。

该器为大盖扣合于小口上的平口形式。此类罐口周边大都不施陶衣，留有一圈十分规整的环形胎地色，大小宽窄正好在盖面的覆盖范围以内，与盖面的大小基本相同。这与史前许多彩陶的施彩方式一样，即视觉范围以外的部位基本不施彩，可以看出在颜料使用上是十分珍惜的。

盖罐通高 33.5 厘米，底径 11.7 厘米，泥质土黄陶。罐体上腹大而丰圆，下腹收缩较大，显得有些比例失调，给人以站立不稳的感觉，这也是马厂晚期常见的一种器形。器表饰红色陶衣，以黑色绘变体回形纹、复道折线纹、平行带纹等，施纹十分草率，亦为马厂晚期彩陶所常见。该器体形较大，可能是件储藏器，用于储存先民认为比较珍贵的食物，以免遭受鼠害或野兽的偷食。

1996 年出土于青海省乐都县。

（73）马厂类型宝珠形纽带盖罐

通高 20 厘米，底径 7 厘米，泥质土黄陶，盖呈倒扣喇叭形，敛口、鼓腹、双耳、平底。器表打磨抛光较好，温润光洁。红陶衣上黑彩施纹，盖施平行带纹、折线纹，罐腹中部施主题纹饰女阴纹，上下各施一道平行带纹。该罐的器盖颇有特点，喇叭形盖顶托一珠宝形纽，纽顶有一圆形凹坑，原来似有镶嵌物，已脱落。与常见的器盖不同的是，盖内侧不但打磨得与体表一样光亮，饰有红色陶衣，而且还绘有两道圈带纹，间施一周不规则点状纹，竖置酷似一个小酒盅。与此相仿的器盖，我还见过一例，亦属马厂

晚期遗物。就我了解到的情况，此种里外打磨一致并施有彩纹的器盖，仅见于马厂晚期。先民之所以将这个器盖里外都制作得如此精细，可能是经常作为一件独立器皿而使用的缘故。关于该罐的用途，与我收藏的那件杯形纽盖罐一样，应是件酒器，盖做杯，罐做壶，一物两用。罐腹所施女阴纹，在史前生殖崇拜中的寓意是多方面的。绘在这样的酒器上，可能具有酒源旺盛、长饮不断的吉祥寓意。

1998 年 8 月出土于青海省民和县古鄯镇。

（74）马厂类型瓜蒂形纽带盖罐

上器通高 12.8 厘米，泥质土黄陶，盖做倒扣喇叭形，纽做瓜蒂形，敛口、垂腹、平底，两侧各置一鹰钩状纽。淡红色陶衣上黑彩施纹，盖施平行带纹、竖短线纹，罐腹施复道折线纹。

下器通高 18.5 厘米，泥质橙黄陶，盖纽与左器大致相同，敛口、鼓腹、双耳，口部两侧各饰一片状凸鋬，两侧各置一环形耳。淡红色陶衣上黑彩施纹，自捉手至下腹分别施复道平行带纹、神人肢体纹，内填方格、点状纹的圆圈纹等。

这两件盖罐上的瓜蒂形纽，虽捉手部分较粗，且略显低矮，但与微微上卷的圆形盖面配合在一起，倒很像一个瓜蒂。尤其是下器捉手，整体呈扭曲状，并饰有三道同样呈扭曲状的凸棱，与不少大型瓜蒂无异。就整器来看，上部的捉手、盖面及略显扁圆的罐体，加上所饰的淡红色陶衣，颇似某种熟透了的老瓜。或许，这就是先民艺术家以某种瓜果为母体所制的一件仿生器。在甘青地区史前各期的带盖罐中，先民仿植物果实蒂部而制的盖纽，就我所见到的实物，大都比较写实。除以上两例外，如甘肃省博物馆藏的一件马家窑类型瓜形盖罐，捉手呈鹰钩状，与瓜蒂十分相似。毫无疑问，这都是先民在长期的采撷过程中，对植物果实蒂部过于熟悉的缘故。

二器均于 1992 年出土于青海省民和县。

（75）齐家文化圆饼形纽带盖罐

通高 18.9 厘米，底径 7 厘米，细泥黄陶，盖呈倒扣喇叭形，纽为圆饼形，敛口、鼓腹、四耳、平底。黑彩施纹，盖上彩纹基本完好，饼形纽上施“×”形符号纹，盖壁施四组单独网格纹，网纹上下各施一道圆带纹。罐腹彩纹已大部脱落，从保存下来的部分纹饰看，主要有正倒复线三角纹、网纹、平行带纹等。

该器胎薄质轻，制作规整，打磨精细，上下腹间折棱明显，具齐家陶器特征。盖纽看起来十分简单，但其设计制作颇具匠心。实际上是先制出筒形盖壁，然后再制一圆饼粘贴其上。为了弥补粘贴时留下的不雅痕迹，又巧妙地将其加工成一周阴线纹，看起来层次分明，简洁明快。器腹所附双肩耳上，分别阴刻三道竖线纹，这也体现了齐家陶匠善于对器耳进行装饰的作风。一般认为，齐家文化由马厂类型演变而来，并对四坝文化有一定的影响。就其造型来说，四耳器反映得尤为明显。齐家的这种四耳器与马厂同类器无疑有一定的渊源，而四坝四耳器也很有可能含有齐家四耳器影响的因素。

2001 年出土于甘肃省广河县。

（76）齐家文化红陶乳形纽带盖罐

通高 18 厘米，底径 8.2 厘米，夹砂红陶。盖顶为圆饼形，上饰一乳形纽，盖壁呈圆筒状，两侧各有一穿孔。罐为敛口、球形腹、双纽、平底。该器有三点值得注意：一、乳形纽是马厂时期带盖罐常见的一种纽式，但在齐家带盖罐中也不时可以看到，可以明显看出二者在此种陶器制作中的传承关系。二、马厂带盖罐盖壁中部多有四个穿孔，而齐家的这种盖罐大多仅有两个穿孔，后者无疑是对前者的简化。三、马厂盖罐多置双耳，位于口部两侧另饰两鋬，而齐家盖罐大多仅于器腹两侧各饰一凸纽，后者同样是对前者的简化。从这些局部的简化中可以看出，这种带盖罐到齐家文化时期，正如其彩陶纹饰的变化一样，已表现出日趋退化的迹象。

2004 年出土于甘肃省广河县。

（77）齐家文化黑衣陶乳形纽带盖罐

黑衣陶亦称“黑皮陶”，因在灰陶胎上饰一层黑色陶衣而得名。外观视觉效果与黑陶相同，主要见于新石器时代中晚期的古文化遗存中，数量比例很小。这种黑衣陶与其他许多黑陶一样，大多打磨精细，油润光亮，纹饰少而简洁，主要以锃明光亮的黑色光泽为装饰内容。视觉效果虽没有彩陶那样华丽，但黑色与光亮相结合而产生的艺术魅力，是彩陶所无法比拟的。

这件黑衣陶盖罐通高 19.5 厘米，底径 8 厘米，通体打磨抛光，细腻油润，略泛光泽。盖壁与盖面接合部戳刺一周齿形纹，罐体上腹光素无纹，下腹施竖向绳纹，这也是齐家素陶常见的装饰风格。该器盖顶与提纽的制作颇具写实风格。盖顶面为弧面形，似女性乳房；中部自然隆凸成乳头形，二者巧妙地结合在一起，酷似一个乳头高耸的乳房。此类乳形纽在各期盖罐纽式中虽是常见的，但皆无该器塑制

得如此逼真传神。

2002 年出土于甘肃省榆中县。

（78）四坝文化矛头形纽带盖罐

距今 4000 年左右的四坝文化，虽偏居于甘肃省河西走廊中西部，但它却是西部地区进入青铜时代以后出土彩陶最为丰富的一支远古文化，在彩陶即将衰落之际一枝独秀，被专家誉为西部彩陶的第三个上升期。这里的彩陶不仅出土量大，而且造型奇特，纹饰怪异。就带盖罐的盖纽来说，即有圆形、方形、花瓣形、矛头形、双戟形等多种。我收藏的这件盖罐，提纽呈矛头形，矗立于盖罐顶端，看起来威风凛凛。由于四坝文化所处的特殊地理位置，有学者研究，这种矛头形盖纽，并非本土的传统，很可能是受中亚文化影响的产物。

这件盖罐是经过修复的残器。通高 25 厘米，底径 8 厘米，夹砂黄陶，盖呈矛头形，敛口、鼓腹、四耳、平底。器表饰紫红色陶衣，黑彩绘三角折带纹、旋纹、竖带纹等。在四坝陶器中，四耳器比较常见，也是该文化陶器造型的一个突出特点，可能是游牧民族为便于驮运携带而特意设计的。

1999 年出土于甘肃省民乐县。

十 陶器盖

（79）马家窑类型瓜蒂形纽陶器盖

陶器盖在新石器时代许多遗址中都有出土，在甘青地区进入青铜时代的不少遗存中也有发现。这种器盖与带盖罐的盖子不同。带盖罐是一种专用器皿，盖都是根据罐体的大小、罐口的形状而专门制作的。器盖在考古学上属一种单列的器类，无论罐、壶、瓶、盆，凡是里面盛放的食物需要加盖者，都可以使用，属机动性、临时使用的器具。而且，前者的盖边与罐口扣合处多呈锯齿形、斜坡状；后者基本上都是覆钵形，平扣于器口之上。从二者的盖纽来看，前者纽式多种多样，五花八门；后者除少数人物、动物陶塑及其他仿生纽外，多为半环形，显得比较单调。陶器盖比带盖罐出现得要早，而且出土量也相对较多。在不少史前遗址中，无论有无带盖罐的出土，大凡都有陶器盖的发现。这也说明，在原始人类生活中，陶器盖的使用还是比较普遍的。

该藏品属马家窑类型遗物。通高 7 厘米，盖口直径 12.6 厘米，细泥橙黄陶。整体呈覆钵形，盖顶为一向一侧倾斜的三棱形捉手，并呈扭曲状，酷似南瓜一类瓜蔬的瓜蒂，十分形象。盖面以黑色底色中的陶地色为纹，以中部四个陶地色圆点为中心，分别绘四组旋状叶形纹。整器似横切而成的半个瓜形，加上器表所施叶形纹，创作者的初衷可能就是一件仿瓜而制的仿生器。

2004 年出土于甘肃省永登县。

（80）马家窑类型鹰首形陶器盖

通高 5.5 厘米，盖面直径 8 厘米，泥质灰陶。我们将这个器盖定名为“鹰首形陶器盖”，主要是因整体造型基本是按照鹰头的形象设计的，而且塑制得十分生动。圆润饱满的盖面，表示的应是鹰头光亮的羽毛；面部前端捏塑的尖钩状鹰喙，伸出盖面，显得异常有力；喙部上端两侧各贴塑一圆形大眼，宽大的眼眶内另刻画出圆形眼球，看起来炯炯有神。鹰头的其他部位无任何附加雕塑，亦未有任何细部刻画。可以看出，作者着重突出的是喙部和眼部这两处最能体现雄鹰勇猛顽强性格特征的部分。该器所塑的鹰首，无论从整体造型或雕塑技法上，与陕西华县太平庄出土的那件庙底沟类型鹰鼎的鹰首十分相似，应属早期陶塑中的上乘之作。从盖面下方所置的类似子口的圆口看，该器盖可能是一件子母口带盖器上的器盖。但也有藏友提出，在史前的带盖器中，尤其是早期的带盖器中，子母口器极其少见，故推测应是一件专门制作的祭器。盖面下方类似子口的圆形口，可能是为方便祭祀而特意设计的。此种意见不无道理。这里暂列陶器盖部分介绍，至于其用途究竟如何，有待进一步研究。

2001年出土于甘肃省甘谷县。

（81）马厂类型人头形纽陶器盖

通高7.8厘米，盖口直径9.8厘米，夹砂红陶。整器呈倒扣喇叭形，盖纽为一捏塑的人头，盖面以黑彩施四组复道凸弧纹。该器盖的人头纽雕塑颇有特点，头部两侧捏塑两个大耳，并戳刺有耳孔。前额及面部两侧捏出曲折形凸棱，可能表示长发，同时也是为了突出面部。面部中间捏塑一高高的鼻梁，两侧戳刺出双眼。嘴巴戳划成横槽形，两侧及下颔处明显凸起，可能表示长须。整个人头形象看上去像是一个披着长发、飘着长须的男性老人。面部表情温和慈祥，张着的嘴巴似乎正在讲述着什么，生动传神，栩栩如生，可称得上史前人像陶塑艺术之精品。

人头器盖在史前的陶器盖中曾发现多例。除考古文献记载的几件外，我在藏友处还见到过三件，面目各异，皆塑制得十分传神。这种陶器盖上的人头雕塑，与史前陶容器上出现的人头塑品一样，可能都是马家窑文化时期始祖崇拜或英雄崇拜的一种具象体现。

2003 年出土于青海省乐都县。

（82）马厂类型四乳形纽陶器盖

通高 5.8 厘米，盖口直径 14 厘米，泥质土黄陶，整体呈覆钵形，上部置四个乳状小纽。黑彩施纹，盖顶绘内填十字纹的双圈纹，四纽间绘放射状竖短带纹。盖壁在上下两道平行带纹间绘八组竖带纹。该器盖作为器盖使用，四乳形纽即是捉手，若将其倒置起来，便可作为小钵使用，盖纽即变成了器足，设计独特，构思奇巧，在史前两用陶器中实不多见。

1991 年出土于青海省平安县。

（83）齐家文化蹲犬形纽陶器盖

通高 4 厘米，盖面直径 12.5 厘米，夹砂红陶。器盖整体呈圆饼形，周边略外翻，中心部位内凹，并捏塑一蹲犬形捉手。蹲犬高 3 厘米，头部、双眼及双前肢都有表现，捏制虽十分简略，但蹲犬的整体外部特征把握得还算准确，使人一眼便能看出是只蹲于地上歇息的狗。这种圆饼形陶器盖，主要出现于齐家时期。由于盖面平展，对于所盖容器器类无疑更为广泛，而且使用起来也很方便，这也可能是先民制作这种器盖的初衷。

2002 年出土于甘肃省广河县。

（84）齐家文化羊头形纽陶器盖

通高 6 厘米，盖口直径 6.5 厘米，泥质灰褐陶。整器呈覆钵形，盖纽为一捏塑的羊头。羊头呈昂首远望状，双耳和嘴巴都表现得比较清楚，看起来十分生动。此类小型覆钵形陶器盖，在齐家时期出土较多。就我所见到的不下数十例，盖纽大多为一半球形，凡塑成动物形象者，基本上都是他们饲养的家禽家畜。从中不难看出，先民对其所饲养的动物是何等的喜爱。齐家时期的陶器中带盖罐较少见，但从这些出土的陶器盖来看，当时先民对这种器具的使用还是相当普遍的。这从一个侧面也可以看出，他们的饮食生活质量已有某种程度的提高。

2002 年出土于甘肃省临夏县。

（85）齐家文化圆饼形纽陶器盖

高 12 厘米，盖口直径 19.5 厘米，泥质黄陶。整体制作规整，打磨抛光较好，属齐家文化素陶中的精细之作，也是齐家文化中比较少见的大型器盖。该器盖属多用器。作为器盖，可用于大口罐及小盆、小钵一类器皿，而圆饼形盖顶可作为器座使用，用于放置平底器或圈足器，若倒置起来，亦可作为圜底器的器座。史前的这种两用陶器或多用陶器，在各个时期都有发现，几乎每一件都是经过先民精心设计的，既是史前陶器中的怪异之作，也可以称得上经典之作，无一不是先民在陶器制作中智慧的结晶。

2003 年出土于甘肃省临夏县。

十一　陶瓮棺

（86）马厂类型彩陶瓮棺

用瓮棺殓葬婴幼儿尸体这一葬式，在大地湾文化早期就已经出现了。宝鸡关桃园遗址发现的一只瓮棺，被认为是我国史前时代最早的一只瓮棺。在其后的各个文化类型中，直到距今 2900 年左右的诺木洪文化时期，大部分遗址都有瓮棺出土，前后延续了 4000 多年。

史前的瓮棺虽有多种形式，但比较常见的还是瓮钵相扣和罐钵相扣。它与带盖罐的主要区别在于：一、瓮棺作为葬具大多形体较大，而盖罐主要是用于储存食物，一般形体较小。二、瓮棺所用的瓮、罐、钵、盆等，主要是生活实用器，而盖罐的罐、盖则是专门设计制作的，盖式五花八门，扣合形式多种多样。三、二者最大的区别是，瓮棺的盖顶、瓮口一侧或瓮底大都有一小孔，据说是为让死者灵魂自由出入而专门设置的，而盖罐的盖顶和罐底都是密封的。瓮棺大多为素器，彩陶瓮棺相对较少。可能有两个方面的原因。从感情方面看，如独生子女夭折，老年所得之子夭亡，或夫妇某一个特别喜爱的幼子意外死去等，便用彩陶瓮棺殓葬，以示隆重，并表示自己的疼爱之情；对大多数夭折的婴幼儿，则用一般的粗陶瓮棺。此外，这里面可能也含有贫富差异的因素。尤其是到了新石器时代晚期，随着私有制不断发展，贫富日益分化，这种奢侈的彩陶瓮棺，可能主要为富裕人家所用，大多数穷人是用不起的。

我收藏的这件彩陶瓮棺，属马厂早期遗物。通高 38 厘米，底径 13 厘米，细泥橙黄陶。盖呈覆钵形，小喇叭形盖纽中空无底，盖纽下端一侧有一圆孔，体为敛口、鼓腹、双耳、双纽、平底瓮。黑、红彩施纹，自盖顶至瓮腹分别施平行带纹、竖短带纹、方格纹、回形纹、圆圈纹、垂弧纹等多种纹饰，达九层之多。构图严谨，施纹精细，看起来异常华丽，不但是一只精美的瓮棺，而且也是一件不可多得的史前彩陶艺术品。

2002 年出土于甘肃省榆中县。

（87）辛店文化彩陶瓮棺

高 49 厘米，口径 23.5 厘米，夹砂红陶，侈口、高领、斜肩、鼓腹、双耳、圜状凹底。白陶衣上黑、红彩施纹。领部在界定的红色宽带上以黑彩绘复道折线纹、复道平行线纹，肩部绘竖折带纹、复道平行带纹、竖钩形纹，上腹绘钩形纹、鸟纹、禾苗纹，下腹绘连续竖钩形纹，双耳绘平行短带纹、斜十字纹。

这是一件辛店文化中常见的双耳彩陶罐，我们将其认定为“瓮棺”，主要是因其底部有一不规则孔洞。孔洞较大，人为敲凿痕迹明显。在史前遗址发现的瓮棺中，除前面介绍的属于比较常见的带盖瓮棺外，其中一部分即为这种无盖瓮棺。此类瓮棺在史前不少古文化类型中都有发现，其形制与常见的大口深腹容器相同，可能是由于婴幼儿意外夭折后，在来不及制作专用瓮棺的情况下，选用较大的瓮、罐之类日用容器临时改制而成。这种改制的瓮棺，大多于底部或器口一侧敲凿一孔洞。这个孔洞应是日用容器改作瓮棺的明显标志，也是二者鉴定中的最大区别。据有关考古文献，此类瓮棺口部由于没有专用的盖子，除有的选用一大口盆扣于其上外，大多仅压盖一石片。据老乡讲，我收藏的这件瓮棺出土时，口部确盖有一块大石片，而且瓮棺内还有婴幼儿的骸骨，可惜石片当时已被老乡抛弃。青海省博物馆藏有一件与该器同期的彩陶瓮棺，其造型、大小与该器大致相同，出土时口部即盖有一石片，底部亦凿有一洞，属比较典型的此类瓮棺，可作为参考。

1986 年出土于青海省民和县。

十二　带流器

（88）半山类型罐形盉

原始陶器中的带流器，其流的形式有两种：一种呈鸭嘴形，附于器物口沿一侧；一种呈管状，置器物口部、颈肩接合部或腹部。前者如上海青浦县（今为青浦区）福泉山良渚文化遗址出土的黑陶壶，以及大汶口文化、龙山文化的带足陶鬶、陶盉等。后者则见于各个时期的一些鼎、盉、罐、壶、盆等器物上。陶盉属带流器中的一种，以上两种流式在陶盉中都可以看到。原始陶盉形制多种多样，如钵式盉、罐式盉、壶式盉、柱足盉、带足盉等。在甘青一带的古文化遗存中，盉这种形制在马家窑文化中很少看到，主要见于齐家文化。一般认为，盉是由鬶演变而来的。鬶始于大汶口文化，盛行于龙山文化。齐家文化与龙山文化年代相当，同属新石器时代晚期的龙山时代，可能有受其影响的因素。

这件罐形盉高 13.5 厘米，口径 11.5 厘米，底径 8 厘米，泥质黄陶，敛口、弧腹、双耳、平底，口部一侧置一管状流。黑、红彩施纹，腹部施斜带纹、阴地菱形纹、平行带纹、锯齿纹，流部施三周圈带纹。盉在半山时期很少见，敛口罐形盉尤为难得，因而显得十分珍贵。此种形制的陶盉，在大汶口文化中曾出土数件，一般定为酒器，该器也可能是作为酒器出现的。

1996 年出土于甘肃省榆中县。

（89）半山类型带嘴锅

高 16.5 厘米，口径 27 厘米，底径 12 厘米，泥质土黄陶，敞口、卷唇、弧腹、双耳、平底，口沿一侧下方置一瓦罐嘴。黑、红彩施纹，唇部绘一周锯齿纹，嘴部绘两道圈带纹，腹部绘平行带纹、锯齿纹、阴地叶形纹。器内图案异常别致，在黑色底色中留出圆形陶地色图案，再于陶地色图案内施纹，自上而下共绘 3 层 19 个同心圆纹（右图），看起来不仅没有单调之感，而且很有气势，这在彩陶构图上是不多见的。

这种带嘴锅因口部一侧下方的“嘴”形似管状短流，故也有人称为“带流盆”。事实上，在不少有关介绍史前陶器的文献中，也一直是这样称呼的。此类带嘴锅最早见于马家窑类型晚期，其后的半山、马厂时期都可以看到，多为夹砂素陶，彩陶占很小比例。史前的炊器大多为夹砂陶质，因这种在陶泥中加有河沙、石英砂、云母片等羼和料而制成的陶器，遇热不易破裂，散热均匀，很适合作为烧水煮饭的炊器。另外，作为史前的炊器，大多留有烟熏火燎的痕迹。这种现象在夹砂陶带嘴锅中时有所见，而彩陶器则基本不见。因此，对于这种带嘴锅，素陶器一般定为炊器，这也是不少学者的共识。彩陶器有的认为是“炊器”，有的认为是“水器”。但也可能是特制的随葬品，是专为死者制作的在另一个世界使用的“锅”。从该器内壁的纹饰看，似乎也说明了这一点。内壁绘满的同心圆图案，倒很像盛放的什么食物，或正在蒸煮的什么食物，其用意可能是让死者生前爱吃的美味死后继续享用。

2001 年出土于甘肃省永靖县。

（90）马厂类型带嘴锅

高 13 厘米，口径 18 厘米，底径 7 厘米，泥质土黄陶，敞口、卷唇、弧腹、双耳、平底，口沿一侧下方置一管状短嘴。黑、红彩施纹，口沿施放射状短线纹，腹部施平行带纹、垂弧纹，内壁绘两个变形神人纹。神人纹以浓重的黑彩画了两个阔边大圆圈，内填横向波折纹，重点突出其头部，肢爪已变形为弧线纹、折带纹。马厂时期深腹盆内绘神人纹者并不鲜见，但多绘一头一身或一头半身。该器却有点例外，所绘两个大头面对面，中间以变形肢爪纹相连接，从整个画面看，可能是幅两性交媾图。

半山和马厂时期的带嘴锅，我曾见过多例，有彩陶亦有素陶，从造型和施纹工艺看，有以下三个特点：一、嘴分瓦罐嘴和管状短嘴两种，前者短粗圆鼓，前开一口，中间饰一环形凹槽，因形似农家使用的瓦罐上的小嘴而得名，颇有特点。二、彩陶带嘴锅内外均施彩，而且内彩丰富多样，往往布满整个内壁和内底。三、器体均呈深腹盆状，素器大者口径可达 30 厘米以上，无疑是为增加容量而特意设计的。

1998 年出土于甘肃省榆中县。

（91）马厂类型大型带流壶

上器高 22 厘米，口径 12 厘米，底径 9.5 厘米，泥质土黄陶，侈口、高领、鼓腹、双耳、平底，颈肩接合部一侧置一管状流。红陶衣上黑彩施纹，口沿内侧绘圈带纹，颈部绘横向人字纹，腹部绘复道折带纹、竖波折纹、平行带纹、垂弧纹。

下器高 19 厘米，口径 9.5 厘米，底径 8 厘米，泥质土黄陶，侈口、短颈、鼓腹、双耳、平底，颈肩接合部一侧置一管状流。红陶衣上黑彩施纹，口沿内侧绘倒三角纹，流部绘圈带纹，腹部绘变形回纹、神人纹、平行带纹、垂弧纹。

这种带流壶因壶体呈罐形，故也有人称为“带流罐”或“带嘴罐”。据有关考古资料，此种形制的器物，在仰韶文化半坡、西王村、海生不浪等遗址中已有发现。在马家窑文化的马家窑、半山和马厂类型中都有出土，以马厂晚期出土相对较多。在其后的齐家文化、四坝文化中也可以看到这种器形，从中不难看出中国文化发展的连续性。史前各个时期出现的许多新颖别致的器形，有的昙花一现，很快就被新的器类所代替，有的沿用了数百年或上千年，有的一直延续至今。这就说明，凡是一直延续下来的器形，无论其实用功能或审美价值，已为人们所接受。这种带流壶即是如此。今天的此类器形无论如何变化，但万变不离其宗，都离不开他们的原始雏形。我们今天所用的许多器皿，在史前陶器中也都可以看到它们的影子，无不凝聚着原始先民的心血，体现了长期而艰辛的探索历程。

二器均于2000年出土于青海省民和县。

（92）马厂类型小型带流壶

高8厘米，口径6.2厘米，底径4.5厘米，泥质红陶，侈口、直领、斜肩、鼓腹、单耳、平底，腹部一侧置一细管状流。红陶衣上黑彩施纹，口沿内侧绘圈带纹、垂弧纹，领至腹部分别绘平行带纹、复道折带纹等。该器制作规整，小巧雅致，十分少见，可能是件实用酒器。管状流下移至上腹部，外伸角度较小，已接近当今的酒壶，器体高矮粗细适中，正好握于掌中。看到这件酒壶，很容易

使你联想到，先民狩猎归来，盘坐于地，手握小壶，一边吃肉，一边饮酒，一副悠然自得的样子。

2000 年出土于甘肃省静宁县。

（93）马厂类型流腹间加纽带流壶

高 15.7 厘米，口径 9.2 厘米，底径 8 厘米，泥质土黄陶，侈口、高领、鼓腹、双耳、平底，颈肩接合部一侧置一管状流。红陶衣上黑彩施纹，口沿内侧绘圈带纹，领部绘竖折线纹，腹部绘平行线纹、阴地联珠纹、复道折带纹，流上绘竖折线纹。该器制作规整，施纹精细，器表打磨光滑，属马厂晚期的上乘之作。其独特之处有两点：一是肩部所绘两道平行线纹和一周阴地联珠纹，可能是按照当时人们佩戴的项饰形式绘制的。平行线纹可能是细小的骨串珠饰或其他彩带、彩线的抽象概括，阴地联珠纹可能就是珠类串饰的形象再现。二是流口与器腹间的桥形纽，不但对管状流起着加固作用，而且也具有装饰性，新颖而别致。在我国早期的一些瓷壶上，乃至明清的一些执壶上，都可以看到在流与器腹间加纽的现象。虽然纽带的位置有所下移，形式多种多样，但其功能都是相同的。前者是否就是后者的“鼻祖”，这也是留待我们研究的一个问题。

1998 年 3 月出土于青海省乐都县老鸦城一带。

（94）马厂类型单耳带流盆

高 5.7 厘米，口径 16 厘米，底径 19 厘米，泥质土黄陶，大口、斜直腹、单耳、平底，器口一侧捏出一舌状流。内壁以黑彩施斜带纹。这种舌状流，实际上是趁坯体湿软时用手指捏出来的。一个小小的舌状流，在很大程度上方便了器内液体的倒出。也仅仅是这么一捏，先民可能为此经过了长时间的探索。这件带流盆，我曾定名为“灯盏”，因其“舌状流”不仅与盏形灯的控捻设置相同，而且从整体上看也接近于早期农村使用的同类型灯具。后来考虑到在使用上存在的普遍性，还是定名为“带流盆”，或许二者的可能性都是存在的。

2001 年出土于甘肃省永靖县。

（95）齐家文化罐形盉

通高 13.7 厘米，泥质黄陶。看到这件陶盉，很容易使人联想到齐家时期常见的那种侈口、高领、单耳罐。所不同的是，上部口部一侧加有一云头形泥片，并置一细管状短流，泥片中部另饰一乳丁。后者很有可能是从前者演变而来的。此种形制的陶盉，在齐家文化中出土相对较多，大者高达 25 厘米左右，小者仅 10 余厘米，虽基本为素器，但大多打磨光滑，制作十分规整，应是作为酒器出现的。

2005 年出土于甘肃省广河县。

（96）齐家文化带流壶

高 12 厘米，口径 9.3 厘米，底径 7 厘米，夹砂红陶，侈口、直领、鼓腹、双耳、平底。腹一侧置一管状流，颈肩接合部有一周小凹槽，原来似有镶嵌物，已脱落。黑彩施纹，口沿内侧绘圈带纹、方折纹，领部至下腹近底处分别绘平行带纹、平行线纹、网格菱形纹、不规则点状纹、竖带纹、竖线纹、斜十字纹、网格折带纹、网格菱形纹，双肩耳绘平行短带纹、短线纹。通体纹样达 10 余种，各部位图案横竖布局严谨，线条简洁明快，这也是齐家文化彩陶纹饰的典型特征。管状流细长且微微上翘，与该器整体装饰不相协调的是流部无任何彩饰。我曾见过一件马家窑类型晚期的彩陶带流壶，流部亦光素无纹。先民对流部如此处理，可能有两个方面的原因：一是为了使管状流更加突出，这也是带有附加陶塑彩陶器中常用的一种装饰手法；二是此类小型带流壶在当时可能都是作为实用饮酒器出现的，流上不施彩纹，应是为了便于饮时衔于口中。

2000 年出土于甘肃省武威地区。

（97）齐家文化长流带流罐

高 8 厘米，口径 8.3 厘米，夹砂黄陶，敞口、高领、溜肩、弧腹、平底，腹部一侧置一管状流。该器光素无纹，最引人注目之处在于那个长流，流长 7.5 厘米，几乎接近于罐体高度，在史前的带流器中实属少见。先民之所以将这个流制作得如此之长，且略向下伸，可能同时也是作为水舀子的把手设计的。倒水时发挥流的作用，水舀子用于舀水时，当作把手使用。在史前的陶器中，一器多用的现象不仅随处可见，即使在局部设计上，也同样是存在的。如果细细品味，先民在陶器设计制作中的聪明才智，在许多细小方面都能体现出来。

2007 年出土于宁夏泾源县。

（98）齐家文化双耳带流杯

高 10.3 厘米，口径 9.3 厘米，底径 6.5 厘米，夹砂红陶，侈口、平唇、深腹、双耳、平底，口沿一侧置一管状流。齐家艺人非常重视对夹砂粗陶的装饰，这件小小的陶杯就使用了多种装饰技法。口沿外侧用泥片加厚一周形成叠唇，唇部用慢轮施三道凸弦纹，双耳各用三条半圆形泥条弯曲粘接而成，管状流呈弧形上弯伸出口外，腹部自上而下施满绳纹。这些在其他常见的陶器上原本平平淡淡的部位，经这么

一装饰，就显得新颖别致、美观大方，使夹砂粗陶的诸多不足之处得到了弥补。该器器表局部有烟炱，可能是件熬制液体的小型用物。

1989 年出土于甘肃省临洮县。

（99）卡约文化陶祖形把手带流盉

高 10.5 厘米，口径 6.7 厘米，底内凹似假圈足，泥质灰陶，侈口、高领、鼓腹、平底。腹部一侧附一握把，一侧置一管状流，通体光素无纹。该器造型十分奇特。握把做男根形，龟头的塑制尤为逼真。管状流呈弧形上弯与器口平齐，流口与器口间用一半圆形板状纽相连，新颖别致，给人以沉稳坚牢的感觉。这件陶盉曾在兰州城隍庙古玩市场地摊上摆放数月之久，一直无人问津。我曾数次见过而未购买。当我买回后，藏友个个称奇，竟成了稀罕之物。在西部这个彩陶世界里，有不少藏家历来对素陶不太重视，对灰黑色素陶更是不屑一顾，岂不知有许多宝物就出在这些看起来平平淡淡的素陶里。

1996 年出土于青海省化隆县。

十三 船形壶

（100）齐家文化船形壶

仰韶文化北首岭遗址出土的那件船形彩陶壶，曾引起学术界广泛关注。有的认为是远古船只的模型，有的认为是一种专门用于盛液体的变形尖底瓶，有的认为是月亮形象特征的形象再现，还有人称其为“双体兽形壶”，认为可能是先民生殖巫术的一种具象再现。但比较普遍的看法，认为该器应是仿船而制的一种器皿，反映了人们对渔获丰盛的期望。

这种类似船形的陶壶，在其后各个时期的新石器时代遗存中，从有关文献记载看，再未发现过。但到了西部齐家文化时期，却又出现了。除这件藏品外，2001 年，青海省民和县中川乡一齐家墓中曾出土一件；2006 年，宁夏海原县树台乡一齐家墓中也出土过一件。这两件船形壶我都亲眼看到过，其形体虽大小不等，但基本造型却并无多大差异。这件藏品通高 15.5 厘米，口径 2 厘米，底径 5 厘米，横宽 22.5 厘米，泥质黄陶，器表光素无纹，属齐家文化遗物。其形体大小与北首岭船形壶相仿。所不同的是，北首岭船形壶为斜肩杯形口，器口两侧各附一环形耳，而这件齐家船形器则为细长颈蒜头形口，器口两侧无耳。七八年前，在兰州城隍庙古玩市场，我还见到过一大型船形壶，也是齐家素器，高约 40 厘米，横宽达 60 厘米左右。上部内凹，底为圜状，整体呈元宝形。中部置一高约 15 厘米的筒状大口，两端靠尖角处各置一高约 8 厘米的杯形小口。器形之大，造型之美，实属罕见。与其他小型同类器相比，它更像一艘巨轮模型。我清楚地记得，老乡当时是用一只装 30 英寸电视机的纸箱扛到市场上去的。但因当时彩陶充斥市场，人们对这种素器根本不屑一顾，加上卖主索价太高，在市场上摆放了一天，终未卖出。又过了半个来月，当我再次遇到这位老乡时，他告诉我：“已经卖了，卖到海外了！”之后 10 多年来，每当我想起这件东西，心里总不免感到遗憾。对于这样一件大型三口船形器，以及齐家文化中出现的其他小型同类器，该如何解释？北首岭遗址仰韶文化层属半坡类型，距今 6000 多年，比齐家文化要早 2000 年左右。而齐家时期制作的这种船形器，究竟是一种模仿，是纯属巧合，还是有其他内在联系，这都是需要研究的。在我多年的收藏实践中，曾发现多件齐家时期的异形器与仰韶时期的异形器非常相似，有的几乎一模一样，二者之间不可能存在承袭关系，但确实是一个令人费解的怪现象。

关于这种陶器的命名问题，不少学者认为，那时的北首岭地区不可能有船，尤其是不可能有如此大的船，所谓的“船形壶”与船毫无关系。我认为，无论北首岭还是齐家的此类陶器，将其定名为“双乳形壶”比较合适。因这种造型很像两个乳房的组合体，而且是母亲哺乳期的丰乳。上面的那个蒜头形口，可能具有乳浆常注、乳液丰盛的含义。又因这个蒜头形口颇似男根形状，亦可理解为与乳房组合的男根。乳房与男根这两种史前最具代表性的生殖崇拜物，无疑蕴蓄着祈求子孙健康成长、人丁兴旺、繁衍不息的内涵。即使作为水器或酒器使用，先民这种观念的体现也是很明显的。

2003 年出土于甘肃省渭源县。

十四　连体器

（101）马厂类型横柱间接相连双联罐

考古资料表明，新石器时代的连体陶器，最早出现于中期的大溪文化，在其后的黄河中下游地区及长江流域的个别古文化遗存中也有零星发现。最具代表性的当属郑州大河村遗址出土的那件彩陶双联壶，以及西藏卡若遗址出土的双体兽形罐。甘青一带是连体器出土最多的地区，主要集中在马家窑文化和齐家文化时期，在我多年的收藏过程中，所见不下50例。所连之器有罐、壶、钵、杯、豆、鬲、靴形器等。就其连接形式看，大概有以下几种：一是二器之间以一横管间接相连；二是二器之间以一横柱间接相连；三是两个单耳杯以耳部直接相连；四是二器腹部或唇部直接相连；五是二器或数器以一共有的底座连在一起；六是二器或数器以一共有的口部连在一起。马家窑类型出土的连体器很少，所见主要是以一共有的底座连在一起的双联杯或三联杯。晚期偶尔可见以横管间接相连的双联罐，但出土量极少，多年来仅见过两例。连体器主要集中在马厂时期，不仅出土量相对较多，所连之器及连接形式也多种多样。到了齐家文化时期，这种连体器仍不时可以看到，但多为素器。在其后青铜时代的古文化遗存中，四坝文化曾发现过几例，其他文化类型就再也看不到了。是否可以这样理解，自齐家以后，这种连体陶器就基本不再使用了，或为其他材质的连体器所代替。

关于连体陶器的用途，所见有关解读，主要是针对马家窑类型的双联杯和三联杯，以及马厂类型的双联罐。前者一般被认为是部落间在结盟或为庆贺某项活动的成功头人共饮的一种酒具，后者被认为是在婚礼上新婚夫妇用来喝交杯酒的所谓“合卺杯”。对于这两种连体器具体用途的解读无论可信与否，但起码有一点是值得肯定的，即都是结合自身的造型特征，以“情”字为着眼点去认识的。前面谈到，西部地区出土的连体陶器，所连之器及连接形式多种多样，即使马厂和齐家时期的连体器也各有所异。这些不同的连体器，可能各有其不同用途，但从其整体形制特征看，所赋予的应该都是友谊、亲情、爱情这种美好的寓意。因此，在研究这一器形时，首先应该着眼于这一点，否则，无法做出合理解释。在这一部分中，我将结合藏品谈一些自己的看法，以供研究者参考。

这件藏品全器横长 21.3 厘米。左器高 5.8 厘米，口径 10.5 厘米；右器高 5.5 厘米，口径 9.2 厘米，均为夹砂红陶。二器造型相同，均为敞口、束颈、鼓腹、平底罐，腹部以横柱间接相连，互不相通，可以明显看出一大一小。所施纹饰也大致相同，均以黑、红彩施纹。口沿及腹部绘放射状竖短线纹、平行带纹、复道垂弧纹，内壁绘圈带纹、十字纹、折带纹。这种二器内外施相同纹饰的现象比较少见。

此类器内不通的双联罐，所见二器有的大如海碗，可能是饮食生活用具，如分别盛放食盐和其他作料等。在西北地区的一些偏远农村，不少农家至今还使用着一种由两个粗瓷罐相连的“油盐罐”。有的是用绳子将两个独立的小罐固定在一起，有的是特制的。连接形式与这种双联罐十分相似，但二者或在口沿部位、或在横柱上大都另加有一高高的提梁，又颇似带提梁的双联罐。这种油盐罐，当地老乡也称“夫妻罐”，一罐装盐，一罐盛油，用起来十分方便，是否与史前双联罐有某种渊源值得研究。

1988 年出土于青海省民和县。

（102）马厂类型横管间接相连双联罐

全器横长 23.7 厘米。左器高 7.1 厘米，口径 10.9 厘米，底径 6.5 厘米；右器高 6 厘米，口径 10.7 厘米，底径 6 厘米，均为泥质红陶。二器以横管间接相连，器内相通，可以明显看出左大右小，左高又低。二器均为敞口、弧腹、平底罐，并以黑、红双彩施纹。左罐颈肩部位绘平行带纹、垂弧纹，内壁绘完整神人纹，右罐颈肩部纹饰与左罐同，内壁以红彩绘十字纹，十字两侧以黑彩饰大锯齿纹。在西部的双联罐中，这种一大一小的现象十分普遍。我认为，这绝非先民随意而为，亦非制作者的失误。与器内两种不同纹饰结合起来看，也许与原始宗教有关，也许是出于某种礼俗的需要，可能都有其特定含义，值得研究。

这种器内相通的双联罐，可能具有“合卺杯”的作用。但也有人认为，可能是部落头人或友人间为表示友谊而共饮的一种酒具。器内相通，主要是为了表明酒的纯洁，以示友谊与真诚，这也不无道理。另外，从有关民俗学资料看，在西部藏人中，有早晚舔“者合”的饮食习惯。所谓“者合”，即在一碗内一边放炒面，一边盛茶水，想吃炒面时伸出舌头舔一下，需饮时喝口茶水，最后将剩余的炒面和茶水一块儿拌成糌粑吃。这种饮食方法与此类器内相通的双联罐有某些相似之处，也可能是由这种双联罐演变而来的。但二者之间是否有某种渊源，研究者可以作为参考。

1996 年出土于甘肃省永登县。

(103) 马厂类型横管间接相连双联单耳罐

全器横长 24 厘米。左器高 6.9 厘米，口径 12.3 厘米；右器高 6.7 厘米，口径 11.2 厘米，均为泥质黄陶。中间以横管间接相连，器内相通。造型也基本相同，均为敞口、直领、弧腹、单耳、平底罐，并以黑、红彩施纹。左器口沿内侧绘垂弧纹，领部绘菱形网格纹，腹部绘阴地折线纹；右器口沿内侧纹饰与左器同，领部绘网格纹、腹部绘阴地圆圈纹。该器的独特之处在于，所连二罐各附有一单肩耳，而且一耳设置在左侧，一耳设置在右侧，两耳左右对应，无论对整器的装饰，还是在使用功能上，都能起到很好的平衡作用。此类双联罐，作为“合卺杯”出现的可能性比较大。主持婚礼者一人端拿时，手持双耳可以保持平衡，避免杯中之酒外溢。新婚夫妇饮酒时，作为“合卺杯”使用，一人手持一耳，则更为方便。而且，比起那些无耳“合卺杯”，似乎也显得更为高雅。

2009 年出土于甘肃省平凉市。

（104）马厂类型口腹间接相连双联罐

全器横长 33 厘米。左器高 15 厘米，口径 16 厘米，底径 9 厘米；右器高 15.5 厘米，口径 15.2 厘米，底径 8.8 厘米，均为泥质橙黄陶。二器造型相同，均为敞口、束颈、鼓腹、单耳、平底罐。黑彩施纹，左器口沿内侧绘折带纹，竖短带纹，腹部一侧绘网格纹，一侧绘折带纹；右器口沿内侧绘内填十字纹的菱形纹，腹部一侧绘方格纹，方格纹下方绘“个”形纹，一侧绘折带纹。

该器有以下三个特点：一是所连二器皆为体形硕大的深腹罐，十分少见；二是二器除腹部以横管间接相连外，双口之间又另加一拱形泥片，可能是为了对整器的加固和保护；三是双罐两侧各附一肩耳，这在其他各期的双联罐中同样是少见的，可能是由于器体过大而特意设置的。这样的连体器，应是作为祭祀用物出现的，也可能是特制的随葬品。

1990 年出土于青海省民和县。

（105）马厂类型单耳间接相连双联罐

全器横长 18.5 厘米。左器高 8.3 厘米，口径 8.5 厘米，底径 5.3 厘米；右器高 8.5 厘米，口径 9.3 厘米，底径 4.5 厘米，均为泥质黄陶。二器造型相同，均为侈口、鼓腹、单耳、平底罐，腹部以一粗管间接相连，器内相通。一侧由两个单耳罐的耳部连在一起，形成把手。体表饰红色陶衣，所施黑彩纹饰大致相同，口沿内侧绘垂弧纹，颈至腹部绘三道平行宽带纹，间施不规则圆点纹。此种形式的连体罐，主要见于马厂晚期，大多制作规整，打磨精细，抛光度好，属这一时期彩陶中的上乘之作。马厂时期较多出现这一形式的连体器，不是偶然的，推测可能与当时的敬酒习俗有关，是作为敬酒器出现的。甘青一带藏人不仅善饮，而且还有许多饮酒的传统礼仪习惯，其中之一便是相互敬酒。对于西部藏人饮酒的礼仪习俗，没人追寻过它的历史，但从这种连体器中，我们似乎找到了答案。作为敬酒器，不仅制作精细，美观大方，而且大小适中，举手敬酒十分方便。藏人第一次向客人敬酒，虽有必饮两杯、三杯、四杯之说，但以两杯为常见。这种双联罐正好在这种场合使用，由于器内相通，客人只需口对一器便可全部饮完。

1996 年出土于甘肃省永靖县。

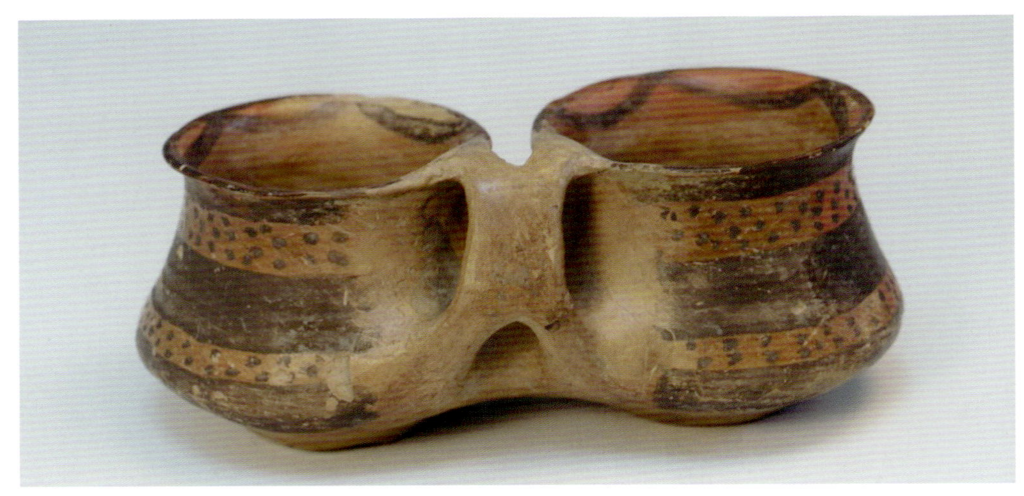

（106）马厂类型三联壶

高 10.5 厘米，口径 4.8 厘米，泥质红陶。该器系由三个半球形壶体粘接而成，然后于上部加一壶嘴。内底由三条宽约 1 厘米的薄泥片将壶底分为三部分，与陶鬲内底大致相同，可能是为了对壶底起加固作用。外底由三个半圆形平底组成，形似一朵三瓣花。内底与外底结构都是与整个壶体造型相对应的。通体以黑、红彩施纹，肩部绘三周平行带纹。每个半球形壶体中部绘一道竖带纹，带纹两侧绘斜线纹，看上去颇似叶脉纹。壶口和领部及一个半球壶体彩纹已脱落，实感美中不足。

该器造型奇特，是我见到的唯一一件，不少藏友看后也说从未见过。它与陶瓷器中的瓜棱壶不同。瓜棱壶每个棱的外张度一般很小，而该器则是由三个半球形壶体组成，显得异常夸张。它也有别于史前常见的鬲、斝类带足器，后者为袋形足，呈垂乳状。该器则为平底，但有可能是袋足器的一种变体。关于该器的定名，主要是考虑到它与清乾隆时期创烧的双联瓶和三联瓶有相似之处，而且又是由共用一嘴的三个半球形壶体连在一起的，故定名“三联壶”。可能是一种饮酒器或斟酒器。

1987 年出土于青海省乐都县老鸦城。

（107）齐家文化横柱间接相连带提梁双联罐

全器横长 17.8 厘米。左器高 8.5 厘米，口径 7.7 厘米，底径 6 厘米；右器高 8.5 厘米，口径 7 厘米，底径 5 厘米，均为夹砂红陶。造型及装饰形式大致相同，均为侈口、直领、鼓腹、平底罐，腹侧饰一凸纽。提梁及连接的泥片施戳印纹，腹中部各施三道凹弦纹，并施压印绳纹。二器的连接形式颇有特点，腹中部以一下弧形方块状泥片间接相连，口部置一拱形提梁，如此一上拱一下弧，使中间形成一圆形空间，正好便于用手提握。与该器一样，在我所见到的齐家连体器中，明显可见一大一小的现象已不存在。所连二器大小基本相同，从中更可以看出马厂双联器所存在的特殊性。此类器内不通的连体深腹罐，多见于齐家时期，可能属类似“油盐罐”的生活实用器，也可能是特制的敬酒器。

1988 年出土于甘肃省永靖县。

十五　提梁器

（108）马厂类型早期提梁罐

提梁罐是马厂类型出现的新器类，主要集中在马厂晚期，应是模拟篮子制作的一种仿生陶器。在马家窑文化的彩陶纹饰和素陶刻画纹中，各个时期都发现有类似竹篾或柳条编织物的纹样。在一些器物的外底部，除布纹外，这种编织纹痕也是不时可以看到的。在这些编织纹中，有的与器物造型结合得非常好，可能就是编织器物的模拟之作。天水师赵村马家窑类型遗址出土有一件陶筐，高仅 4.5 厘米，圆口深腹平底，器腹及底部刻满竹篾纹，底部刻出十字和井字相叠的编织纹，颇似一只编织的竹筐。类似的陶器，在半山和马厂时期也可以看到，说明这一时期不仅用植物茎秆编织日用器物和生产工具的现象已比较普遍，而且可能已有竹筐、柳筐一类编织物。那么，在马家窑文化中有没有篮子呢？这种提梁罐使我们有理由做出这样的推测，至迟在马厂时期，竹编或柳编的篮子已经出现。但有一个奇怪的现象，在甘青一带，那些从事半农半牧的藏民及其他土著人，祖祖辈辈使用的主要是上为方形大口、下为尖底的背斗，以及柳筐之类的用具，很少看到有挎篮子的现象。推测当地先民早期使用的可能就是这些用具，而篮子在其后的岁月里未被广泛使用，可能是生产和生活用物使用习惯逐步改变的原因。

这件藏品通高 11.5 厘米，口径 8 厘米，底径 7.5 厘米，泥质土黄陶，敞口、直领、弧腹、平底，罐口上置一拱形提梁。外底布满编织纹印痕。黑彩施纹，提

梁上绘细网格纹，口沿内测绘倒三角纹，领至腹部绘平行带纹、大锯齿纹、竖带纹、网格纹、黑白对应菱形纹等。从纹样和图案布局看，属马厂早期遗物。尤其是颈肩接合部施的一周大锯齿纹，仍保留有半山遗风。马厂早期的提梁罐十分少见，这种呈小口罐形的提梁罐更为难得，也是我多年所见到的唯一一件，因而显得尤为珍贵。

1996 年出土于甘肃省渝中县。

（109）马厂类型中晚期提梁罐

通高 14 厘米，口径 14 厘米，底径 6.5 厘米，泥质土黄陶，敞口、矮领、鼓腹、平底，器口置一拱形提梁。外底饰席纹，黑彩施纹，口沿内侧绘锯齿纹、圈带纹、垂弧纹，颈、腹绘阴地菱形纹、平行带纹、折带纹，提梁绘细网格纹。此类制作规整、打磨光亮、施纹精细的黑彩器，主要出现于马厂中期或偏晚阶段，属这一时期彩陶的上乘之作。青海省文物考古研究所藏有一件这样的提梁罐，造型、纹饰与该器大致相同。这种带提梁的器物，就我所见到的，器体形制主要有两种：一种呈罐状，一种呈盆状。以后者为多见。严格地讲，带有提梁的盆，应该称其为“提梁盆”，我仍依其习惯称谓而称之。关于提梁罐的用途，未见有明

确解释。但从其出现的时代背景及小巧精美的制作工艺看，推测可能是一种陈设器或祭祀用物。

1995 年出土于青海省乐都县。

（110）马厂类型晚期高领提梁罐

通高 13 厘米，口径 13.5 厘米，底径 5 厘米，泥质土黄陶，敞口、曲腹、平底，腹部两侧各饰一乳状泥突，口上置一拱形提梁。红陶衣上黑彩施纹，提梁绘网格纹，口沿内侧绘竖短线纹、圈带纹、垂弧纹，内底绘十字符号纹、腹部绘四组平行短带纹、垂弧纹。

该器造型精巧秀雅，器表打磨抛光极佳。可能埋藏在干燥的沙土层内，虽历经数千年而仍如新品，阳光下可见丝绢光泽。马厂晚期的彩陶，虽大部分造型笨拙，施纹草率，但仍有部分这样的精细之作。大型壶、罐、瓮类较少见，小型碗、盆、钵、杯，以及中型高低耳罐、长颈壶等较常见。提梁罐几乎件件如此。在私有制已经出现、氏族成员间已有贫富不均现象的马厂晚期，这些质地精良的陶器，可能都是那些富裕人家的用物，或者是随葬品，穷人是不可能用得起的。

1996 年出土于甘肃省皋兰县。

（111）马厂类型晚期四孔梁提梁罐

通高 12.5 厘米，口径 14.6 厘米，底径 6 厘米，泥质土黄陶，敞口、高领、鼓腹、平底，器腹两侧各饰一乳状凸纽，口上置一拱形提梁。红陶衣上黑彩施纹，提梁绘细网格纹，口沿内侧绘网格纹、平行带纹、复道垂弧纹，颈、腹部绘复道凸弧纹、复道折带纹、复道平行带纹，间绘不规则点状纹。该器的独特之处有两点：一是拱形提梁较平缓，这在同期提梁罐中是很少看到的；二是提梁上饰有等距离四个穿孔。若是生活实用器，这种穿孔显然有损于提梁的牢固性，制陶人也不可能去如此画蛇添足。这就从一个侧面进一步说明，这种提梁罐作为陈设器或祭祀用物出现的可能性是存在的，提梁上的穿孔应是一种装饰。

1988 年出土于青海省民和县。

（112）齐家文化素面提梁罐

通高 12.8 厘米，口径 6 厘米，底径 3.2 厘米，夹砂黄陶，侈口、束颈、溜肩、深腹、平底，口上置一拱形提梁。通体光素无纹，器表布有烟炱，似有在火上使用过的痕迹。如此小的提梁罐，不知是在何种情况下使用的。提梁罐在齐家文化中尚可看到，但多为素器。在甘青地区的青铜时代文化遗存中，仅四坝文化有零星发现，其他文化类型再未看到，有关考古文献也未见记载，这一新颖别致的陶器造型即告消失。

1999 年出土于甘肃省临夏县。

十六　花边口器

（113）半山类型花边口碗

原始先民在对陶器的装饰中，器口也常常是他们重点装饰的部位之一。除彩绘外，还经常采用附加堆纹、泥片镶饰、压印等多种技法，制作成花边口，不仅美化了器口，而且也对口沿部位起着加固作用。这种装饰方法，在新石器时代早期的一些陶器中就可以看到。在甘青地区，大地湾一期文化、师赵村一期文化、马家窑文化，以及青铜时代不少古文化遗址出土的陶器中，都可以看到这种装饰形式，有的甚至作为判断古文化类型的主要依据之一。

这件藏品高 8.8 厘米，口径 18 厘米，底径 8 厘米，细泥橙黄陶，敞口、斜直腹、平底。内壁以黑彩绘十字纹、网格纹。该器的独特之处，在于口沿部位镶饰的一圈泥片，可能是在坯体未变干时，将湿软的泥片弯曲后固定上去的。泥片两端均有明显的捏压痕迹。这样的装饰方法，在花边口器中很少看到，用意可能是为了对碗边加固，同时也是为了对器口的美化。但作为碗具，显然有碍使用，这也反映了原始人类的怪诞思维。

1998 年出土于甘肃省临夏县。

（114）卡约文化阿哈特拉类型花边口彩陶瓶

高 35.2 厘米，口径 10 厘米，夹砂红陶，侈口、高领、溜肩、深腹，底呈内凹假圈足。黑彩施纹，颈上部及肩部各绘一周内填斜带纹的倒三角纹，肩部倒三角纹间加绘圆点纹。这一类型彩陶纹饰虽大多比较简单，但所用黑彩浓重深沉，如同新绘一般，看起来十分醒目。

该器花边系在口沿下方用泥条叠加一周，然后制成齿状。齿状堆纹距口沿 1 厘米左右，且齿体较大，看起来如同加套了一个齿状环箍，颇具装饰性。与此种形式类似的花边口，考古界也称“堆纹口沿”。在齐家、卡约、辛店、沙井等不少古文化类型出土的陶器中都可以看到，所装饰的陶器，有彩陶也有素陶。在不同的文化类型中，有的装饰形式几乎一模一样，从中不难看出它们之间相互影响的关系。

该器于 1987 年购自青海省循化撒拉族自治县，这里是卡约文化阿哈特拉类型的分布中心，具有一定的典型性。

（115）卡约文化阿哈特拉类型花边口素陶瓶

左器高 15.8 厘米，口径 8.2 厘米；右器高 14.5 厘米，口径 8.2 厘米，均为夹砂红陶。二器造型相同，均为侈口、高领、溜肩、深腹、凹底器。装饰方法除口部皆饰齿状堆纹花边外，左器肩以下施斜向绳纹，右器下腹施斜向绳纹。在口径相对较小的瓶、壶之类素器口部如此施一周齿状堆纹，不仅使器口显得更加牢固，也使原本普普通通的器皿平添了几分高雅之气。

阿哈特拉类型是考古界对卡约文化界定的三个文化类型之一。据专家研究，这一类型为析支羌遗存，对研究早期羌人的社会、经济、文化都具有重要价值。然而，这一类型陶器在甘青一带古玩市场上所见甚少，即使素器也很难遇到，收藏起来颇感困难。其主要原因，一方面是该类型遗址大多地处偏远，且分布范围较小；另一方面可能是由于这一类陶器胎体粗糙，纹饰简单，彩陶商不愿贩运，收藏家不愿购买，盗掘者即使挖出来也无处可销。只看重外观而忽视其文化内涵的现象，在甘青彩陶界历来是存在的，这不能不说是一种悲哀。

二器均于 1987 年出土于青海省循化撒拉族自治县。

（116）辛店文化姬家川类型花边口罐

高 20 厘米，口径 12 厘米，底径 9 厘米，夹砂红褐陶，侈口、束颈、溜肩、深腹、平底。通体施斜向绳纹，在所施绳纹之上，口沿处压印一周齿状纹。颈部饰不规则戳刺纹，颈肩接合部施两周小圆珠形附加堆纹。器腹施六道斜向珠状附加堆纹，上下腹折棱处施一周波折形堆纹。颈、腹两侧各饰一乳状泥突。腹中部以上饰淡红色陶衣，并以黑彩绘平行带纹、竖带纹、折带纹。就史前陶器的装饰技法看，彩陶中很少出现堆贴纹、锥刺纹等附加装饰。然而，在这件陶罐上，不仅饰有陶衣，绘有彩纹，还附加了在同期素陶器上常见的其他多种装饰纹样，可以说集多种装饰技法于一器，呈现多层次装饰效果。看上去如同一个穿着花衣裳、满身珠光宝气的贵妇人，显得豪华而高雅。与那些彩绘华丽的彩陶相比，虽并不十分引人注目，却耐人欣赏，玩味无穷。此种装饰形式主要见于辛店文化姬家川类型，数量极少，弥足珍贵。

1986 年出土于青海省民和县核桃庄乡。

十七　马鞍形口器

（117）辛店文化马鞍形口双耳罐

马鞍形口是甘青地区史前陶器中一种颇具特色的器口形式，主要见于罐类口部。因两端翘起，中间下凹，形似马鞍而得名。据有关文献，这种器口最早出现于半山类型，其后的马厂类型中也有发现，但数量极少。在西部青铜时代的卡约文化和辛店文化中出土相对较多。但最为盛行的还是在寺洼文化时期，并成为这一文化最具代表性的器物。在多年的收藏过程中，我也一直留意此类陶器，但在半山类型陶器中始终未见。在马厂类型中曾见过一个小罐，卡约文化中也曾见过两个双耳罐，均因品相太差而未曾购买。此后再也没有发现，殊为遗憾。目前收藏到手的仅辛店、寺洼两种，在这一部分中分别予以介绍。

该器为辛店文化马鞍形口双耳罐。通高 28 厘米，底径 10 厘米，夹砂红陶，单马鞍形口、束颈、溜肩、斜直腹、双耳、平底。颈肩接合部两侧施折带形齿状附加堆纹，堆纹两侧各饰一乳状泥丁，两个宽板状大耳中部各施一行竖行排列的剔刺三角纹。器表布满烟炱，使用痕迹明显。在辛店文化的三个类型中，这种马鞍形口器虽在姬家川类型也可以看到，但仍以张家咀类型为多见。辛店文化的马鞍形口罐有许多彩陶器，有的器形高大，施纹精美，再以马鞍形口相配，看起来十分漂亮。该文化的单马鞍形口与寺洼同类器相比，前后下凹稍浅，且两边略往外撇，但整体造型与寺洼同类器大致相同，说明两种文化存在着较为密切的关系，被认为可能都属于古羌人的文化遗存。

2002 年出土于甘肃省临夏县。

（118）寺洼文化寺洼类型单马鞍形口双耳罐

寺洼文化分寺洼、安国两个文化类型，其典型器物均为马鞍形口双耳罐。不同的是前者为单马鞍形口，后者为双马鞍形口。这两种文化类型的两种不同口形的双耳器，不仅分别代表了该文化早、晚两个发展阶段，同时也是区分两个文化类型的主要标志。

该器为寺洼类型单马鞍形口双耳罐。通高 14 厘米，底径 6 厘米，夹砂红褐陶，单马鞍形口、束颈、溜肩、深腹、双耳、平底。颈肩接合部两侧各施一横条齿状堆纹，双宽板状耳上各施一竖条齿状堆纹，这也是寺洼陶器常见的一种装饰技法。所谓“单马鞍形口”，主要是相对于双马鞍形口而言。一般器口呈前后两个马鞍形，俯视则呈椭圆形，与安国类型器口前后马鞍形相似。与卡约、辛店低而略向外撇的同类器口相比，显得更加规整，更加典雅而美观。

寺洼陶器胎体粗疏，多为素器，只有极少数用黑色凸彩绘制的彩陶，以及烧成后绘彩的彩绘陶，但大多数纹饰简单，剥落严重。从该器的器表颜色看，有的局部呈灰黑色，有的呈红褐色。这主要是因烧制火候不足而形成的。寺洼陶器以夹砂陶为主，陶土内常掺入大量粗沙和碎陶末，因而质地十分粗糙。这种陶色不纯的现象，在西部其他不少史前晚期文化陶器中也可以看到，但尤以寺洼陶器为甚，说明这一文化类型的制陶技术仍处于原始阶段，是相对比较落后的。

2001 年出土于甘肃省临洮县。

（119）寺洼文化安国类型双马鞍形口双耳罐

左器通高 18.5 厘米，底径 6.3 厘米；右器通高 23 厘米，底径 7.3 厘米，均为夹砂红褐陶，均为束颈、溜肩、深腹、双耳、平底、双马鞍形口罐，属寺洼文化安国类型遗物。所谓“双马鞍形口”，主要是指前后两个马鞍形口翘起的两端与两个宽板状肩耳相连的部位，又下凹形成两个小马鞍形，如此前后左右就出现了两大两小四个马鞍形。这种双马鞍形口器，仅见于寺洼文化安国类型，也是这一文化类型最具代表性的器物。

左器两个宽板状环形耳上，各阴刻一“×”形符号。据有关考古文献，寺洼陶器上的这种刻画符号，以安国类型为多见。由于寺洼文化年代相当于商末至西周晚期，被认为是汉字的前文字形态，对研究汉字的起源具有重要意义，因而也格外为专家所重视。

二器均于2002年出土于甘肃省平凉地区。

十八　敛口器稀见品

（120）马家窑类型敛口双耳钵

史前陶器中的所谓“敛口器”，出现时间较早，延续时间较长，其范围也相当广泛。大凡口沿内敛的器皿，皆可称为“敛口器”。但在这种敛口器中，有些形制比较特殊的器类，亦可视为敛口器中之异品，或者说是比较少见的器类。在多年的收藏中，作为异形器专题收藏的一个组成部分，我先后收藏了 10 余件不同形制的此类陶器，在这一部分中分别加以介绍。

该器为马家窑类型双耳敛口钵。高 9.5 厘米，口径 16.5 厘米，底径 7 厘米，细泥红陶，大口内敛，腹部丰圆，近底处明显内折，收缩成小平底，腹部两侧各置一三角形横耳。黑彩施纹，口沿内侧绘倒三角纹，腹部绘五道平行宽带纹，间绘网格纹、平行线纹。该器胎薄质轻，造型端庄，纹饰简洁明快，属马家窑类型彩陶钵中之上品。史前钵类器皿带耳者甚少，该器腹侧双耳实为盲耳，可能主要是为了装饰。

2000 年出土于甘肃省皋兰县。

（121）马家窑类型敛口碗

高 6.6 厘米，口径 14.5 厘米，泥质土黄陶，大口内敛、弧腹、平底。黑彩施纹，上腹绘波浪纹，内壁绘叶形纹、弧线纹。这种以大块黑彩施纹，以陶地色为图案空间的施纹技法，往往会出现彩绘纹和阴地纹两种不同的装饰效果。如今所谓“以实衬虚、互为表里”的“双关”装饰技法，其实在马家窑、半山类型彩陶装饰中已普遍使用，再早甚至可以追溯到仰韶文化的庙底沟时期。说到“碗”，人们自然会与食具联系到一起。但这种“碗”，尤其是这种彩陶碗，究竟是不是当时人们的食用器呢？对此，学术界也有不少争论。比较普遍的看法是，史前出土的彩陶碗，不但大多保存完整，而且基本没有使用过的痕迹。同其他不少被定为“食用器”的彩陶器一样，可能都是专门用于陪葬的“陪葬品”，或专门用于祭祀的“祭祀用物”。还有专家认为，史前先民所用的“碗”，一种可能是“木碗”，即用木头挖制而成的碗。但由于年代太久，这种木碗未被保存下来，也就无从考证。第二种可能是夹砂素陶碗。因这种陶器不怕热，不易裂，不易碎，作为吃饭、饮水的食具是非常合适的。而且，从出土的此类陶器中，我们也可以看到，有不少或有磕碰，或有磨损，都有使用过的痕迹，也可以说明这一点。但这里也有一个问题，在我多年的收藏过程中，即使这种“夹砂素陶碗”，所见也十分有限。故推测有不少素陶器，也可能是先民吃饭饮水的“食具”。

1993 年出土于甘肃省榆中县。

（122）半山类型敛口双耳罐

高 23.5 厘米，口径 14.5 厘米，底径 12 厘米，细泥橙黄陶，敛口、鼓腹、双耳、平底。黑、红彩施纹，口部绘平行带纹、锯齿纹，腹部绘竖带纹、黑白对应菱形纹、斜十字纹，间绘三角网纹、垂弧纹等。器表打磨光滑，施纹精细，属半山彩陶中的上乘之作。在史前出土的敛口器中，敛口罐所见甚少，较大型的敛口罐更为罕见。这种敛口罐除其特有的审美价值外，在使用上可能也更为方便。由于其口大腹深，不但存储食物的范围更广，而且由于口部比较平坦，也宜于加盖，无论是专门制作的器盖，还是碗、盘之类器皿，或扣于罐口，或平置其上，都是比较合适的。另外，其平坦的口部特征，还适于加放盆、碗、钵、盘之类小型日用器皿，可以有效节省室内空间。这都是带口壶、罐类容器所无法相比的。

2001 年出土于甘肃省永登县。

（123）马厂类型敛口盂

高 13 厘米，口径 12 厘米，底径 10.5 厘米，泥质土黄陶，敛口、鼓腹、双錾、平底。淡红色陶衣上黑彩施纹，口沿部位绘平行带纹，腹部绘复道折带纹、平行带纹、垂弧纹。该器双錾颇有特点，每錾由两个并列的乳状小突组成，这也是马厂时期钵、盂类器物上独有的錾形，别有装饰意味。马家窑文化的这种敛口盂，西北老乡称“鱼缸”，其形制大同小异，以半山类型较多见，而且制作最精。

1988 年出土于青海省平安县。

（124）马厂类型敛口带系孔盂形器

左器高 9.5 厘米，口径 9 厘米，底径 6.5 厘米，敛口、垂腹、平底。黑、红彩施纹，口沿内侧绘平行宽带纹，腹部绘平行带纹、复道竖带纹、波折纹。

中器高 6.2 厘米，口径 8 厘米，底径 5.5 厘米，敛口、垂腹、平底。黑、红彩施纹，口沿内侧绘垂弧纹，腹部绘平行带纹、竖带纹、网格纹。

右器高 7 厘米，口径 3.6 厘米，底径 4 厘米，敛口、鼓腹、平底，外底饰席纹。黑、红彩施纹，口沿部位绘平行带纹，腹部绘竖带纹、菱形网格纹。

三器均为泥质土黄陶，口沿外侧均饰有系孔。左器 3 个一组，共 6 组 18 个系孔；中器两个一组，共 8 组 16 个系孔；右器两个一组，共两组 4 个系孔。这种器口外缘带系孔的陶器，为马厂时期出现的一种新器类。马厂类型带系孔的陶器，不仅见于盂形器，在同期的豆、盆、碗、盘等小型器皿中也时常可以看到。从这些系孔看，有大有小，有多有少，有的可能是为了悬挂或携带方便而供穿绳所用，有的可能就是一种装饰。

三器均于 1989 年出土于青海东部地区。

（125）辛店文化敛口钵

高 8.3 厘米，口径 13.7 厘米，夹砂红陶，敛口、鼓腹、圜底。体表饰白色陶衣，黑、红彩施纹，口沿绘不规则点状纹，肩部在界定的红色折带上绘复道折带纹。辛店时期的这种敛口钵出土量相对较多，其形制大同小异，纹饰大都比较简单。该器从造型及施纹形式看，应属张家咀类型遗物。

2001 年出土于甘肃省广河县。

（126）辛店文化唐汪式陶器敛口单耳罐

左器通高 8.3 厘米，口径 6.5 厘米，夹砂红陶，敛口、鼓腹、单耳、凹底。口沿部位在红色陶衣上施平行带纹、变形鸟纹，腹部在界定的黄色彩带上施阴地勾连涡纹，耳部施折带纹。

右一通高 5.8 厘米，口径 4.2 厘米，夹砂红陶，敛口、鼓腹、单耳、凹底。口部在界定的黄色宽带上施三角纹，腹部上半部在红色陶衣上施勾连涡纹，下半部在界定的黄色彩带上施内填斜线纹的三角纹，耳部绘变形鸟纹。

右二通高 5.5 厘米，口径 3.2 厘米，夹砂红陶，敛口、鼓腹、单耳、凹底，红色陶衣上以黑彩施勾连涡纹。

以上三器单耳均高于器口，这种耳形的设计不仅仅见于敛口器中，在该式的双肩耳罐中也普遍存在，应视为唐汪式陶器耳部装饰的一个突出特点。再从施彩上看，部分彩陶除在红色陶衣上施纹外，还施有乳黄色彩带，其上以黑彩施纹。一件小小的器物，往往呈现红、黄、黑三种颜色，层次分明，色彩对比度强，是唐汪式彩陶中极富特色的装饰形式，为其他古文化彩陶所不见。这种黄色彩带除个别陶器施两道外，大多仅施一道于器腹中部，如同束了一条黄色腰带，既醒目而又富于装饰性，看起来十分漂亮。这三件敛口单耳罐器形虽小，但各具特色，即使在唐汪式彩陶中也极少见，殊为珍贵。可能是作为酒器出现的。

三器均于 1978 年出土于青海省化隆回族自治县。

十九　双唇器

（127）半山类型双耳双唇罐

史前陶器中的双唇器，主要是指口部内外置有两个唇口的壶、罐类器皿，颈部或颈肩接合部另加有一圈类似唇口的容器，一般也称为“双唇器”。对于这种双唇器，也有人称为“重唇器”，主要见于半山、马厂类型陶器中，但数量极少。在齐家、四坝文化陶器中，偶尔还可以看到，其他文化类型基本不见。

该藏品高 22 厘米，口径 15 厘米，底径 10 厘米，泥质黄陶，敞口、束颈、深腹、双唇、双耳、平底。黑、红彩施纹，口沿内侧绘竖短带纹、圈带纹、折带纹，颈、腹部绘横向人字纹、平行带纹、叶形纹、垂弧纹，间绘锯齿纹。该器外唇置于肩部，略内收，并施有彩纹，制作十分规整。其上等距离饰 4 组共 12 个穿孔，可能是一种装饰。整体上看，很像当今农家使用的泡菜坛子。我国汉、晋时期曾流行一种圆鼓腹、平底、内唇较直且高于外唇的青瓷罐，与史前的这种双唇器颇有几分相似。二者之间是否有某种渊源，值得研究。就我所见到的史前双唇罐，皆无器盖。而且从其口沿内外及双唇之间皆施有彩纹来看，与史前带盖罐的口部特征也不相符。因此，推测这种容器在设计制作时原本就是无盖器，不可能是特制的专用器。先民将其制成双唇，一方面可能是出于对器物颈、肩部位加固的需要，另一方面可能主要是为了装饰。

2004 年出土于甘肃省广河县。

（128）马厂类型双耳双唇罐

高 16.5 厘米，口径 10.4 厘米，底径 10.5 厘米，泥质土黄陶，小口、双唇、深腹、双耳、平底。黑、红彩施纹，口沿内侧彩纹不清，颈至腹部分别施平行带纹、不规则点状纹、竖短带纹、方格纹、垂弧纹。与半山同类器相比，该器器口较小，颈稍短，外唇略上移，总体形制特征与半山双唇罐相同，无疑自半山类型相沿而来。但其小口短颈的特殊设计，有可能与便于加盖有关，所用可能是机动器盖，平时就是一件无盖容器。马厂类型的这种双唇罐，我曾另外见过几例，其形制大致相同。

2001 年出土于甘肃省永登县。

（129）马厂类型双耳双唇壶

高 33.5 厘米，口径 13 厘米，底径 9 厘米，泥质土黄陶，侈口、高领、深腹、双唇、双耳、平底。黑彩施纹，口沿内侧绘圈带纹、阴地联珠纹，颈部至腹部绘竖折带纹、平行宽带纹、弦纹、折带纹、垂弧纹。半山与马厂瓮、罐、壶一类高领器中的双唇器，另加的一“唇”通常设置在高领中部，有人称为“外唇”，有人称为“下唇”，也有人称为“环箍”。出土量相对较多。该器的独特之处，在于外唇置于高领下方的颈肩接合部，与口唇上下呼应，颇具特色。先民对外唇如此设计，除其装饰功能外，可能还有对颈肩接合部进行加固保护的作用。这件双唇壶是我 20 年前的藏品，也是我在多年的彩陶收藏中所见到的唯一一例，殊为珍贵。

1986 年出土于青海省平安县。

二十　多口器

（130）半山类型双口壶

多口器主要见于马家窑文化和齐家文化，半山、马厂时期出土量相对较多，所见有双口、三口、四口、五口、六口不等。多口设置形式，有将两个筒形小口并排设置的，有在中部器口两侧各置一筒形小口做三口并列的，有将四个筒形小口做环形排列的。多口器除齐家文化多见素陶外，马家窑文化基本上都是彩陶，而且制作规整，施纹精细。可以看出，当时人们对这种器类的重视和喜爱。关于多口器的用途，著名彩陶专家张朋川先生认为，可能与古羌族“用竹管或青稞管在酒器中吸食咂酒”的“咂酒宴”有关，“应是在公众举行某种仪式时多人同时使用的特殊器具”（《收藏》2005 年 6 月号《别开生面的马家窑彩陶典藏》）。我的这件藏品通高 13.3 厘米，口径 6.8 厘米，夹砂红陶，壶体上部设置两个筒形小口，两口间置一拱形提梁，可能是为了便于提携，同时也对双口起着保护作用。黑、红彩施纹，口部绘锯齿纹，腹部绘垂帐纹。局部略有修复，但仍不失为半山双口壶中之精品。

2000 年出土于甘肃省榆中县。

（131）马厂类型双口壶

左器通高 7.5 厘米，底径 4.7 厘米，泥质土黄陶，双口、圆腹、平底。黑彩施纹，双口口沿内侧绘放射状竖短线纹，外壁及器腹各绘一周竖线纹。筒形双口一口较正，一口向一侧倾斜，较少见。外底捏出一周窄边，形成假圈足，亦很有特点。此类小型双口壶，在半山、马厂及后来的齐家时期都可以看到，可能是供儿童吸食玩耍的用物。

右器通高16厘米，底径6厘米，泥质红陶，双筒形口、圆腹、双耳、平底。红陶衣上黑彩施纹，双口口沿内侧绘圈带纹、垂弧纹，外壁绘圈带纹、竖折线纹，壶腹绘平行带纹、菱形网格纹、斜带纹。该器制作规整，打磨、抛光较好。突出特点是双口既粗且高，每个筒形口高6厘米，占去整器高度的三分之一还要多。在略呈扁圆状的壶腹衬托下，显得格外醒目，别有气势，属马厂晚期彩陶中之珍品。

左器2004年出土于甘肃省永登县，右器2005年出土于甘肃省永靖县。

（132）齐家文化双耳三口壶

通高16厘米，底径6.5厘米，泥质黄陶。壶体顶部环置三个筒形小口，腹部两侧各附一环形小耳。器腹以中部折棱为界，上腹及口部打磨光滑，下腹未做任何修饰，使上下形成鲜明对比，这也是齐家素陶器常见的一种装饰形式，虽无彩饰，却别有风韵。

多口器中的双口器比较常见，三口器十分难遇，尤其是像这种做环形排列的三口器更为稀少。我曾另外见过两例马厂类型三口壶，均为一行排列。临夏回族自治州博物馆藏有一件马厂类型五口罐，系在罐口周围等距离设置四个筒形小口，可视为一种环形排列形式。该器不见主壶口，只是将三个大小相同的筒形小口环置于器顶，造型甚为特殊，可能是马厂五口罐或做一行排列的三口罐到齐家时期的一种变体形式。

1998 年出土于甘肃省临夏县。

二十一　扁腹器

（133）半山类型双耳扁腹壶

所谓“扁腹器”，主要分两种形式：一种是上腹夸张性地向外鼓出，整体呈上下扁宽的球状，主要见于壶、罐类容器；另一种是腹部两侧扁长，整体呈长椭圆形，主要见于盆、钵一类器皿。这两种形式的扁腹器，在西部马家窑文化中都可以看到。前者以早期石岭下类型最精。甘肃天水市杨家坪出土的对鸟纹扁腹壶、秦安县田家寺出土的翅羽纹扁腹壶等，都是这类扁腹器中的典型器，颇受专家好评。半山类型的这类扁腹器也颇具特色，口较小，颈细长，下腹低矮且明显内收，在上下两个部位的衬托下，使上腹显得更加扁宽，看起来庄重典雅，美观大方，别有风韵。

这件藏品高 28.5 厘米，口径 10 厘米，底径 13.5 厘米，最大腹径 37 厘米，细泥红陶，侈口、直领、扁圆腹、双耳、平底。黑、红彩施纹，口沿内侧绘圈带纹、领部绘网格纹，上腹绘二方连续漩涡纹。该器腹径远远超过壶体高度。与整器相适应的除器口两侧所饰的两个鸡冠状盲耳外，腹部两侧还设置了两个宽板状环形大耳，看起来更加豪华气派。

该器 1995 年出土于甘肃省榆中县，出土时已残，后经粘接复原，局部地方有加彩，但仍不失为半山类型扁腹器中的优秀作品。

（134）半山类型扁腹盆

高 12.7 厘米，口径 20.1 厘米，底径 10 厘米，泥质土黄陶，敞口、平唇、深腹、双錾、平底。黑、红彩施纹，唇部绘竖带纹，内壁绘斜带纹、网格纹、锯齿纹。就我所见到的此类扁腹器，制作方法主要有两种：一种是用泥条盘筑法特意制作而成；另一种是按盆、钵类器皿制成后，趁胎体湿软时用手合压而成。这件藏品下半部为正圆形，上半部呈扁圆状，手压痕迹明显，应为后一种方法制作而成。

下面着重谈谈这一形制的扁腹盆。

多年来，在西部彩陶市场上，收藏界大都认为，这种扁腹盆为当时制陶人不慎将其压扁的，是“残器”。尽管不少扁腹盆色彩艳丽，施纹精美，而且价格低廉，但也很少有人问津。在很长一段时间里，我对这种扁腹盆也是不屑一顾的。后来在一位彩陶商的启发下，我购买了两件。经对比研究后发现，这种扁腹盆很可能是先民出于某种特殊需要而特意制作的一种器类。其理由是：1. 在史前的陶器中，制陶人不慎压坏的痕迹经常可以看到，壶、罐类多器表局部凹陷，盆、钵类多口沿处局部内凹或外撇，整器压伤的现象很少看到。而这种扁腹盆，或一面压扁，或两面压扁，无不扁得自然，扁得匀称，可明显看出双手内合施压的痕迹。多年来，我曾见过数十件这种扁腹盆，而且出自甘青各地。各个时期的形制大致相同，若不是有意而制，不可能如此雷同。2. 这种扁腹盆除盆类外，尚有钵、碗类器皿，均为大口器，不见瓮、罐、壶类小口容器。这就说明，先民是出于生活需要而有目的地加工制作的。3. 这种扁腹盆在马家窑各文化类型中均可看

到。其中，马家窑、半山类型出土量较少，所见多为深腹盆，而且上半部内压较轻，器壁略扁而已。到了马厂时期，尤其是马厂后期，这种扁腹盆多为浅腹盆，双手内合施压较重，两端已变成形似盆流的窄槽状。这是否说明，先民对这种扁腹盆的制作和使用，在认识上有一个由浅入深逐步变化的过程？而且，从出土情况看，马厂后期出土量相对较多，这是否又可以这样理解，直到此时，这种扁腹盆才算基本定型。

关于这种扁腹盆的用途，推测可能主要有以下三个方面：一是起着簸箕的作用。将粮食放入其中，上下颠动，以扬去糠秕、尘土等杂物。二是起着淘箩的作用。将食用的粟类等盛放其中，加水搅动，或放在水里簸动，以除去杂质。三是起着器流的作用。若往小口壶、罐类容器中盛水或其他液体，可利用扁腹盆两端较窄的优点，将液体舀入扁腹盆中，然后慢慢往里倒，可以像流口一样避免液体外溢。

2000 出土于青海省民和县。

（135）马厂类型双耳扁腹壶

高 40 厘米，口径 11.5 厘米，底径 10 厘米，腹部最大围径 130 厘米，泥质土黄陶，侈口、高领、扁圆腹、双耳、平底。黑、红彩施纹，口沿内侧绘圈带纹、垂弧纹，领部绘斜网格纹，腹部绘内填折线纹、网格纹等纹样的四大圆圈纹、平行带纹、垂弧纹。与半山类型扁腹壶相比，马厂的这种扁腹壶上腹圆润饱满，下腹瘦高，底较小，整器看起来头小、腹大、脚轻，给人以站立不稳的感觉。先民如此设计，可能是为了突出那个扁圆的大腹。马厂的这种扁腹器多为大器，且施纹大都十分精细，也是这一时期的典型器，但出土量极少，因而备受藏家青睐。

马家窑文化时期的先民之所以要特意设计制作这样一种扁腹器，除审美价值外，可能还有这样三种用意：1. 由于容积增大，无论盛放粮食或液体，都会增加许多储量。2. 便于施纹。由于上腹面积增大，扩展了施纹空间，画家可以充分施展自己的才能。3. 将下腹埋入土中，不但十分稳固，而且无论平视或俯视，都会取得极佳的视觉效果，这也是一般壶、罐类容器所不及的。

1987 年出土于青海省民和县。

（136）马厂类型双耳扁腹盆

通高 13.3 厘米，口径 27.6 厘米，底径 9.3 厘米，夹砂黄陶，敞口、扁腹、双横耳、平底。口沿内侧用泥片加厚一周，形成叠唇。红陶衣上黑彩施纹，口沿绘复道折线纹，内壁绘复道十字纹、折带纹。器腹下半部至底部呈正圆形，上部一侧略内收，一侧内压明显，两端均呈椭圆形，为马厂晚期常见的扁腹盆。

该器于 15 年前购于西宁古玩市场。那天，我来到一马姓老人开的古玩店。他从货架上拿出这个扁腹盆向我推荐，当看我不屑一顾时，便热情地介绍："师傅，这东西好哇。"说着，顺手抓起一把他们平时当零食吃的胡麻籽，放入盆内，双手抓住盆沿，像簸簸箕一样示范起来。"古人簸粮食用的就是这东西，这是古代的簸箕呀！"经老马这么一示范、一解释，不禁使我茅塞顿开。心想，这种扁腹盆，莫非就是原始人所用的簸箕？于是，我就买了下来。要说我对这种扁腹盆有所认识，老马应算是启蒙老师。不要小看那些没有多少文化的彩陶商，他们买进一件彩陶后，尤其是比较怪异的器形，大都要进行反复琢磨。或许琢磨的目的就是想多卖几个钱，但他们琢磨出来的道理，有的可能是连专家都想不到的。这种扁腹盆的这一特殊用途，如果最终能够得到专家确认的话，那么，它应是我国簸箕的鼻祖。

（137）马厂类型单耳扁腹杯

高 9.2 厘米，口径 14.8 厘米，底径 10.3 厘米，泥质土黄陶，敞口、深腹、单耳、平底。红陶衣上黑彩施纹，腹部绘内填圆点纹的连续圆圈纹、平行带纹，内壁及内底在黑色底色中留出圆形陶地色空间，然后再施以圆点纹。这种图案相同的内彩装饰，在马厂类型的内彩器中较常见，纹饰虽缺少变化，但也别有韵味。

这是一件用泥条盘筑法制成的扁腹器，它与压制而成的扁腹器的区别是，这种扁腹器两侧腹壁皆呈扁弧形，底呈长椭圆形，器身与器底一致，造型自然，整齐美观。当初，这种扁腹器也可能是制陶人在制作时不慎压扁的。当发现其特殊功用后，进而发明了压扁的扁腹盆。但这种扁腹盆虽然实用而毕竟缺乏观赏价值，其后又设计制作了用正规制陶方法制作的扁腹盆、扁腹杯等，于是一种新的陶器器形便出现了。它一改传统的圆腹器形制，使人耳目一新，无论其使用功能或欣赏价值，都会给人以新鲜感，无疑也是先民的一种创造。这种扁腹器有的可能已经失去了原有的功能，作为一种新型实用器类而加入食器或酒器的行列。

1998 年出土于甘肃省榆中县。

二十二　多耳器

（138）马厂类型四肩耳罐

左器高 22 厘米，口径 19 厘米，底径 10.5 厘米，泥质土黄陶，敞口、束颈、深腹、四耳、平底。黑彩施纹，口沿内侧绘斜带纹，颈部绘平行带纹，腹部绘网格圆圈纹、折带纹、平行带纹、垂弧纹，属马厂中晚期遗物。

右器高 7.5 厘米，口径 11.4 厘米，底径 7 厘米，泥质土黄陶，敞口、束颈、弧腹、四耳、平底。通体饰土红色陶衣，光素无纹。在马厂晚期，这种仅饰红色陶衣而不加彩绘的陶器，经常可以看到。此类陶器多为泥质陶，有的还是细泥陶，器表大多经过打磨抛光。就其制作的精细程度看，在一些遗址中甚至比彩陶所占比例还要大。这固然是彩陶衰退期的一种表现，但从另一方面也可以看出，当时人们对这类陶器还是看得很重的，或者说是喜爱有加的。不加彩饰，可能是出于欣赏习惯的需要，推测此时的人们可能存在着尚红习俗。

一般认为，多耳器最早见于马厂时期。事实上，在半山陶器中就已经出现。在其后的齐家文化中，以及青铜时代的四坝、卡约、诺木洪诸文化遗存中，都可以看到这种器形，其中尤以四坝文化最多见。在西部史前陶器的多耳器中，三耳器主要见于齐家文化和四坝文化，四耳器主要出现于马厂类型和诺木洪文化。在马厂类型中，除四耳器外，五耳以上的多耳器也不时可以看到，其耳部设置形式

五花八门。先民之所以在原来双耳的基础上增置多耳，除为了加固和美化器体外，更主要的可能是为了便于携带，或便于悬吊。但具体到每件不同器物及耳部的不同设置形式，可能都有其不同的使用功能。

左器 1997 年出土于甘肃省永登县，右器 1998 年出土于甘肃省永靖县。

（139）马厂类型双肩耳双腹耳罐

高 20.5 厘米，口径 13 厘米，底径 9 厘米，泥质土黄陶，侈口、束颈、溜肩、鼓腹、四耳、平底。紫红色陶衣上黑彩施纹，口沿内侧绘阴地联珠纹，颈部绘折带纹，腹部绘两个同心圆纹、两个内填菱形纹的圆圈纹。由于陶衣色彩过重，使彩纹显得暗淡，在一定程度上影响了装饰效果，这在马厂晚期磨光彩陶器中是经常可以看到的。

在马厂类型彩陶中，这种双肩耳双腹耳器出土量相对较多，多见罐、壶类容器。四耳设置分两种形式：一种是左右置双肩耳，前后置双腹耳；另一种是四耳分置于器体两侧，上下对应排列。双肩耳一般弧度较小，双腹耳与常见的双腹耳罐的半环形耳相同，通常较宽大厚实，可以看出制作者对四耳的设计主次分明，搭配得当，既方便使用，亦具观赏价值。

1990 年收藏于西宁，出土地不详。

（140）马厂类型双肩耳双腹耳壶

高 28.2 厘米，口径 10.2 厘米，底径 9 厘米，泥质土黄陶，侈口、束颈、溜肩、鼓腹、四耳、平底。黑彩施纹，口沿内侧绘圈带纹、竖短线纹，颈部绘平行带纹，肩部绘四周阴地波折纹，腹部绘阴地联珠纹、平行带纹、竖线纹、垂弧纹，双肩耳绘平行短带纹。

这种四耳壶与前面介绍的双肩耳双腹耳罐一样，可能都是一种汲水工具。用时将两根绳子分别系于双肩耳和双腹耳上，将壶体放入水中，然后通过双肩耳上的绳子将壶口往下压，即可使壶体向一侧倾斜，将水灌入壶中。待水灌满后，再拉动四耳上的绳子往上提。与仰韶时期的尖底瓶一样，无论汲水或运输，使用起来都很方便。因此，也有人推测，作为汲水工具，此类四耳器很可能就是仰韶尖底瓶在马厂时期的一种变体形式。

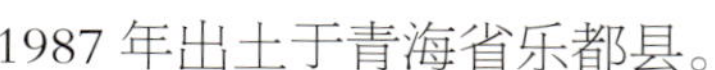

1987 年出土于青海省乐都县。

（141）马厂类型双横耳双竖耳壶

高 22.5 厘米，口径 10 厘米，底径 9 厘米，泥质黄陶，侈口、短颈、溜肩、垂腹、四耳、平底。米黄色陶衣上黑彩施纹，口沿内侧绘平行带纹、垂弧纹，颈部绘横向人字纹，肩部绘两周复道平行带纹，间绘折带纹、不规则点状纹，腹部绘复道折带纹、竖带纹、复道斜十字纹、平行带纹、垂弧纹等。米黄色陶衣在半山、马厂彩陶中都可以看到，饰此种陶衣的陶器，大多打磨精细，施纹工整。不仅使彩纹显得更加清晰，而且也给人以清新素雅之感。从该器制作工艺看，应属马厂中期遗物。

作为垂腹器，在马厂类型陶器中不时可看到，但多为小型器皿，像如此大的垂腹器则很少见。兰州市博物馆藏有一件，其造型、纹饰与该器大致相同。此外，该器四耳的设置也十分别致，肩部两侧各置一横耳，腹部两侧各置一竖耳，上下分别对应排列。双横耳大而略向内弯，可能是为了方便对器体的移

动。搬动器体时，将手指穿入横耳内，或手执两横耳，比利用腹耳更省力，更容易掌握平衡。如需要穿绳系挂，或器内盛满液体分量较重时，可四耳同时使用，既牢固，也很适用。

2001 年出土于甘肃省榆中县。

（142）马厂类型四腹耳长颈壶

高 24.5 厘米，口径 7 厘米，底径 9.5 厘米，泥质土黄陶，小口、长颈、鼓腹、四耳、平底。外底布满席纹。器表隐约可见彩饰痕迹，原来可能是件彩陶器，后因受蚀而彩纹尽脱。

该器四耳实际上是在常规设置的双环形腹耳上方另加了两个穿孔鼻状耳，上小下大的比例十分明显。这种四腹耳器在四坝文化中较多见，在此前的诸文化类型中则很少看到。从该器新增加的两个腹耳及穿孔大小看，并无多少实用价值，可能是一种装饰。

1996 年出土于青海省大通县。

（143）马厂类型四耳四纽罐

通高 8 厘米，口径 11.8 厘米，底径 7 厘米，泥质土黄陶，敞口、平唇、深腹、四耳、平底。可能由于原来的埋藏地比较潮湿，外彩已大部脱落。从仅存的彩纹看，唇部绘不规则圆点纹，耳端四个圆饼形凸纽上绘网格纹，内壁至内底绘三周圈带纹。该器的独特之处不仅设置有四耳，而且在四耳上端另饰有四个圆饼形凸饰。这种凸饰与同期其他耳端的饰物一样，除对器耳具有一定的加固和保护作用外，看来并无更多的实用价值，可能主要是为了装饰。在马厂类型的双肩耳器中，亦有此种耳形，设计形式与该器大致相同。

2001 年出土于甘肃省皋兰县。

（144）马厂类型四口外耳深腹盆

左器高 13.5 厘米，口径 18.2 厘米，底径 10.5 厘米，泥质土黄陶，敞口、折沿、深腹、四耳、平底。黑、红彩施纹，口沿内侧绘圈带纹，折沿绘阴地菱形纹，腹部绘平行带纹、阴地菱形纹、菱形网格纹，四耳绘折带纹、平行短带纹。

右器高 13.3 厘米，口径 20 厘米，底 10.5 厘米，泥质土黄陶，敞口、平唇、深腹、四耳、平底。黑、红彩施纹，唇部绘阴地菱形纹，口沿内侧绘圈带纹、垂弧纹，腹部绘平行带纹、锯齿纹、菱形网格纹，内壁绘黑、红相间圈带纹。

四耳盆为马厂时期出现的一种新器类，形制大致相同。四耳大多等距离设置在大口外缘部位，耳端与口沿平齐，且皆为环形耳。早期多为深腹器，其后器腹逐渐变浅，至晚期已变成浅腹盆。与双耳盆相比，这种四耳盆有以下两个优点：一是由于当时居住条件较差，这种小盆可以在四耳上系上绳子悬吊起来，在节省空间的同时，也能有效地防止老鼠或野兽偷食存放在里面的食物。二是便于携带。外出狩猎或采撷，将系有绳子的小盆往肩上一背，既可以从河里汲水，吃饭时亦可当饭碗使用。游牧部落在迁徙过程中，四耳也便于在畜背上固定。在这种

器物的使用中，四耳的坚固性及其无论在任何情况下都能保持平衡的优越性，都是双耳器所无法相比的。

二器均于 2001 年收藏于西宁，出土地不详。

（145）马厂类型双口外耳双腹耳深腹盆

高 12.5 厘米，口径 16.5 厘米，底径 11 厘米，泥质土黄陶，敞口、平唇、深腹、四耳、平底。黑、红彩施纹，唇部绘阴地菱形纹，腹部绘平行带纹、复道折带纹，双耳绘平行短带纹，构图简洁明快。

这种双口外耳双腹耳四耳盆，在马厂类型四耳盆中很少看到。它与四口外耳盆一样，可能都具有系绳悬挂的功能，但将两个口外耳对应下移至腹部，可能另有其特殊用途。例如，当器内盛满食物时，无论移动或悬吊，皆可减少口沿的压力。如用于汲水，这种四耳盆与双肩耳双腹耳壶、罐一样，用起来也很方便。

1995 年出土于青海省民和县。

（146）马厂类型四耳浅腹盆

高 8 厘米，口径 19.5 厘米，底径 8.5 厘米，泥质土黄陶，敞口、卷唇、弧腹、四耳、平底。通体饰紫红色陶衣，黑彩施纹，唇部绘放射状竖短线纹，腹部绘平行带纹、垂弧纹，内壁绘复道十字纹、复道三角纹，耳部绘平行短带纹。到了半山晚期，尤其是到了马厂时期，盆形器已变成口部内敛、腹部外鼓的深腹盆，而且多无内彩。这种深腹盆虽缺少欣赏价值，但由于盛放东西较多，无疑更适用一些。浅腹盆在马厂时期所见甚少，尤其是这种四耳浅腹盆更为罕见，因而该藏品就显得十分珍贵。从其整体造型看，该器仍保留有马家窑、半山浅腹盆的某些风格，可能是一种回光返照现象。

1985 年出土于青海省民和县巴州镇。

（147）齐家文化黑衣陶三大耳罐

高 12 厘米，口径 9.6 厘米，底径 6 厘米，侈口、高领、鼓腹、三耳、平底，高领中部阴刻五道弦纹。该器胎为细泥黄陶，外饰一层黑色陶衣。质细胎薄，制作规整，通体磨光，细腻油润，质感强烈。与黄陶、红陶相比，甚至包括彩陶在内，这种黑衣陶往往带有几分神秘色彩，具有宗教性审美观念。高领部位所饰的五道阴刻弦纹，在齐家时期其他陶系的三耳器中很少看到，包括这种黑衣陶的制作，无疑是受到龙山文化的影响。黑衣陶在齐家文化中出土量很少，此种陶色的三大耳罐更为罕见，因而显得尤为珍贵。

2006 年出土于甘肃省榆中县。

（148）齐家文化黄陶三耳罐

左器高 9.5 厘米，口径 9.9 厘米，底径 6.5 厘米，泥质黄陶。该器的突出特点是口大、耳大、底大。高领喇叭形口几乎占去整器的一大半，以束颈代替束腰，腹部近底处微内收，实际上亦有上下腹之分。但由于下腹内收不明显，底部看上去似乎是从腹中部平切而成。如此形成的大口、大底、细颈的新颖造型，再配以三个环形大耳，不但给人以沉稳之感，而且充满典雅之气。

右器高 9.3 厘米，口径 9.2 厘米，底径 4.1 厘米，泥质黄陶，侈口、直领、圆腹、三耳、平底。外底饰有编织纹。该器三耳较小，等距离环高领一周而置，亦别有韵味。为这个小罐增色之处，在于腹部阴刻的一周竖向饰纹，看上去如同一个竹编的鱼篓，起着画龙点睛的作用。

齐家文化三耳器多为素陶。以上两种均为这一时期常见的器形，也是该文化最具代表性的器形。在齐家的三耳器中，以三大耳罐最具特色。那么，齐家人为什么要对器物耳部进行如此极度的夸张呢？可能有两方面原因：其一，原始社会发展到齐家时期，不但彩陶已明显衰退，陶器的实用功能也极度缩小，所追求的主要是形式上的美感，以及在这种形式之中所蕴蓄的文化内涵。其二，齐家文化时期是社会经济形态急剧变化的时期，随着原始氏族公社的逐步解体，人类文明的诞生和发展，东西方文明的展开和深入，经济生活、科学文化和精神文明都在迅速发展，出现了勃勃生机。在这样的社会背景下，人们对新生事物充满着好奇，对科学创造充满着激情，对新的生活充满着希望，人们的欲望在迅速膨胀。这种“充满”，这种“激情”，反映在陶器制作上，那就是极度的夸张。例如，口部和底部的极度扩大，领部的极度提高，腹间折棱的明显突出，腰部的极度内收，尤其是双耳或三耳的耳部，外扩的夸张现象尤为明显。这些可能都是当时人们心理的一种体现、激情的一种迸发，而不应简单理解为只是器形上的一种变革。

二器均于 2003 年购于兰州城隍庙古玩市场，出土地不详。

二十三　异耳器

（149）马厂类型叠耳罐

高 8.5 厘米，口径 10.4 厘米，底径 6 厘米，泥质土黄陶，敞口、高领、鼓腹、叠耳、平底。白陶衣上黑、红彩施纹，口沿内侧绘阴地波折纹、圈带纹、鱼鳞纹，领部绘细网格纹，腹部绘平行带纹、竖线纹、网格平行带纹、竖带纹，耳部绘平行短带纹、竖带纹。胎薄质轻，制作规整，施纹精细，属马厂早期彩陶中之精品。

该器的奇特之处在于两侧的叠耳。在两个环形肩耳上端，又别出心裁地添加了两个横耳。可能是作为穿绳的小系使用的，也可能就是一种装饰，构思奇巧，新颖别致。一般认为，这种横、竖耳相叠的叠耳器，最早出现于齐家文化西区的柳湾类型。事实上，此种耳形在马厂文化早期即已出现。除该器外，我还另外见过两例，其中一例为四竖耳四横耳相叠，更为别致。齐家文化的叠耳器显然是承袭马厂文化而来。其他文化类型中基本不见。

1986 年出土于青海省乐都县。

（150）马厂类型双横耳罐

高 11.8 厘米，口径 10.7 厘米，底径 7 厘米，泥质土黄陶，敞口、束颈、溜肩、垂腹、双耳、平底。紫红色陶衣上黑彩施纹，口沿内侧绘阴地圆珠纹、垂弧纹，颈部绘折带纹，腹部绘平行带纹、内填网纹的圆圈纹，属马厂晚期遗物。

对于这种横耳，亦有人称为“贯耳”，其实二者是有区别的。所谓“贯耳”，主要是指竖置器体两侧的筒管状耳。耳体细长，如同两个圆管，主要见于新石器时代良渚文化高领陶壶，以及龙山文化的一些陶器上，马家窑文化很少看到。而横耳器上的横耳，只是将常见的半环形耳横置而已。少数变体者，或上弯或下撇，但整体形状并无多大变化。横耳器在马家窑类型中多见于盆类器皿，马厂类型多见于罐类容器。横耳和贯耳的作用可能是相同的，应是为方便穿绳而特意设计的。在这样的耳中穿上绳子，或背或挂，都会更平稳、更方便，无疑也是先民在耳形设计上的一种创新。

1987 年出土于青海省平安县。

（151）齐家文化双方折耳筒形杯

高 12.3 厘米，口径 8.8 厘米，泥质黄陶。该器整体呈筒形，大口、平底，腹中上部略向内束，通体光素无纹，两侧各置一宽板状方折大耳，造型稳重典雅。在甘青地区的史前陶器中，此种耳形主要见于齐家文化和四坝文化。前者除筒状杯外，在一些地区出土的盉、鬶等袋足器中，也不时可以看到，如本书上编介绍的黑衣陶袋足鬶等；后者主要见于杯、罐等容器上。在这两种文化类型的方折耳器中，所见多为素器，彩陶数量极少。甘肃永靖塔坪出土的齐家文化双方折耳彩陶杯、玉门火烧沟出土的四坝文化双方折耳彩陶罐等，都是西部彩陶中的名品，为专家和藏家所称道。齐家文化的方折耳器，毫无疑问有受陕西龙山文化影响的因素。而后来的四坝文化方折耳器，从其耳形设计上，尤其是方折耳杯的杯形设计，受齐家文化影响是显而易见的。

2015 年出土于甘肃省广河县。

（152）卡约文化三角形耳单耳杯

高 5.8 厘米，口径 10 厘米，夹砂黄陶，敞口、弧腹、单耳、凹底。紫红色陶衣上黑彩施纹，口沿内侧绘倒三角纹，腹部绘平行带纹、连续回形纹，内底绘变形羊角纹。单耳用宽约 3 厘米的软泥片弯折粘接而成，上部平面微内凹，竖面呈弧形下折，折角处具明显横棱，耳孔呈三角形。在卡约文化为数不多的彩陶中，这件单耳杯应属精细之作，可能是在礼仪或喜庆场合使用的酒器。此种三角形耳在辛店文化陶器中也可以看到，其造型大致相同。这也从一个侧面说明，二者之间存在着密切的文化交流关系。

2003 年出土于青海省化隆回族自治县。

二十四 异鋬器

（153）半山类型手形鋬深腹盆

高 8.2 厘米，口径 15.5 厘米，底径 8 厘米，泥质土黄陶，敞口、深腹、双鋬、平底。口沿内侧绘圈带纹，内壁绘宽带十字纹、斜线纹。器腹两侧各置一宽板状长鋬，长鋬中部内弯，前端刻出凸棱，很像两个伸出的手掌。有学者研究，史前的许多陶器，都是以人体为母体进行制作的。这不仅反映在器物的整体造型上，在不少局部造型的设计上也可以体现出来。例如模拟人的耳形制作出器物的双耳，模仿人的唇部制作出器物的口唇等，许多部位的造型都与人体对应部位很相似。该器的两个长鋬显然是模仿人的手形而制作的。这种手形造型，在马家窑文化和齐家文化的带把器和带鋬器中不时可以看到，将手握部位制成手形，不仅形象，也给器物平添了几分灵气。

1998 年出土于甘肃省皋兰县。

（154）马厂类型四鋬浅腹盆

高 6.5 厘米，口径 17.7 厘米，底径 5.5 厘米，泥质土黄陶，大口、折沿、斜直腹、四鋬、小平底（A）。黑、红彩施纹，口沿外侧绘垂弧纹，口沿绘复道折线纹，内壁绘平行带纹、宽带十字纹、黑白对应菱形纹（B）。该器造型规整，施纹精细，属马厂早期上乘之作。

该器口沿外侧设置前后左右对称的四个三角形小鋬，小鋬略向下倾，可能是为了提握的方便，与同类器中四耳的作用应是相同的，显得新颖而别致。先民对器皿附属装饰物的设计，非常讲究其协调与对称。在这样的小盆上设置四个小鋬而不设置四耳，所追求的也就是与整器的均衡与统一，使人既不感到多余，也不会有笨拙之感，同时使用起来也很顺手。这在其他器皿的耳、鋬、系、突等局部设计上同样可以体现出来。从中也可以看出，在那个蛮荒时代，先民的制陶艺术确实已达到了相当高的水平。

1998 年出土于甘肃省会宁县。

A

B

（155）马厂类型曲鋬单耳罐

高 9 厘米，口径 6.5 厘米，底径 4.5 厘米，泥质土黄陶，敞口、直领、鼓腹、单耳、平底。肩部一侧置一曲形小鋬。黑彩施纹，口沿内侧绘圈带纹、竖短带纹，领部绘五组竖短带纹，腹部绘平行带纹、锯齿纹、垂弧纹，耳、鋬绘平行短带纹。施纹草率，属马厂晚期遗物。

乍一看，该器小鋬似乎是入窑烧制时自然裂开的一个环形耳，但若仔细观察就会发现，小鋬翘起的上端与罐口对应处非但没有断裂的痕迹，而且均施有与同部位相一致的彩纹，应是特意设计的一个小鋬。因史前陶器上的环形耳大都是事先捏制好后粘接上去的，故推测这种鋬形很可能是受双耳罐入窑烧制时一耳自然裂开的启发而设计的。先民的这种设计不仅是对传统的双环形耳的革新，而且在使用上既可单独用耳，亦可单独用鋬，或一耳一鋬同时使用，具有更多的灵活性，同时也会给人一种新鲜感。该器可能是一件酒器，多年来仅见此一例。

1999 年出土于甘肃省永登县。

二十五　异系器

（156）马厂类型四耳四錾形系深腹盆

通高 13.5 厘米，口径 16.4 厘米，底径 7.5 厘米，泥质土黄陶，敞口、深腹、四耳、四系、平底。黑彩施纹，口沿内侧绘垂弧纹，腹上部绘两条平行带纹，间绘不规则点状纹、竖短带纹。中部绘菱形网格纹、平行带纹，四耳绘斜十字纹，四系中部各绘一竖线纹，竖线两侧绘斜线纹。该器四耳上端与口沿衔接处，各饰一略向外倾斜的方板状小系。上端做锯齿形，中部各饰有三个平行排列的系孔，可能是一种装饰。

马厂时期制陶人常常在耳部上端做一些点缀性装饰，就我所见到的有乳状泥突、圆饼形凸饰、圆柱形凸饰、方板状小系、齿状附加堆纹装饰等。该器的这种装饰形式比较少见，显得颇为怪异。青海省民和县博物馆藏有一件马厂类型双耳小罐，双耳上端及两侧口沿部位饰四个方板状小系，装饰形式与该器相仿。马厂文化陶器耳上的装饰，除对器耳具有一定的加固作用外，大多无实用价值，可能主要是出于对器皿的美化。马厂时期是彩陶的衰退期，但也是异形器出土最多的时期，许多怪异的造型使人出乎意料。

2000 年出土于甘肃省皋兰县。

（157）马厂类型四鋬形系彩陶碗

通高 8.3 厘米，口径 18 厘米，底径 8 厘米，泥质土黄陶，大口、弧腹、四系、平底。外底布有席纹。黑、红彩施纹，口沿内侧绘阴地波折纹，内壁绘圈带纹、在十字纹骨架间绘竖带纹，纹饰简洁明快。

该器造型似碗，但在口沿上设置了四个前后左右对称的鋬形小系。小系呈鸡冠状，中部有一较大的系孔，大系孔两侧各饰一小系孔。此外，在四系之间的口沿部位，另饰有两个小系孔。系中部的大穿孔可能是供穿绳之用，其余的小穿孔可能都是一种装饰。在马厂时期的陶器上，口沿部位饰系孔者并不鲜见，但将系制成鋬状者却很少看到，也可以说是这一时期陶器在系的设计上的一种创新。从实用功能上看，这种鋬形系既可作系使用，亦可作鋬使用，比单纯的穿孔系或鋬都更方便。就其欣赏价值来说，这种鋬形系无疑更具装饰性，无论平置或悬吊，都能给人以新鲜感。

1998 年出土于甘肃省临夏县。

（158）马厂类型六錾形系双耳壶

高 17.8 厘米，口径 8.6 厘米，底径 10 厘米，泥质红陶，侈口、束颈、溜肩、垂腹、双耳、六系、平底。外底布满席纹。黑、红彩施纹，口沿内侧绘阴地圆圈纹、点状纹、圈带纹、垂弧纹，颈部绘平行带纹、复道斜十字纹，腹部绘平行带纹、波折纹、竖带纹。该器制作规整，施纹精细，色彩艳丽，属马厂早期上乘之作。

这件陶壶的独特之处，在于肩部所饰的六个錾形系。小錾呈半圆形且略向上翘，每个錾上各饰有两个细小的穿孔。从该器整体造型看，上有双耳，下有垂腹，或提或托，或穿绳系挂，都十分方便。錾形系看不出有多少实用功能，可能是一种装饰。马厂时期的这种錾形系，多设置在盆、钵、碗、豆等大口器的口沿部位，壶、罐类容器较少见，錾体一般较小，系孔有的则小如针眼。就大多数而言，并没有实用功能，可能是作为一种附属饰物出现的，但该器的这种装饰形式十分少见，亦属难得之物。

2000 年出土于甘肃省榆中县。

二十六　高足器

（159）半山类型高足盆

高 14.2 厘米，口径 20.7 厘米，底径 11 厘米，整器由上下两部分对接而成。上部呈盆状，口沿外缘等距离饰 6 个泥丁，下部的假高足实际上是一个敛口弧腹钵，对接处两侧各置一环形耳（A）。黑、红彩施纹，上部盆形腹部绘竖带纹、锯齿纹、圈带纹，内壁绘复道十字纹、网格纹、平行带纹；下部假高足内壁以红彩绘五道平行短带纹，间绘不规则点状纹（B）。

A

B

该器上部为泥质土黄陶，下部为夹砂红陶。这种一器上下分别以两种不同陶质制成的陶器，主要出现于马家窑类型。以盆、壶、带嘴锅之类容器为多见，可能都是作为炊器使用的。主要是利用夹砂陶的耐热性和急变性，以防接触火的部位发生破裂，同时也解决了盛放水和食物部位不够平整光滑的缺憾，这无疑也是一种创造。该器的此种制作方法，应自马家窑类型沿袭而来。但这件陶器究竟是作何用途呢？从整体造型特征看，很可能是件温食器。历史上，西北藏人及其他土著人，多以牛粪及植物茎秆为燃料，尤其是前者，使用得更普遍。这种牛粪灰的温度可以保持相当长一段时间。除取暖外，有时还加工馍馍，有时便将食物盛进深腹器内，下半部埋入热灰中，以便保持温度，随时食用。这件造型新颖别致的陶器，很可能是在这样的背景下产生的。

1999 年出土于甘肃省永靖县。

（160）半山类型高圈足素陶尊

高 17.5 厘米，口径 14.5 厘米，细泥橙黄陶，敞口、束颈、斜肩、垂腹、高圈足，足部有圆形镂空，口沿阴刻一周菱形花边，肩部阴刻两道平行弦纹。胎质细腻，器表打磨光滑，虽无彩饰，但视觉效果极佳。青海省文物考古研究所藏有一件，造型、大小与该器基本相同。

陶尊在新石器时代中期大汶口文化、马家浜文化、北阴阳营文化，以及晚期的龙山文化、良渚文化等遗存中均有出土。西部马家窑文化有少量发现，齐家文化中偶尔也可以看到。史前的陶尊一般归类为盛器或酒器，但也有可能是作为神器出现的。

2000 年出土于甘肃省榆中县。

（161）马厂类型早期高圈足双耳罐

高 17.7 厘米，口径 16.5 厘米，泥质土黄陶，敞口、深腹、高圆足，器口两侧各附一环形耳。黑、红彩施纹，腹部绘两周平行宽带纹，带纹下绘一周复道垂弧纹，内壁绘数层黑、红相间圈带纹。这种以圈带纹为主题纹饰的彩饰，在马厂彩陶中并不鲜见，看起来简洁明快，别有韵味。

高足器主要出现于新石器时代中期黄河下游的大汶口文化、长江中游的大溪文化、屈家岭文化，以及晚期的龙山文化，多见于豆、觚、杯、壶等器皿。在甘青地区的马家窑文化中，马家窑和半山类型除常见的高圈足豆外，马家窑类型还出现了两种新器形：一种是高圈足罐，一种是高圈足三联杯和双联杯。到了马厂时期，尤其是马厂晚期，高足器出现得相对较多，有高圈足豆、高柄豆、高足罐、高足杯、高圈足盆等多种。其后以齐家文化出土的高足器最为丰富，虽然其形制主要系由马家窑文化发展而来，但正如这一时期其他异形陶的制作一样，同样可以看出当时人们蓬勃的创造精神。

1995年出土于甘肃省武山县。

（162）马厂类型晚期高圈足双耳罐

高9.5厘米，口径9.5厘米，泥质土黄陶，敞口、折沿、束颈、鼓腹、双耳、双突、高圈足。紫红色陶衣上黑彩施纹，口沿绘竖短线纹，内侧绘正倒三角纹，颈、腹部绘平行带纹、平行短线纹。该器制作规整，上下比例协调，看起来端庄大方，美中不足的是陶衣色彩过于浓重，在很大程度上影响了彩纹装饰效果。

各地新石器时代陶器足部的变化，从早期到晚期，似乎都有一个比较明晰的规律。即由早期的圈足、平底、三实足，逐步演变为假圈足、圈足，后来才逐渐出现了高圈足、高柄足、袋形足。在仰韶文化早期和中期，圈足器还很少看到，到了晚期才陆续出现。各时期出现的高足器，都不是凭空制作出来的。早期陶器形制的影响是一个主要方面，吸收周边其他文化有利因素也应是其中的一个原因。陶器器足的变化与其他部位的变化一样，都是从主要为了使用到体现审美品位的变化。高足器美观实用，高贵大方，可以说件件都是将实用功能与审美价值有机结合起来的艺术品。在史前陶器中，高足器数量很少，各种不同形制的高足器可能都有其专门用途，但大多数应是作为酒器出现的。我收藏的几件马厂类型高足器，可能都是一种酒器。

2004年出土于甘肃省东乡族自治县。

（163）马厂类型高柄双耳罐

高16厘米，口径8.5厘米，泥质红陶。上为侈口、直领、鼓腹、双耳罐，中置一实心圆柱形高柄，下接一喇叭形圈足，柄中部阴刻一周弦纹。柄与足接合部锥刺一周凹点纹，双耳各饰四道凸弦纹。黑、红彩施纹，口沿内侧绘阴地波折纹、圈带纹、垂弧纹，领至腹部绘细网格纹、平行带纹、内填网纹的圆圈纹。造型规整，打磨光滑，施纹精细，为马厂早期遗物。

该器的独特之处是那个高柄。制陶人为突出这个高柄，将上部罐体与下部圈足制作得都相对较小，使中部柄体显得高大而醒目。而且从整体设计看，上下比例匀称，既无头重脚轻之感，亦无上小下大的笨拙之态，看起来高贵、大气而典雅。与大汶口、屈家岭、龙山文化的高柄器相比，这件高柄罐虽算不上经典之作，但在西部的马家窑文化中，亦属珍罕之物，多年来仅见此一例。

1998年出土于甘肃省榆中县。

（164）马厂类型圆柱形高足双耳罐

左一高12.8厘米，口径7厘米，底径5.2厘米，泥质土黄陶，侈口、高领、溜肩、鼓腹、双耳、平底。紫红色陶衣上黑彩施纹，口沿内侧绘圈带纹、垂弧纹，领、足间自上而下绘三组平行线纹，间绘倒三角纹、垂弧纹、竖带纹、斜十字纹，耳部绘复道斜线纹。

左二与左一于1988年同出于青海省乐都县老鸦城一马厂晚期墓葬中，其大小、造型、施纹形式及所施纹饰亦大致相同。此种现象多见于马厂晚期彩陶中。

左三高10.8厘米，口径6.4厘米，底径5厘米，泥质红陶，侈口、直领、溜肩、鼓腹、双耳、平底。淡红色陶衣上黑彩施纹，口沿内侧绘放射状竖短线纹，腹部绘平行线纹、复道折线纹，其余部位彩纹不清。2001 年出土于青海省民和县。

左四高 9.3 厘米，口径 7.2 厘米，底径 5.5 厘米，泥质土黄陶，侈口、高领、溜肩、卧腹、双耳、平底。紫红色陶衣上黑彩施纹，口沿内侧绘阴地联珠纹、垂弧纹，领至腹部自上而下绘三道平行带纹，耳部绘平行短线纹、斜十字纹。1987 年出土于青海省乐都县。

这种圆柱形高足罐，下部高足皆内空，与罐腹相通，实为假高足。先民如此设计，除其审美价值外，可能主要是利用高足的优势及足内空间，以便对罐内液体的加温或保温，其使用方法与前面介绍的那件半山高足盆可能是相同的。但这种高足罐由于容量小，推测可能是一种温酒器。平时将高足部位插入热牛粪灰或草木灰中，使器内酒液长时间保持一定温度，以便随时饮用。尤其是在西部漫长寒冷的冬季，这种温酒器更能发挥其作用。此种形制的陶器仅见于马厂晚期，也可以说是这一时期出现的新器类。而且，就我了解到的情况，出土地主要集中在青海东部地区，具有较强的地域性。

（165）马厂类型高圈足杯

高 6 厘米，口径 7.4 厘米，泥质红陶，上部呈深腹盆状，下部为喇叭形圈足。黑彩施纹，口沿外侧绘三道平行线纹，内壁绘复道十字纹，纹饰简洁明快。该器上部小盆口沿外部略内收，内侧微外撇，上下两部分接合部及喇叭形圈足，内束外撇均不明显，自上而下无明显棱角，不见夸张之处，给人以古朴、敦实、沉稳之感，为这一时期少见的杯式之一。

2004 年出土于甘肃省定西县。

（166）马厂类型双耳高足杯

高 11.9 厘米，口径 5.5 厘米，底径 5.5 厘米，夹砂土黄陶，敛口、斜肩、鼓腹、双耳、平底，器表饰淡红色陶衣。该器与前面介绍的几件圆柱形高足罐不同，其圆柱形高足为实心足，纯粹是一种装饰。从整体造型看，虽然捏制得比较粗糙，但上部的杯体上下两端内束，中间圆鼓，就像一个大鸭蛋放置在圆形器座上，别有情趣。另外，在这样一个杯体两侧，又设置了两个环形大耳，看起来又像一只奖杯，显得较为别致，从中不难看出马厂晚期陶器制作的随意性。

1988 年出土于甘肃省永靖县。

二十七　三足器

（167）仰韶文化三实足单耳罐

三实足陶器是新石器时代早期常见的器类之一，在磁山文化、裴李岗文化、北辛文化、老官台文化等早期遗存中都可以看到。到了新石器时代中期，即进入仰韶时代以后，这种三实足器逐渐减少，三实足逐渐隆起，便出现了三袋足器，其后这种三实足器即很少看到。

新石器时代早期的陶器，主要是模仿以前使用的利用自然物加工的器皿，多为球体或半球体。为了使用的方便，先民设计制作了陶支架。那么，这种陶支架又是如何产生的呢？推想在此之前，支架炊器的很可能是三块石头。在西部的游牧民族中，直到今天，他们远牧时，还常用三块石头架锅烧煮食物。陶支架可能是因受此启发而产生的。后来受陶支架的启发发明了三实足器。由三块石头到陶支架，由陶支架到三实足器，再由三实足器到三袋足器，不难看出三足器发展演变的轨迹。这期间无疑经历了漫长的探索过程，同陶器任何一个主要部位的变化一样，先民不知为此付出了多少心血。

三足器稳定结实，便于携带，便于放置，具有很强的使用功能和审美价值。袋形三足器后来最终消失了，但先民发明的三足器，却被后来的人们所接受。在当今不少地方的农村，圜底加三实足的铁锅，依然普遍使用着。先民恩惠所及，甚至直到数千年后的今天。

这种三实足器，在新石器时代早期陶器中，严格来说，并不能算作异形器，但进入中期以后，尤其是当彩陶大量出现以后，彩陶三实足器，包括某些空足器，由于出土量太少，而且主要是为了装饰，应归“异形”之列。我收藏的这件

三实足单耳罐，高 14.5 厘米，口径 12 厘米，夹砂红陶，侈口、短颈、鼓腹、单耳、圜底，下置三板状楔形足，罐腹饰细密绳纹，应属仰韶中期遗物。

2001 年出土于甘肃省秦安县。

（168）马家窑类型三瓦形足双耳罐

高 11 厘米，口径 10 厘米，泥质红陶，敞口、卷唇、鼓腹、双耳、三足。黑彩施纹，唇部绘倒三角纹，腹部绘平行带纹、变形复线漩涡纹。该器出土于甘南藏族自治州。这一带出土的马家窑类型彩陶，主题纹饰多以复线构图，有变形漩涡纹、火焰纹、羽状纹等。虽看起来比较活泼，但与甘青其他地区出土的同时期彩陶纹饰相比，不免显得有些草率，属这一文化类型的晚期遗物，具有明显的地域特征。

该器的三足颇有特点。常见的早期三实足器，三足无论呈楔形足，还是锥形足、瓦形足、柱形足，大多是采用拼接安装的方法完成的。即将三足制成后，待晾至半干时，插入器物上事先钻好的孔洞内，然后再将接缝挤实抹光。而该器的三足皆呈瓦状，三足间可见明显的切割痕。可能是在制作罐体时，底部同时制出略向外撇的高圈足，然后设计出三足的位置，用利器切除多余部分，即形成三瓦状足。如此制作出来的三足，虽然看起来不太灵巧，但易于制作，易于掌握平衡，而且也能给人以敦实稳重之感。

一般认为，马家窑类型不见三足器。该器的发现起码说明，这一时期的三袋足器基本不见，而三实足器还是存在的，或者说在这一时期局部地区还是存在的。但马家窑类型的这种三足器出土量极少，因而该器就显得尤为珍贵，在史前陶器器形研究上，更具价值。

2004 年出土于甘南藏族自治州夏河县。

（169）马厂类型罐形鼎

陶鼎在我国新石器时代早期就已经出现，鼎身基本为盆形或钵形，但在罐形器下面加三个实心足的“罐形鼎”，则最早出现于新石器时代中期的仰韶文化。在长江中游的大溪文化、屈家岭文化，黄河下游的大汶口文化等古文化遗存中也都有出土。到了新石器时代晚期的龙山文化时期，这种的罐形鼎发现更多，可能与当时人们使用较为普遍有关。罐形鼎的出现，可能与早期的三足鼎、三足钵有一定关系，但其前身，可能就是早期的三足罐。在甘青地区，三足罐在大地湾文化、师赵村一期文化都有较多发现。马家窑文化的罐形鼎可能就是由此演变而来的，但出土量极少，而且主要出现于马家窑文化晚期。

该藏品高 16 厘米，口径 10 厘米，泥质土黄陶，敞口、直领、鼓腹、双耳、三实足。白陶衣上黑、红彩施纹，口沿内侧绘竖短线纹、圈带纹、圆点纹，领部绘压口弦纹、垂弧纹、平行宽带纹，腹部绘平行带纹、菱形纹、竖带纹、斜十字纹，双耳绘平行短带纹，三足各绘一周圈带纹。

前面已经说过，在马厂类型彩陶中，一般来说，凡饰白色陶衣并以黑、红复彩施纹者，多属精细之作，无疑也是当时人们比较看重的器物。因此，推测该器可能是件用于祭祀的神器。从造型上看，无论鼎身，还是三个圆柱形实心足，都已接近商周青铜鼎的造型。就其造型而言，史前这种罐形鼎对商周青铜鼎的影响，通过这件实物，也是看得很清楚的。

1996 年出土于青海省乐都县洪水镇。

（170）齐家文化大型单耳袋足盉

通高 49 厘米，泥制黄褐陶。上部呈鸟首形，鸟首一侧为器口，一侧为尖喙形筒状流，器口上部饰一尖角形泥突，颇似鸟的冠羽。细长颈，颈部一侧置一宽板状半环形大耳，下接三袋形足。足内侧布满编织纹，三足应是分别单另制作的。器表打磨光滑，三袋足分裆较高，口部仿鸟首而制，虽无其他雕饰，但看起来很像一只引颈昂首的长腿水鸟，生动形象，新颖别致，可以看出作者是对其外形进行了精心设计的。此种形制的陶盉，可能就是古籍中记载的“鸡彝”，一般做酒器。

史前陶盉的形制比较复杂，不仅整体造型不同，在把、流、足等具体部位的设计上也不尽相同。袋足盉与袋足鬶有时很难区别。一般认为，做成鸟喙形流者称鬶，做成筒形流者叫盉。但在对某一具体器形定名时，常常会看到相互混淆的现象。在罐形盉和钵式盉的定名中也存在这种现象，将带流壶定名为“罐形盉”，或将带流盆、带嘴锅定名为“钵式盉”者也不乏其例，有的同一器形在不同文献中会看到两个或多个不同名称。这一方面说明，一些人对某一具体器形的定名不够准确；从另一个方面也可以看出，对于新石器时代各种形制的所谓“陶盉”，不像中原地区青铜时代的陶盉和铜盉那样，并没有完全定型，或者说正在探索之中。

该器收藏于 2003 年。据古玩商说出土于宁夏回族自治区，具体地点不详。

（171）齐家文化小型单耳袋足盉

通高 23 厘米，泥质土黄陶。此种陶盉就其整体外观造型看，与齐家时期常见的敞口、单耳、袋足鬲基本相同。所异者只是在口部一侧用泥片隆起一半圆，半圆前端置一短管状流。该器的点睛之处在于那个短流上。流口塑成一张开的人嘴形，而且上唇和下唇都有明显的表现，看起来似乎在呼叫着什么，又好像张着嘴巴急于饮水的样子，既形象而又使人感到亲切。齐家时期的陶盉，就其造型看，包括我收藏的三种在内，至少有五种之多。其上部造型大致相同，下部则各有所异。除常见的袋形足外，尚有罐形、空心圆柱形等。这些陶盉无疑都有受龙山文化同类器影响的因素。尤其是上部，泥片隆起的半圆、流的设置，以及所饰的泥丁，甚至包括一侧的宽板状大耳，有的与龙山同类器十分相似。另外，从这些陶盉中还可以看出，龙山陶器对齐家陶器的影响虽然是多方面的，但在陶鬲、陶鬶尤其是陶盉的制作中，反映得尤其明显，这也是不少专家的共识。

2005 年出土于甘肃省广河县。

（172）齐家文化黑衣陶袋足鬶

通高 31.5 厘米，夹砂黄褐陶质，体表饰一层黑色陶衣。此种鬶式仅见于齐家文化，造型异常奇特。冲天长流呈细管状，且略向外倾斜；流口下方堆塑一绞索纹，可能是为了对流管的加固，并起着装饰作用；流根与颈部衔接处呈弧形凸起，一侧为鬶口，口部上方制成云头状，两侧为圆弧形，流下方与口部上方两侧各贴塑一乳形泥饼，酷似一双凸鼓的眼珠；无腹，颈呈圆筒形，细高而挺直；下部为三个扁圆形袋足，并有明显的尖锥状实心足根。在长颈一侧，置一与颈部等高的宽板状把手，把与颈间饰两个宽板状纽，无疑是为了增强把手的坚固性。把手上在阴刻的竖长方形图案区内，阴刻竖线纹、复道折线纹。该鬶的奇妙之处在于侧视颇似一只引颈长鸣的雄鸡，若面对把手而视，由于把手上部方折处置于口部，又酷似一个张着大口、伸着长舌、尖角高竖、怒目圆睁、叉着三肢的凶神恶魔。或许，这也是齐家先民塑制这种鬶式的初衷，即既是作为一种酒器制作的，

同时也是一种可供欣赏的艺术品，另外可能还赋予镇魔驱邪的功能。

对于这种陶鬶，有人认为可能是龙山文化晚期遗物。其实，二者是有明显区别的。龙山晚期陶鬶主要有两种形制：一种体矮而肥硕，没有明显的腹部，颈、腹间分界明显，袋足大而深；另一种舌状流较长，且呈朝天状，颈长而粗，体直腹深，袋足较小。另外，这两种鬶的把手无论宽板状或绞索形，皆为半环体。而齐家这种鬶式虽然在整体外观造型上可以看出龙山晚期陶鬶的大致轮廓，但在各个局部部位的塑制上则明显不同。因此，推测此种鬶式可能是齐家先民在龙山晚期陶鬶的基础上，或者说在龙山晚期陶鬶的影响下，按照自己的审美要求塑制出来的一种鬶式。这也进一步说明，到了齐家时期，随着人们生活条件的不断改善，尤其是制陶技艺的逐步提高，所追求的已不再是花里胡哨的彩绘，单色陶、素面陶以及这些陶器形貌所呈现的美感，才是他们所关注和喜爱的。

这件陶鬶连同我收藏的那件“阳乌图腾柱”陶塑，原为一藏家所藏，据说已入藏 20 余年，同出于甘肃南部的广河县。就我了解到的情况，在 20 世纪 80 年代末到 90 年代中期，在广河县一个不大的范围内，此种磨光黑衣陶鬶曾出土数件，同时出土的黑衣陶器尚有其他多种造型。这些黑衣陶无论造型、打磨抛光或者刻纹，都堪称一流，可与龙山文化蛋壳黑陶相媲美。

（173）齐家文化双鋬带足鬲

高 30 厘米，口径 26 厘米，夹砂红褐陶，敞口、折沿、直领、袋足。三袋足分裆较高，高大粗壮，形似三个下垂的牛乳，领部下方两侧各饰一半月形耳鋬。通体施竖向细密绳纹，领部施一周绳索形附加堆纹，三袋足分裆处各施一道凸弧形附加堆纹。带鋬鬲主要出现于龙山文化及与该文化年代相当的其他少数古文化类型遗址中。该器 1991 年出土于甘肃东部的天水市，应属齐家文化遗物。齐家带鋬鬲发现很少，亦属难得之物。

（174）齐家文化高领双耳袋足鬲

高 36 厘米，口径 27 厘米，夹砂红陶，敞口、高领、三袋形足，领部两侧各附一宽板状环形耳。器表施竖向细密绳纹，口沿外侧下方用泥片重叠加厚一周，上施波浪状附加堆纹。三袋足上各施一竖条形波状附加堆纹，三袋足分裆处各施一凸弧形波状附加堆纹。同常见的其他许多素陶鬲一样，器表积满烟炱，使用痕迹明显。该器器形高大，制作规整，大而不笨，粗而不俗，形式端庄，十分气魄，属这一时期陶鬲中的上乘之作。而且，从中也可以看出，齐家先民在陶器制作中的严谨态度，即使一件普通的炊器，在制作时也是一丝不苟的。齐家文化多单耳鬲，可能有受陕西龙山文化影响的因素，但这种双耳鬲却比较少见。

2003 年出土于青海省尖扎县李家峡库区。

（175）辛店文化双钩纹双耳彩陶鬲

高 10.4 厘米，口径 10.3 厘米，夹砂红陶，侈口、卷唇、矮领、双耳、袋足。白陶衣上黑、红彩施纹，口沿内侧绘圈带纹，颈肩部绘平行线纹、倒三角网格纹。三袋足各绘一双钩纹，三袋足分裆处绘折带纹，双耳绘平行短带纹。施纹手法均为先用红彩界定图案轮廓，然后再以黑色线条勾画花纹。如此绘制出来的图案虽略显呆板，但图案规整，纹丝不乱，这也是辛店文化张家咀类型常用的带纹装饰手法。该器三袋足肥硕饱满，下部各置一圆柱形实心足根，小巧秀雅，趣味独特。

在甘青地区的陶鬲中，彩陶鬲仅见于辛店文化张家嘴类型和姬家川类型，分高领袋足式和矮领袋足式两种，有双耳亦有单耳。该器为张家咀类型遗物，也是该类型最具代表性器物之一。陶鬲一般是作为炊器出现的，但这种彩陶鬲器表一般不见烟炱，而且，从其精细的制作工艺看，也不可能是用作炊具的。关于彩陶鬲的用途，有人推测可能是有身份者或富人的随葬品，也有人推测可能是一种祭器。我认为，后一种可能更具说服力。

1999 年出土于甘肃省东乡族自治县。

（176）辛店文化折带纹双耳彩陶鬲

高 11 厘米，口径 11.3 厘米，夹砂红陶，侈口、矮领、双耳、袋足。白陶衣上黑彩施纹，领部绘平行宽带纹，领足接合部绘平行带纹，三袋足及分裆处绘复道折带纹，双耳绘十字纹。与前一件同类藏品相比，三个袋形足略显瘦长，加上下端的尖锥状足尖，酷似三个充满乳浆的牛乳。对袋足鬲的欣赏，就像欣赏史前的女性陶塑一样，既有圆润柔和之美，又能使人领略到外张力的艺术魅力。也许正出于这些原因，有人把袋足鬲看作拟人体的器形，视为裸体女性人体的模拟，认为袋足鬲那三个丰满的袋足，是对女性乳房的模仿，具有生殖崇拜的含义，这也可能有一定道理。

1998 年出土于甘肃省临夏县，属辛店文化姬家川类型遗物。

（177）辛店文化双大耳三足罐

高 17.5 厘米，口径 9.4 厘米，夹砂黄陶，侈口、高领、鼓腹、双耳、三足。白陶衣上黑、红彩施纹，领上部在界定的红色宽带上绘复道斜线纹、平行线纹、菱形纹，中下部绘“S”纹、复道平行线纹，上腹绘红底黑线双钩纹、“S”纹和草叶纹，下腹至足部绘竖线纹、“S”纹、平行线纹，双耳各绘两组斜十字纹。这种双大耳实心三足罐，仅见于辛店文化张家咀类型，也是该类型的典型器物之一。早期的实心三足器，三足上多置盆、钵之类形体较矮的容器。辛店的这种三足罐，则是在矮胖的三足上置一瘦高的高领罐，颇富装饰性，整体看上去近似当代的带足花瓶，别有风韵，同时也给人以亲切感。

辛店文化中除此种三足罐外，就我所见到的尚有实心三足钵、实心三足盆、实心三足炉等。实心三足器自新石器时代早期出现到中期逐渐为空心袋足器所取代，以后很少看到。在甘青地区的马家窑文化中只有零星发现，齐家文化时期有少量出土。进入青铜时代以后，则主要见于辛店文化。如果说早期的实心三足器

主要是为了实用的话，那么晚期器皿上多加的三足，看来主要是出于装饰的需要。

1999年出土于甘肃省永靖县。

（178）辛店文化三足钵

高6.3厘米，口径9厘米，夹砂红褐陶，敛口、弧腹、圜底、三矮足，下腹和底部施竖向绳纹。这种小型三足钵，在辛店文化陶器中不时可以看到，施彩者较少，多为素器，但大多制作规整，小巧雅致。也许由于其造型更接近于近代的三足香炉，使人看起来感到格外亲切。该器可能是件随葬品。

2003年出土于甘肃省永靖县。

（179）沙井文化花边口袋足鬲

高16.4厘米，口径11.7厘米，夹砂红褐陶，侈口、单耳、袋足。器口外侧饰一周波折形附加堆纹，形成花边口，宽板状耳上亦有相同的堆纹装饰。沙井文化陶器口部的堆纹装饰，尚有条带式、锯齿形、乳丁纹多种。此种装饰形式在辛店文化山家头类型陶器中也较多见，颇富特色，也是鉴定这两种文化类型陶器的重要依据之一，同时也说明沙井文化与辛店文化存在着较为密切的关系。

1988年出土于甘肃省永昌县。

二十八　尖底器

（180）半坡类型杯形口尖底瓶

高 43 厘米，口径 7 厘米，夹砂红陶。杯形小口、短颈、圆肩、鼓腹，下腹缓缓下收，形成尖底，上腹两侧各附一环形耳，口、颈及尖底处打磨光滑，肩、腹未经修饰，施整齐有序的斜向绳纹。整体外形呈流线型，曲线舒缓流畅，起伏自如，圆润优美，可以称得上是将实用与艺术结合起来的远古艺术品。尖底瓶贯穿于仰韶文化始终，也是这一文化的特有标志，不少遗址中都有出土。仰韶文化各个不同时期的尖底瓶，口部造型都有明显区别，这也是考古学家判断其年代早晚的重要依据之一。此种杯形口尖底瓶，为该文化早期尖底瓶形制之一，也是一种颇具特色的尖底瓶，为专家所称道。在甘肃宁县、正宁等地发现的仰韶文化遗存中，亦可看到此类尖底瓶，其形制已接近于关中一带的同类器。

关于尖底瓶的用途，虽然学术界存在着各种不同观点，但比较普遍的看法，认为应是作为汲水工具出现的。下腹带穿孔者，可能是一种酿酒器。

该器于 2000 年购自兰州城隍庙古玩市场，出土地不详。

（181）庙底沟类型双唇口尖底瓶

通高 46 厘米，口径 4.5 厘米，泥质红陶，双唇口、束颈、溜肩、鼓腹、尖底。器表装饰手法与半坡尖底瓶大致相同，颈、肩及尖底处打磨光滑，腹部施斜向绳纹，所施绳纹粗犷有力，纹路清晰，整齐有序，在两端光滑的素面衬托下，更给人以古朴典雅之美感。与半坡尖底瓶相比，这一时期的此类尖底瓶形体修长，更具审美价值。

双唇口尖底瓶仅见于仰韶中期的庙底沟类型，也是这一时期尖底瓶的典型特征之一。该器外唇较大，内唇较高，唇部特征发育明显，应是这一文化类型尖底瓶制作成熟期的产物。

2001 年购自甘肃省天水市，出土地不详。

（182）石岭下类型平唇口双耳束腰尖底瓶

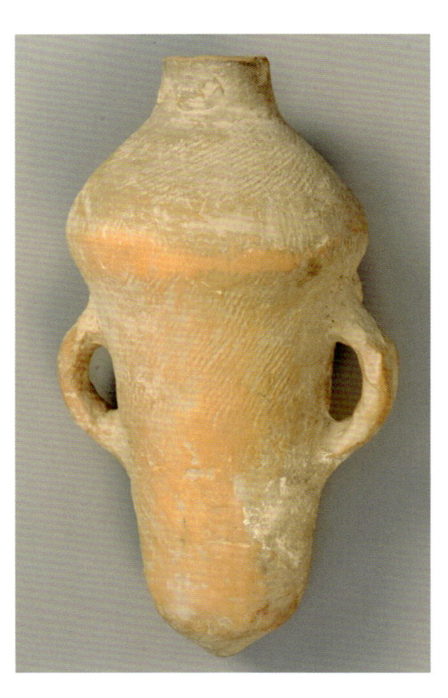

高 25 厘米，口径 8 厘米，泥质橙黄陶，平唇、短颈、阔肩、束腰、双耳、尖底，肩、腹部施斜向绳纹。这种小型束腰尖底瓶，主要出现于仰韶晚期及马家窑文化早期的石岭下类型，各期形制大同小异。一般认为，石岭下类型源于仰韶中期文化，与庙底沟类型有某种渊源。但对其源流及是否能成为一个单独文化类型诸问题，学术界尚有不少争议。出现此种现象，正如一些专家所分析的，可能由于这一文化类型在吸收庙底沟等周边其他文化有利因素的同时，大力创新和发展，具有明显的地方性特征。这种平唇口束腰尖底瓶，以及后面要介绍的喇叭形口尖底瓶，可能都是在这样的背景下产生的。

1998 年出土于甘肃省甘谷县。

（183）石岭下类型喇叭形口双耳尖底瓶

高 35 厘米，口径 11.7 厘米，泥质灰陶，喇叭形口、细长颈、溜肩、双耳、尖底，颈、肩及腹上部打磨光滑，下腹施斜向绳纹。制作规整，装饰朴素，美观大方。这种喇叭形口尖底瓶，属石岭下类型新出现的一种尖底瓶造型，为后来的马家窑类型所继承，并成为马家窑类型尖底瓶的典型形式。一般来说，石岭下类型灰陶器较常见。这种灰陶尖底瓶也主要出自这一时期。我曾在藏友处另外见过两例，形制与该器大致相同。打磨好的灰陶尖底瓶，细腻光洁，色泽沉稳，更多了几分神秘感，甚至比其他陶系制品更耐人寻味。

2000 年出土于甘肃省武山县。

（184）马家窑类型双耳尖底瓶

高 43 厘米，口径 9.5 厘米，细泥红陶，口外侈、细长颈、圆肩、长腹、尖底，腹侧置左右对称的双耳，胎轻薄，体修长，制作规整，精巧雅致。该器器体完整，可惜因受蚀较重，原施黑彩已部分脱落。从尚可辨清的纹饰看，颈部和近底处施复道平行线纹，肩至腹部两侧围绕着纵向等距离定位的三个圆点以弧线施漩涡纹，与上下水平线纹动静呼应，形成优美的图案，与 1971 年陇西县吕家坪出土的那件彩陶尖底瓶构图形式大致相同。因这一时期的彩陶尖底瓶极其少见，该器仍不失为一件难得之物。

2007 年出土于甘肃省，具体地点不详。

（185）马厂类型单耳尖底罐

高 12 厘米，口径 5.7 厘米，泥质黄陶，侈口、直领、弧腹、单耳、尖底。外底中心有一圆形凹坑，原来似有镶嵌物，已脱落。红陶衣上黑色施纹，口沿内侧绘垂弧纹，领部绘折带纹、圈带纹，腹部绘平行带纹、折带纹、细网格纹、复道竖带纹，耳上绘平行短带纹。该器制作规整，器表打磨抛光极佳，属马厂晚期的精细之作。这一时期的彩陶尖底罐，除这种小型器外，2007 年上半年，在兰州城隍庙古玩市场，我还见到过一件高约 35 厘米的大型器，亦为红衣黑彩器，整体造型与该器大致相同。在马家窑文化中，彩陶尖底罐仅见于马厂晚期，但出土量极少。有人认为马厂类型无尖底器，其实是一种误解。该器可能是件饮酒器。

1997 年出土于甘肃省榆中县。

二十九　镶嵌器

（186）马厂类型嵌管形骨珠双耳罐

左器高 21.2 厘米，口径 14.2 厘米，底径 8 厘米，泥质土黄陶，敞口、直领、鼓腹、双耳、平底。淡红色陶衣上黑彩施纹，口沿内侧绘圈带纹、垂弧纹；领部绘折带纹；颈肩接合部绘平行带纹、圆点纹；腹部绘平行带纹、竖带纹、斜十字纹、回形纹；颈肩接合部等距离嵌六颗管形骨珠，骨珠间绘两行不规则点状纹。该器外底上方有一环形裂缝，裂缝两侧每两个一组共分布着 16 个穿孔，显然裂痕为当时所裂，穿孔是用于绑绳加固的。此种现象在马家窑文化各期陶器中都可以看到。这一方面可以看出原始人对残破陶器的补救方法，另一方面也说明，彩陶在当时是一种珍贵之物，先民是非常珍爱的。

右器高 12.2 厘米，口径 8.3 厘米，底径 8 厘米，泥质土黄陶，侈口、束颈、鼓腹、双耳、平底，外底布满席纹。通体饰紫红色陶衣，黑彩施纹，口沿内侧绘垂弧纹，颈部绘复道波折纹，腹部绘变形回纹，耳上绘斜十字纹，肩部饰有一周每两个一组共 16 个圆形凹坑，凹坑中心向外凸起，当初可能就是专为固定所嵌管形骨珠而设计的，其中仅保存下来三个骨珠，其余已脱落。

用镶嵌工艺对陶制品进行装饰，最早出现于距今5000多年前的红山文化。那个女神头像眼球上镶嵌的两片碧玉，无疑开创了我国陶制品镶嵌工艺的先河。这种镶嵌工艺较多地使用，尤其是使用在实用陶器上，主要是在马家窑文化的马厂时期，以及后来的齐家文化和四坝文化中。在这几种文化类型出土的壶、罐、盆、钵等器物中，以及个别动物陶塑品中，不时会看到器表饰有豌豆大小的圆形凹坑，有的在耳部，有的在肩部，而更多的则是均匀地排列在器物的颈肩接合部。这无疑都是用来镶嵌饰物的，但大部分已经脱落，只有极少数保存了下来。就我所见到的，镶嵌物有骨珠、骨粒、骨片、贝壳、绿松石粒、绿松石片、玛瑙粒等。这些镶嵌物不仅使彩陶增加了立体装饰效果，而且也平添了几分豪华之气。此类陶器可能是富裕人家用物，也可能是作为祭器出现的。

左器2002年出土于甘肃省榆中县，右器1986年出土于青海省平安县。

（187）马厂类型嵌骨粒单耳罐

高8.5厘米，口径7.5厘米，底径5.7厘米，泥质土黄陶，侈口、高领、鼓腹、单耳、平底。红陶衣上黑彩施纹，口沿内侧绘圈带纹，领部绘内填斜线纹的正倒三角纹，腹部纹饰与领部相同。这种在同一器不同部位绘同一种纹饰的现象，多见于马厂晚期彩陶中。从中不难看出，这一时期彩陶纹饰绘制中的随意性。该器肩部有6个用来镶嵌饰物的圆形凹坑，其中4个尚保留有嵌入的骨粒，另两个已脱落。单耳上方和下方各有一同样大小的圆形凹坑，镶嵌物均已脱落。这种在器耳上饰镶嵌物的现象，在马厂和齐家文化陶器上都可以看到，但大多与器物颈肩接合部镶嵌物配合设置，很少单独出现。

马厂、齐家到四坝这种陶器上的镶嵌工艺，可能都有一定的承袭关系，或者说含有相互影响的因素。在我国西部的一些藏族地区，藏人过去制作土陶时，也有用碎瓷片进行镶嵌装饰的习惯。

是否与史前这几个古文化类型中的镶嵌装饰习俗有某种渊源，很值得研究。

1998年出土于甘肃省渭源县。

（188）四坝文化嵌管形骨珠双耳罐

高40厘米，口径17.2厘米，底径12厘米，夹砂红陶，侈口、高领、鼓腹、双耳、平底。白陶衣上黑彩施纹，口沿内侧绘竖带纹、网格纹；领部绘竖带纹、方块纹；腹部在最大腹径处以两条并行的平行带纹为分界线，上下各施一周网格斜十字纹。四坝彩陶纹饰大多色彩浓重，凸起于器表，有烧制前绘制的，也有在烧成的素陶上彩绘的，极易脱落。加上地下水分和各种化学成分的侵蚀，也可能与所用彩料有关，彩纹上往往会出现一层灰蒙蒙的钙化层，给人一种人为做旧的感觉。这既是一种缺憾，同时也是鉴别四坝文化彩陶的重要依据之一。该器颈肩接合部每两个一组共嵌8颗骨珠，上腹两侧各嵌1颗，双腹耳上方各嵌两颗，整器共嵌14颗骨珠。另外，口沿部位每两个一组共饰有8个穿孔，可能是一种装饰，也有可能是在迁徙驮运时为固定器物而供穿绳用的。

1997年出土于甘肃省酒泉地区，具体地点不详。

三十　微型器

（189）半山类型微型单耳长颈壶

史前陶器中的大小形制十分复杂，严格意义上的小型陶器也很难界定。我收藏的这一部分小型陶器，主要是造型与同类生活实用器相仿的小型器物，统称“微型陶器”。这种微型器在史前不少遗址中都有发现，有的可能有某种实用价值，有的则看不出有任何实用功能。那么，先民为什么要制作这些微型器呢？推测可能有以下几个方面的原因：1. 主要是作为儿童玩具出现的。当母亲制作陶器时，孩子们可能会常常围在左右，要求给自己制作玩具。于是，母亲便顺手揪一块泥巴，仿造某种生活实用器的造型进行捏制，然后随大型陶器入窑烧制。这种随手捏制的小型陶器，也可以说是生活实用器缩小了的模型。也正是这些小玩意儿，可能为孩子们那苦寂的童年增加许多意想不到的欢乐。2. 夭折婴幼儿的陪葬品。据有关考古资料，史前专门用于殓葬夭折婴幼儿的瓮棺内虽大多无随葬品，但少数瓮棺内还是或多或少有所发现的。青海柳湾马厂类型墓地，夭折婴幼儿与死亡的成人一样，均用木棺葬。随葬有大量陶器，其中就有不少小型陶器及陶球等。盗掘者私挖掘的一些儿童墓葬中，其中包括一些瓮棺葬，微型陶器还是不时有所发现的。这都说明，在马家窑文化婴幼儿的墓葬中，用微型陶器随葬的现象还是或多或少存在的。至于有的地方多，有的地方少，有的葬式多，有的葬式少，或有的有，有的无，可能与原始宗教、不同葬俗等各个方面的原因有关。3. 可能是一种小型摆设器。就像现代的小型模型一样，仅供欣赏，这可能与他们

居住空间狭小有关。

这件藏品高 9 厘米，口径 5 厘米，底径 4.8 厘米，泥质土黄陶，侈口、长颈、鼓腹、单耳、平底。黑、红彩施纹，口沿内侧绘垂弧纹，颈中部以一平行带纹为界，上部绘大圆点纹，下部绘平行短带纹，腹部绘竖线纹、垂幛纹、锯齿纹、平行带纹。器形虽小，但制作规整，施纹也一丝不苟，半山彩陶的制作水平与风格，即使在这种微型器上也能体现出来。

1986 年出土于青海省民和县。

（190）马厂类型微型单耳长颈壶

左器高 9.5 厘米，口径 5.5 厘米，底径 4.5 厘米，泥质土黄陶，侈口、长颈、鼓腹、单耳、平底，腹部一侧饰一乳状泥突。黑彩施纹，口沿内侧绘圈带纹，颈部绘斜网格纹，腹部绘阴地菱形纹。

右器高 8.5 厘米，口径 4.7 厘米，底径 4.5 厘米，泥质土黄陶，侈口、长颈、鼓腹、单耳、平底，腹部一侧饰一乳状泥突。黑、红彩施纹，口沿内侧绘阴地波折纹，颈部绘平行宽带纹、竖折线纹，腹部绘折带纹。

此类单耳长颈壶，以马厂类型为多见，大者高达 40 厘米，一般常见者体高多在 25 厘米左右。微型长颈壶造型与同类大器相同，体高一般在 5～10 厘米之间。半山类型腹侧多无凸饰，马厂类型则多附一乳状泥突。这种微型长颈壶，有的可能具有一定的实用功能，诸如当酒壶使用等。小巧雅致，既可用其饮酒，亦可随时把玩，同时携带起来也很方便。

二器均于 1986 年购自西宁，出土地不详。

（191）马厂类型微型单耳罐

左器高 4.2 厘米，口径 3.3 厘米，底径 2.3 厘米，泥质土黄陶，侈口、束颈、鼓腹、单耳、平底。黑彩施纹，口沿内侧绘竖短线纹，颈部绘圈带纹，腹部绘平行带纹、内填网纹的圆圈纹。

右器高 5.8 厘米，口径 3.2 厘米，底径 2.3 厘米，泥质土黄陶，侈口、高领、鼓腹、单耳、平底。黑彩施纹，口沿内侧绘倒三角纹，领部绘网格纹，腹部绘内填网纹的四大圈纹，耳部绘平行短带纹。

在甘青一带彩陶市场上，这种微型器很少看到。其中一个原因，可能是由于史前这种微型陶器制作得十分有限；另一个原因可能是老乡在夜间盗掘时，由于视线不清而连同泥土一块儿抛掉了。10 多年前，在彩陶大量充斥古玩市场时，这种微型陶器，尤其是制作精美的微型陶器，售价就很高，一件五六厘米高的马厂微型彩陶罐，几乎与 40 厘米高的同类型彩陶罐同价。他们所遵循的是“物以稀为贵”这个原则。这两件藏品属微型器中较小的一种，制作甚精，十分难得。

1987 年出土于青海省循化撒拉族自治县。

（192）马厂类型微型双横耳小口壶

高 5.7 厘米，口径 2.2 厘米，底径 2.5 厘米，泥质土黄陶，小口、折腹、双横耳、小平底。通体饰紫红色陶衣，黑彩绘折带纹、圆圈纹。整体构思奇巧，小而不粗，小而不俗。正如那些大型彩陶器一样，微型器中有的制作粗糙，有的则十分精细，可能各有其不同用途。

1987 年出土于青海省贵德县。

（193）马厂类型微型豆

高 6 厘米，口径 7 厘米，泥质土黄陶，上部盛器为盆形，下部为喇叭形圈足，盛器内壁以黑彩施斜带纹。该器制作较粗糙，可能是随手捏制而成。史前微型器中，陶豆所见极少。如此小的陶豆，看不出有何实用价值，可能是儿童玩具或夭折婴幼儿的随葬品。

2001 年出土于甘肃省广河县。

（194）齐家文化微型袋足鬲

高 6 厘米，口径 3.3 厘米，泥质土黄陶，侈口、高领、三袋足。一足上饰有一乳状泥突。该器形体虽小，但其整体的制作，尤其是三袋足的制作，包括器内三足间的隔棱，以及袋足下端的锥形足，都是按照大型陶鬲的制作标准制作的。史前微型器中的陶鬲出土很少，这也是我多年来所见到的唯一一件。

2002 年出土于甘肃省临夏县。

（195）辛店文化微型带嘴壶

高 5.5 厘米，口径 2.8 厘米，夹砂红陶，侈口、直领、斜肩、鼓腹、双耳、圜状凹底，器腹一侧置一瓦罐小嘴。该器双耳与小嘴的巧妙设计，看上去颇似人头，可能是辛店先民仿人头而制的一件器皿。看不出有何实用价值，应是为幼童制作的玩耍之物，或为夭折婴幼儿特制的随葬品。

2003 年出土于青海省民和县。

（196）辛店文化唐汪式陶器微型双腹耳壶

高 8.5 厘米，口径 4.4 厘米，夹砂红陶，侈口、高领、深腹、双耳、凹底。红陶衣上黑彩施纹，口沿内侧绘倒三角纹，领部绘竖带纹，腹部绘变形鸟纹、勾连涡纹。

在唐汪式陶器收藏过程中，一个总的感觉是“唐汪少大器”。20 多年来，连同我自己收藏的 20 多件，前后共见过近百件此类陶器。其中体高 25 厘米以上者不足 10 件，绝大部分体高都在 10 厘米左右。这绝非藏者孤陋寡闻，我还请教过多位彩陶商，他们也持有同样看法。唐汪式陶器虽经学术界多年探讨，至今仍然是个谜。而这种小型陶器大比例地出现，有许多甚至猜不出有何用途，应是这个谜团中的一个不解之谜，有待进一步研究。

1987 年出土于青海省化隆回族自治县。

（197）辛店文化唐汪式陶器微型单耳罐

左器高 7.9 厘米，口径 5 厘米，夹砂红陶，侈口、高领、鼓腹、单耳、圜底。红陶衣上黑彩施纹，领部绘复道竖线纹，颈肩接合部绘变形鸟纹，腹部绘勾连涡纹，耳部绘斜线纹。

右器高 7.4 厘米，口径 4.5 厘米，夹砂红陶，整体造型与左器同。红陶衣上黑彩施纹，口沿内侧绘倒三角纹，颈肩接合部绘圈带纹、变形鸟纹，耳部绘竖线纹。

唐汪式陶器有别于同期其他文化类型陶器，其自身特点非常鲜明。除专家普遍认定的凹底或圆形底，以及大多数体表施勾连涡纹外，尚有以下几点值得称道：一是口沿内侧不管施纹与否，大都涂有一圈红色，形成“红唇”，非常漂亮；二是无论单肩耳或双肩耳，耳上部高高耸起，皆高于器口，显得异常醒目；三是无论大器小器，器表皆经过仔细打磨抛光，即使再小的器形，也一丝不苟，几乎找不出任何瑕疵；四是器表皆饰有土红色陶衣，而且绝大部分陶衣浓淡均匀，色彩一致，温润细腻，小型圆器如同熟透了的柿子，惹人喜爱；五是所施黑彩黑亮如漆，且紧附于陶衣之上，无漂浮之感；六是在部分陶器腹部或颈肩接合部，施有一圈乳黄色彩带，彩带之上以黑色施纹，装饰形式新颖别致，为其他文化类型所不见。

二器均于 1987 年出土于青海省化隆回族自治县。

三十一　异形豆

（198）马厂类型四鋬形系彩陶豆

陶豆因其造型美观实用，自新石器时代中期开始出现以后，一直延续了下来，在各个时期的大部分遗址中都有出土。其形制主要由上下两部分组成：上部为盛器，多为盆、钵、碗、盘形；下部为器足，多为喇叭形足或高柄足。因其出土量相对较大，形制大致相同，在史前陶器中并不能算作“异品”。但正如史前其他许多常见的器类一样，制陶人或为了使用的方便，或出于装饰之目的，常常在某一部位进行特殊加工处理，往往会出现意想不到的效果，且给人以新颖别致之感。这样的陶豆就应视为豆中之“异品”。另外，还有一些陶豆因其分布范围有限，出土量相对较少，无论陶质、陶色或造型都有别于常见豆类，属稀见之物，也同样是珍贵的，作为收藏者亦应引起重视。

这两件陶豆均为四鋬形系豆。左器通高 9.5 厘米，口径 17.3 厘米。上部盛器为盆形，下接喇叭形圈足。黑彩施纹，盛器口沿内侧绘倒三角纹、圈带纹，外侧绘垂弧纹，内壁在十字纹骨架间绘复道回形纹。右器通高 9.2 厘米，口径 16.3 厘米。上部盛器为浅盘形，下部为喇叭形圈足。黑、红彩施纹，盛器口沿内侧绘圈带纹，内底在十字纹骨架间绘变形回纹。二器均为泥质土黄陶，整体造型与这一时期常见的同类陶豆大致相同，所异者为盛器口沿等距离所饰的四个半圆形小鋬，每个鋬上另饰有两个细小穿孔。此种鋬形系在马厂类型碗、盆、钵类大口器

中曾发现多例（见上编 156、157、158），但在陶豆中却很少看到。陶豆上的这种鋬形系，看不出有多少实用功能，应是一种装饰。

左器 2004 年出土于青海省民和县，右器 2006 年出土于甘肃省永靖县。

（199）马厂类型高柄响铃豆

高 16.5 厘米，口径 17.5 厘米，泥质土黄陶。上部盛器为盆形，中部置高柄，下部为喇叭形圈足。黑彩施纹，盛器口沿绘平行带纹，内壁绘漩涡纹，腹部绘平行带纹、斜带纹，高柄至圈足部位绘平行宽带纹、平行线纹、斜带纹。

该器有三点独特之处：第一，盛器口沿上饰有一周细密的小穿孔，看不出有什么实用功能，可能是一种装饰。第二，盛器腹部及高柄至圈足处所施圈带纹和斜带纹，呈现一种用宽带和细带捆绑的装饰效果，因此，推测当时为增强陶豆的牢固性，先民有可能是用皮条或其他绳索如此加固的。第三，也是最为奇特的地方，就是高柄中部凸起的那段形似鼓腹的部分。该豆刚买到手时，周身沾满泥巴，清理中可能由于在水中浸泡时间过长，盛器与柄部原来粘接处自然分离。由此发现柄部凸鼓部分里面积满了淤泥，清理泥土时又发现里面还装着 20 多个豌豆大小的陶丸。这时我才明白，原来这个“鼓腹”起着响铃的作用，这件陶豆是件“一物两用”陶器。“鼓腹”上部每两个一组共饰有 10 个穿孔，应是为增强摇响时发出的响声而特意设置的。摇响器内的小陶丸平时很难看到，陶豆右侧陶丸是我在该器复原时特意留出的，目的是供欣赏和研究。

2001 年出土于青海省民和县总堡乡。

（200）马厂类型腰沿豆

高 9.5 厘米，口径 14.5 厘米，泥质土黄陶。上部盛器为一敞口深腹盘，两侧附双耳，中部凸出腰沿一周，腰沿以下斜直下收与圈足对接。该豆造型主要突出盆形盛器，尤其是中部的腰沿，与外撇的口沿相呼应，使盆形盛器形成上下两端外撇、中间平直的优美造型，看起来规整、端庄、雅致。施彩部位也主要集中在上部的盆形器上。内外以黑、红复彩施纹，口沿内侧绘串贝纹，腹部绘横向人字纹、平行带纹、复道竖线纹，腰沿绘放射状短带纹，内壁自上而下绘竖折带纹、竖带纹、米字纹、平行带纹等，内外纹饰多达 10 余层。

史前的腰沿器一般无耳，腰沿可能起着器耳的作用，主要是为了移动起来方便。而该豆既有双耳，为何还要设置腰沿呢？我想，这也并非画蛇添足。从整器结构看，盆沿与腰沿正好在手握距离之内，若不便提耳，双手抱握则更稳当。此外，这个腰沿还起着装饰作用。它一改盆形器腹部呈弧形下收的传统造型，中部置一腰沿，使人耳目一新。

1995 年出土于青海省民和县联合乡。

（201）马厂类型带系孔豆

左器高 12.8 厘米，口径 19 厘米，泥质红陶。上部盛器呈盆状，中部为圆柱形高柄，下接喇叭形圈足。黑彩施纹，盛器腹部绘横人字纹、平行宽带纹、复道垂弧纹；内壁在黑色底色中以陶地色为纹，自上部至底部绘四周阴地联珠纹；柄至圈足绘平行带纹、竖带纹。口沿内侧等距离饰 16 个系孔，除两侧两个对应的单孔外，余皆为两个一组。这些系孔均比较大，而且置于口沿外侧用泥片重叠加厚的叠唇上，推测可能具有穿绳的功能，应是为便于系挂或驮运而特意设制的。

右器高 8.3 厘米，口径 15.5 厘米，泥质土黄陶。上部盛器为浅盘形，下部为

喇叭形圈足。黑彩施纹，盛器口沿绘细波折纹；口沿外侧绘平行带纹、垂弧纹；内壁以黑色底色中的陶地色为纹绘四个阴边加黑线的倒三角纹，三角纹上方一边下凹成弧形，使这一时期彩陶中常见的三角纹更具装饰意味。盛器外折的口沿上饰一周细小密集的穿孔，与左器穿孔有明显区别，可能仅仅是一种装饰。

二器均于 1988 年出土于青海省民和县。

（202）龙山文化黑陶高柄豆

高 15.2 厘米，口径 17.9 厘米，泥质黑陶。上部盛器为盆形，下接喇叭形圈足，中部高柄下方阴刻一周弦纹。该器轮制而成，制作规整，造型简洁匀称，通体磨光，略泛光泽，质感细腻而润泽。黑陶纹饰极少，以优美的造型和黑亮的光泽取胜，主要盛行于龙山文化，甘青一带比较少见。

2003 年出土于陕西省，具体地点不详。

（203）齐家文化圈足带镂空豆

史前带有镂空技法制作的陶器，主要流行于我国东部地区。如大汶口、马家浜、屈家岭、崧泽文化等遗址都有不少发现，也是当地史前一种颇具特色的陶器。在我国西部甘青地区，这种带有镂空的陶器，在半山、马厂时期都有零星发现。而作为陶器的一种主要装饰手法，则流行于齐家文化时期。在这一时期的不少罐、壶、杯、豆、鬲、盉等器物上都可以看到，镂空部位除少数器物在下腹或底座外，基本都在耳部，所镂纹饰有菱形、圆形、三角形等。所镂器物基本为素面器。从中不难看出，齐家先民用这种镂空装饰取代传统的彩纹，从一个侧面反映了审美情趣的变化。

这件陶豆属齐家文化皇娘娘台类型。高 15 厘米，口径 15.3 厘米，泥质黄陶。上部盛器为盆形，下接喇叭形圈足，圈足部位镂空一周三角纹。这种三角纹，也是齐家文化镂空陶器中最常见的一种纹样。齐家文化陶器，无论是此类豆形器，还是其他大部分陶器，大都表现出轮廓挺直、棱角分明、折转有力的特点。这种镂空三角纹较多地出现，与这一时期较多见的菱形纹一样，不但能与器物自身特点自然协调地结合在一起，也能通过这种虚实相间的装饰手法，使器物在严谨统一中显现灵动而又富于变化的效果。齐家的这种镂空装饰，显然有受马厂类型和龙山文化影响的因素。

2006 年出土于甘肃省武威市。

三十二　浅盘稀见品

（204）马厂类型浅腹盘

陶盘主要出现于新石器时代早期的磁山文化、裴李岗文化、河姆渡文化，以及中晚期的仰韶文化和龙山文化。在我国西北的马家窑文化中，马家窑、半山类型发现极少，马厂时期及后来的齐家文化中出土量相对较多，在青铜时代的四坝文化中也有发现。与长江流域和黄河下游地区及仰韶文化出土的陶盘相比，这一带出土的陶盘造型要丰富得多。除常见的敞口、浅腹、平底盘外，新出现的尚有四耳盘、单横耳盘、带把盘、带系盘、豆形盘、罐形盘等。大的口径近 30 厘米，小的口径不足 10 厘米。一般认为，到了马家窑文化时期，中国的陶器器形已基本完备。但具体地讲，陶器器形比较完备的时期，应该是在马厂时期。这一时期的彩陶虽已逐渐衰落，但就器形而言，在马家窑、半山类型的基础上，确实又增加了不少新器类，而且有许多器形已接近于现代人们所用的器皿，浅腹盘即其中一种。

A

B

这件藏品高 3.7 厘米，口径 16.6 厘米，底径 8.5 厘米，泥质土黄陶，敞口、浅腹、大平底（A）。该器仅施内彩，施纹方法可能是先绘出复道十字纹，将器内空间一分为四，再在各部分以单线绘出斜方格纹，然后饰紫红色陶衣。每部分横竖对应留出陶地色空间，绘不规则点状纹，显现红、白对应菱形纹的美丽效果（B）。这种以陶衣色、陶地色和彩绘色三种不同色彩巧妙结合而形成的特殊图案，颇具装饰意味，也是彩陶中比较少见的一种装饰手法。该器造型已接近于现代的一些瓷盘。

1994 年出土于甘肃省皋兰县。

（205）马厂类型回纹折沿盘

高 5.5 厘米，口径 20.5 厘米，底径 6 厘米，泥质土黄陶，敞口、折沿、浅腹、小平底（A）。白陶衣上黑、红彩施纹，口沿绘倒三角纹，口沿外侧绘垂弧纹，内壁绘平行带纹、十字纹、回形纹。内彩纹饰主要以红彩绘制，然后以黑彩描边，在白色陶衣衬托下，看起来既醒目而又豪华（B），为马厂类型具有代表性的一件浅腹盘。这种浅腹盘，在甘青地区一些博物馆中还看到过几件，与该器一样，制作规整，色彩如新，看不出有任何使用过的痕迹。可能是种陈设器，也可能是富裕人家专门制作的随葬品。

1990 年出土于甘肃省榆中县。

A

B

（206）马厂类型圈足盘

高 7.2 厘米，口径 18 厘米，泥质土黄陶。上部盛器为一浅腹盘，下接喇叭形大圈足，圈足边缘部位用泥片重叠加厚一周。浅盘内壁以黑、红彩施竖带纹、阴地贝形纹。整器实际上是由上下

两个浅腹盘一正一反对接而成，给人以敦实稳重之感。这种浅腹盘在长江流域的大溪文化、崧泽文化、良渚文化等古文化遗存中都有出土，多为灰陶或白陶，其形制与该器类似。在西部的马家窑文化中，圈足盘仅见于马厂类型。我曾见过三例，其形制大同小异，亦属难得之物。

2003年出土于甘肃省临夏县。

（207）马厂类型豆形盘

高12.3厘米，泥质土黄陶。上部盛器为浅盘形，直径30厘米，两侧各附一横耳，下部为高筒喇叭形圈足。紫红色陶衣和黑彩纹饰仅施于盛器口沿及内底，卷沿绘竖短带纹，底心绘内填网纹的圆圈纹，围底心纹饰一周绘6个呈放射状的完整神人纹，神人纹头朝底心，呈手拉手连臂状，构成生动活泼的画面。这种由多个神人纹组成的形似舞蹈纹的图案，在马厂晚期彩陶中曾发现多例。与连臂舞蹈人纹有别，一般称“连续神人纹”，属神人纹的一种构图形式。从其硕大的盘形盛器及所绘特殊纹饰看，推测可能是件祭祀用物。可惜出土时已残，后经粘接复原。更使人感到遗憾的是，由于受蚀较重，所施彩纹虽大致可以看清，但已失去原有亮丽的色彩。尽管如此，仍不失为马厂晚期一件难得的珍品。

2004年出土于青海省民和县。

（208）马厂类型带把盘

左器高5.6厘米，口径17.3厘米，底径6.5厘米，泥质土黄陶，敞口、浅腹、平底。口沿一侧置一短把，把略下弯，中间有一穿孔，可能供穿绳系挂之用。红陶衣上黑彩施纹，口沿绘复道折线纹，内壁绘平行带纹、复道垂弧纹，属马厂晚期遗物。

右器高4.3厘米，口径14.6厘米，底径6厘米，泥质土黄陶，敞口、折沿、浅腹、平底。口沿一侧置一短把。红陶衣上黑彩施纹，口沿绘竖带纹，腹部绘平行带纹、折带纹，内壁绘两周圈带纹，亦属马厂晚期遗物。

在马家窑文化中，带把盘主要见于马厂类型，而且主要出现于马厂晚期。齐家文化中偶有所见。进入青铜时代后，仅见于四坝文化。马厂时期的带把盘，可能由马家窑、半山的带把瓢演变而来。齐家时期的带把盘与马厂同类器可能存在着承袭关系，而四坝文化的带把盘又可能与马厂、齐家同类器有某种渊源。由此不难看出，这种带把盘的演变轨迹是比较清楚的。

二器均于1987年出土于青海省乐都县。

（209）齐家文化罐形响铃浅腹盘

高12.7厘米，上部浅盘口径13.2厘米，下部罐体底径5.5厘米。泥质灰陶，浅盘口沿部位为泥片加厚一周的“叠唇”，外底布有席纹。整器制作规整，并经打磨，内收外折自然，上下比例协调，看起来清素雅致。

该器远看似盘口罐，近前方知上面的盘底是封死的，实际上是在一敛口罐上另加了一个浅腹盘。该器的奇妙之处还不在这里，在下面的罐子里还装有石子或陶丸，摇之哗哗作响，原来这

一件陶器具有实用和摇响两种功能。也就是说，平时可以当盘子使用，想自娱自乐或在喜庆场合需要作为乐器使用时，便可以发挥它的摇响功能。与前面介绍的那件马厂类型高柄响铃豆（见上编 199）一样，构思之奇巧，实在出人意料。

2001 年出土于甘肃省临夏县。

（210）辛店文化浅腹平底双耳盘

左器通高 4 厘米，口径 13.7 厘米，底径 12.5 厘米，夹砂红陶，敞口、曲腹、双耳、平底。黑、红彩施纹，口沿外侧及近底部各涂一圈红彩，腹部在两条平行线界定的图案区内绘平行短线纹，双耳绘竖短线纹、平行短线纹，内底绘斜十字符号纹。该器的两个三角形耳折棱高于器口，与卡约文化的此种耳形大致相同，后者可能有受前者影响的因素。

右器高 3.5 厘米，口径 11 厘米，底径 10 厘米，夹砂红陶，敞口、曲腹、双耳，外底近环状。黑、红彩施纹，口沿外侧及近底处各涂一圈红彩，腹部绘三道平行带纹，外底等距离绘四组复道竖短带纹，双耳绘平行短带纹。

这种浅腹盘口径与底径大致相等，是一种颇具特色的器类，主要见于辛店文化。从其形制特征看，可能是一种两用陶器，即平时做食具用，若某种容器需要加盖时，便倒置当作器盖用。据老乡讲，此种盘式还有比藏品更大和更小的规格，但未见实物。

二器均于 2006 年出土于甘肃省广河县。

三十三　筒状杯·敞口杯

（211）马厂类型大型单耳筒状杯

通高 17 厘米，口径 9.3 厘米，底径 10.3 厘米，泥质土黄陶，侈口、深腹、单耳、平底。耳上端饰一乳状泥突，外底布有席纹。黑、红彩施纹，口沿内侧绘垂弧纹，颈部绘平行带纹、斜十字纹，腹部绘垂幛纹、竖带纹、平行带纹，耳部绘斜十字纹。筒状杯施黑、红复彩者较少见，从所施彩纹看，应属马厂中期遗物。

筒状杯是马厂时期出现的一种新器类，以马厂晚期为多见。特大型者高达 30 厘米，形似小水桶，大型者高 20 厘米左右，小者体高一般在 10 厘米左右。有的可握于掌中，造型大致相同。筒形器皿在史前陶器中并不多见。长江中游的大溪文化中，有一种筒形瓶，造型颇似一节竹筒，非常雅致。在西部地区的马家窑文化中，马家窑类型多见单耳罐，筒形器基本不见。到了半山时期，陆续出现了一些单耳杯。就我所见到的 10 余例看，大多形体粗矮，口部较大，腹部明显外鼓，下腹略内收，可以明显看到马家窑类型单耳罐的影子，有的甚至就是切掉了颈部的单耳罐。马厂类型的筒状杯，无疑是从半山的单耳杯演变而来的，但它与单耳杯又有明显区别。筒状杯大多形体修长，整体造型呈圆筒形，侈口大底，深腹微鼓，近口处和近底处略内收，口沿一侧附一高于口沿的半圆形大耳，线条自然流畅，结构和谐优美。可以说是在半山单耳杯基础上经过再创造而产生的一种新颖别致的器类。

在甘青一带农村，老乡家里大都备有一个舀水用的水舀子，造型与这种筒状杯颇为相似。自筒状杯在彩陶市场上出现以来，老乡也一直以“水舀子”相称。二者之间是否有某种渊源，值得研究。

1987 年出土于青海省乐都县。

(212) 马厂类型小型单耳筒状杯

左器高 13.5 厘米，口径 5.3 厘米，底径 6.7 厘米。红陶衣上黑彩施纹，口沿内侧绘圈带纹，领部绘网格纹，腹部绘复道平行带纹、竖带纹间绘竖线纹、斜十字纹，耳上绘复道折带纹。

中器高 14 厘米，口径 5.5 厘米，底径 6.5 厘米。红陶衣上黑彩施纹，口沿内侧绘圈带纹，领部绘斜带纹、网格纹，腹部绘平行带纹、复道折带纹、斜十字纹。

右器高 14.5 厘米，口径 6.9 厘米，底径 7 厘米。红陶衣上黑彩施纹，口沿内侧绘垂弧纹，领部绘复道折带纹，腹部绘复道平行带纹、复道折带纹，耳上绘斜带纹。

三器均为泥质土黄陶，造型也大致相同，均为侈口、直领、深腹、单耳、平底。耳部高于器口，耳上端饰一乳突。这是马厂类型最常见的筒状杯形式，尤其流行于马厂晚期。这种筒状杯大多制作精细，上下收缩自然，线条圆润流畅，器表打磨抛光极佳，纹饰构图简洁明快，为专家所称道，也是藏家所钟爱的器类之一。

左器和中器 1986 年出土于青海省民和县，右器 1989 年出土于甘肃省永靖县。

（213）马厂类型小口单耳带鋬筒状杯

高 13.2 厘米，口径 4 厘米，底径 7 厘米，泥质土黄陶，小口、深腹、单耳、平底。腹部一侧饰一半圆形凸鋬。黑、红彩施纹，口沿内侧绘垂弧纹，腹部绘平行带纹、折带纹，耳部绘平行短带纹。该器为手制，泥条盘筑痕清晰可见，施纹也较粗率。在口沿下方一侧设置环形耳，以及捏制的小直口、半圆形小鋬等，为其他筒状杯所不见。整器古拙稚朴，给人一种原始美感。

1986 年出土于青海省乐都县。

（214）马厂类型敞口单耳杯

高 7.5 厘米，口径 10.8 厘米，底径 6.5 厘米，泥质土黄陶，敞口、弧腹、单耳、平底。仅施内彩，在十字纹骨架间以黑彩绘四组复道折带纹。马家窑文化的盆、钵、碗一类大口深腹内彩器，多在口沿外侧施一周平行带纹或垂弧纹，外部光素无纹而仅于内壁施彩者少见。这种装饰方法主要见于半山、马厂类型的大口深腹器中。其奇妙之处在于，平视时几乎看不到任何彩饰，与素器无异；近观才能欣赏到器内的美丽图案，讲究的是俯视效果，似乎带有某种神秘性，往往会给人意外的视觉美感。

1998 年出土于甘肃省通渭县。

（215）齐家文化单耳筒形杯

高 15 厘米，口径 9.5 厘米，底径 7 厘米，泥质灰陶，撇口、深腹、单耳、平底。腹上部阴刻四周弦纹，宽板状环形耳上饰四道凸弦纹。该器轮制而成，胎细壁薄，制作规整，造型匀称。整体呈直筒形，系由上下两部分对接而成。下部高仅 3 厘米，与上部对接处形成一台棱。近底处微微外撇，中间内收形如高圈足，给人以沉稳之感。如此上下结合，形成简洁、优美、典雅的造型。此种形制的筒形杯，主要见于黄河流域的一些龙山文化遗存，甘青地区的齐家文化中也有发现，但数量极少。

2006 年购自兰州城隍庙古玩市场，出土地不详。

（216）齐家文化直口直腹双耳筒形杯

高 9.8 厘米，口径 8.8 厘米，底径 7.2 厘米，泥质土黄陶，直口、宽沿、直腹、双耳、平底。宽沿施凸弦纹；腹上方阴刻两周弦纹，间施三角形剔刺纹，一侧并列贴塑两个泥饼为饰；一侧贴塑一个相同饰物；弦纹以下施满篮纹。该器双耳弧度较小，与筒形杯体结合得恰到好处，双耳上亦施有篮纹，并于上方各贴塑一圆形泥饼为饰。整器只有口沿外侧平素无纹，这同样也是一种装饰手法，与其他纹饰相映衬，以凸显装饰纹样之美。齐家的这种筒形杯，可能由马厂筒状杯演变而来，更增加了其实用功能，已接近现代人们日常所用的茶杯。

1998 年出土于甘肃省和政县。

（217）齐家文化敞口斜直腹双耳筒形杯

高 10 厘米，口径 12 厘米，底径 7.4 厘米，夹砂红陶，敞口、斜直腹、双耳、平底。口沿外侧阴刻两周弦纹，弦纹间阴刻折线纹，双耳上方各贴塑两个圆形泥饼为饰。器表积满烟炱，可能是件小型炊器。自仰韶文化至马家窑文化，到后来的齐家文化，对素陶比较重视的有三个时期，即仰韶时期、龙山时期和齐家时期。仰韶人以制作规整、打磨光滑的素陶为美，一般不做附加装饰；龙山人以胎薄质轻、打磨精细的黑陶为美，通常仅以少量的阴刻弦纹为饰；齐家人则偏重于对素陶进行美化，尤其是那些经常使用的夹砂陶器，一件器物上有时往往使用五六种装饰技法，这在其他时期的素陶中是很少看到的。这种对素陶不同的装饰手法，反映了不同时期先民各自不同的审美情趣，有的也可能与原始宗教有关。

2000 年出土于甘肃省广河县。

（218）辛店文化花边口双耳筒形杯

高 9 厘米，口径 10.5 厘米，底径 6 厘米，夹砂红褐陶，敞口、直腹、双耳、圜底。仅以黑彩于口沿内侧及器腹饰竖短带纹、竖带纹。从该器粗糙的质地、单一的彩饰，以及所饰的齿状花边口看，应为辛店文化山家头类型遗物，属于辛店文化的早期类型，源头为齐家文化。该器的近圜形底、双大耳，以及齿状花边口等，与齐家文化陶器都有相似或相同之处。这种花边口双耳筒形杯，也可能由齐

家双耳筒形杯演变而来。

1990 年出土于青海省民和县。

（219）辛店文化敞口单耳杯

高 6.5 厘米，口径 8 厘米，夹砂红陶，敞口、弧腹、圜状凹底，一侧附一宽板状环形耳。黑彩施纹，口沿外侧绘两道平行带纹，腹部绘竖带纹、钩形纹。这种单耳杯主要见于辛店文化姬家川类型，因其小巧雅致，颇受藏家喜爱。整体造型与今天人们使用的小型瓷质茶杯近似，或者说基本相同。那个环形单耳，食指伸进去也很合适，给人一种亲切感。

1998 年出土于甘肃省临洮县。

三十四　陶瓢

（220）马家窑类型早期柄面捏塑人面纹彩陶瓢

对于史前陶器中形似瓢和勺一类的器皿，目前学术界一般统称为“陶勺”。就我所见及所收藏的同类器皿看，还是应该按照现代的分类习惯，将其分别称谓为妥。因为瓢体大多为盆、钵一类器形，体较大，腹较深，柄较短，形似当今所用的水瓢；陶勺则与当今所用的匙子相似，体较小，腹较浅，柄大多较长。正如现在的瓢和勺各有其不同使用功能一样，推测史前这两种陶器，在使用功能上可能也是有所区别的。先民设计制作的初衷，应是两种不同功能的器类。陶瓢主要见于马家窑文化，后来一直延续到齐家文化，进入青铜时代以后则很少看到。现在看来，陶瓢自马家窑文化中出现以后，基本上已经定型。在其后的数千年时间里，乃至到今天，各种质地的同类器并没有太大变化，这同样应归功于原始先民的辛勤劳动和艰苦探索。

A

B

这件藏品通高 14.8 厘米，口径 8 厘米，底径 8.5 厘米，细泥橙黄陶。瓢体呈钵形，敞口、弧腹、平底，口沿一侧附一短柄。黑彩施纹，口沿外侧绘复道垂弧纹，柄上绘平行短带纹、斜十字纹，内壁绘平行带纹、圈带纹、细网格纹。造型规整，打磨光滑，施纹精细，属马家窑类型早期遗物。可惜因受蚀而彩纹变淡，但依然可以看出当初华丽的风采（A）。该器短柄呈宽板状，末端向后弯曲形成一挂钩，可能是为方便悬挂而特意设计的。在柄部近末端处捏塑一人面。捏塑

方法极为简单，可能是趁坯体湿软时，用两个手指在上面横竖捏了两下，便捏出了眼、鼻、嘴主要面部器官。人面虽显得有些抽象，但一眼便能认出是人的面孔（B）。先民艺术家的陶塑功力，由此可见一斑。这种带有捏塑人面的陶瓢，一直贯穿于马家窑类型始终。正如同期其他日用陶器上的人形雕塑一样，可能与祖先崇拜或神灵崇拜有关，以期求得神佑，生活更好，属一种祈福性的附属陶塑。

1989 年出土于青海省大通县。

（221）马家窑类型晚期柄面捏塑人面纹彩陶瓢

通高 11.8 厘米，口径 16.6 厘米，底径 5.5 厘米，细泥橙黄陶。瓢体呈钵形，敞口、弧腹、小平底。口沿一侧附一短柄，柄上捏塑一人面，表现形式与前面介绍的那件马家窑类型早期瓢柄上的人面纹大致相同（如左下图）。黑、白彩施纹，口沿外侧绘复道垂弧纹，柄上绘斜带纹、竖短带纹，内壁绘漩涡纹、变形虫纹，为马家窑类型晚期遗物。

该器瓢体内壁所施黑彩旋纹，两侧各留有一椭圆形陶地空间，内以黑、白双彩各绘一“χ”形图案，并分别绘出向上和向下弯曲的长须状曲线，显得怪异而神秘。从其总体构形特征看，所绘可能是两条相背蜷曲的环节类动物。所施白色圆点象征虫体环节，曲线表示虫须，椭圆形陶地空间表示洞穴。整个画面所表现的应是处于地下冬眠中的某种环节类动物，或者说就是变形的蛇纹，是两条蛰居的蛇（如右下图），应与先民的龙崇拜有关。

1998 年出土于甘肃省皋兰县。

（222）马家窑类型晚期深腹盆状彩陶瓢

通高 13.8 厘米，口径 17.5 厘米，底径 9 厘米，泥质土黄陶。瓢体呈深腹盘状，大口、斜直腹、平底，口沿一侧附一宽板状短柄。黑彩施纹，口沿外侧绘垂弧纹，内壁绘倒三角纹、斜带纹。马家窑类型陶瓢瓢体多为钵状，深腹盆形极少见。该器把柄与盆体衔接处具明显粘接痕，可能由深腹盆改制而成，看起来古朴原始。甘肃省博物馆藏有一件，其造型、纹饰与该器大致相同。

2000 年出土于甘肃省榆中县。

（223）马家窑类型晚期手形柄扁腹彩陶瓢

通高 11.3 厘米，口径 18.1 厘米，底径 9 厘米，泥质土黄陶。瓢体呈扁腹盆状，敞口、深腹、平底。口沿一侧附一宽板状短柄。黑彩施纹，口沿外侧绘平行带纹，内壁绘漩涡纹，柄上绘平行短带纹。瓢体略扁，但扁得自然，可能是为方便液体倒出而特意压制的。该器的独特之处在于那个短柄。柄的末端饰有五个凸棱，酷似人的五指。将把手制成人手形，无疑是以人手为范设计制作的，使人感到亲切。马家窑文化陶器上的手形柄或手形鋬，有的仅制成五指并拢的手指形，有的则制成手形，还有的在“手掌”后制一短柄，颇似手腕，看上去就像伸出的一只手，皆十分形象。

2001 年出土于甘肃省会宁县。

（224）齐家文化环形把手瓢

通高 6.5 厘米，口径 13.5 厘米，底径 7.5 厘米，泥质红陶。瓢体呈钵状，敞口、弧腹、平底。口沿一侧附一环形把手。这种横置的环形把，既便于握拿，又便于悬挂。与马家窑、马厂类型的宽板状把手相比，无疑也是一种改进。齐家时期的陶瓢，除该器外，我还另外见过几例，虽多为素器，但无论瓢柄的设计、瓢体的制作，均显得更灵活，更多样化。这与同时期制作的其他形制陶器一样，体现了当时人们勇于创新的一种精神风貌。

1999 年出土于甘肃省广河县。

（225）齐家文化白陶漏瓢

全器横长 27.5 厘米，细泥白陶。瓢体呈钵形，高 7.7 厘米，口径 18.3 厘米，敞口、弧腹、圜底。内壁中部至底部饰等距离 18 个圆形穿孔，每个孔径 2 厘米左右。柄呈长圆筒形，长 9.2 厘米，末端凸起一周，与现代瓢体上的筒形圆把相似，属齐家文化遗物。

漏瓢或漏勺在马家窑文化至齐家文化中都有发现，所见漏孔大者如黄豆，小者如绿豆，像该器如此大的漏孔十分罕见。史前这种漏瓢或漏勺的作用，可能与今天使用的木质或金属同类器的作用相同，而漏孔的大小可能与捞取物的大小粗细有关。这件漏瓢总体形制特征已接近今天的同类器物，从中不难看出，我国的漏瓢形制在齐家时期已基本定型。

白陶是一种十分少见的陶质品种。一般认为，白陶主要出现于黄河下游的大汶口文化、长江中游的大溪文化，以及后来的龙山文化，在西部的齐家文化中也有少量发现。齐家的白陶器胎质细腻，白中略泛黄色，虽多为素器，但制作规整，打磨精细，几乎件件都是精美的艺术品，不亚于同时期的彩陶器，因而备受藏家青睐。

2003 年出土于青海省民和县。

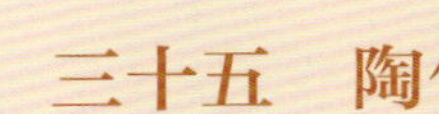

三十五　陶勺

（226）马家窑类型长柄勺

陶勺在新石器时代早期的裴李岗文化中就已经出现，距今 7000 多年。在其后的一些古文化遗存中也有零星发现，形制大都类似于现代人们所用的匙子。在西部的马家窑文化、齐家文化以及青铜时代的一些古文化遗存中，这类陶勺也有少量发现，有彩陶亦有素陶，制作工艺比其他各地出土的同类器都更为精致。马家窑文化陶勺以甘肃皋兰县糜地岘出土的那件鸟形勺最为别致。勺为椭圆形，勺柄为弯曲鸟头形，只有将勺体倒置时，才能看出拱背曲颈的鸟形，属半山早期遗物。其他造型比较新颖的陶勺，当属长柄勺，主要出自马家窑和马厂类型，形制大致相同，亦十分少见。

这件藏品全长 30.3 厘米。勺体呈椭圆形，口径 11.3 厘米，柄为长宽板状，长 19 厘米。黑彩施纹，勺体内壁绘漩涡纹，柄绘网格纹。该勺因受蚀脱彩较重，柄壁彩绘受蚀尤甚，近勺体处为原彩，后半部为老乡新加彩。该勺购买时长柄断作三截，后经粘接复原。尽管如此，仍不失为一件珍稀之物。

1998 年出土于甘肃省榆中县。

（227）马家窑类型手形柄彩陶勺

左器勺体口径 6.2 厘米，柄长 5.3 厘米，泥质红陶。勺为椭圆形，柄为长宽板状，末端饰手指状凸棱。黑彩施纹，勺内壁绘平行带纹，柄上绘叶脉纹。

右器勺体口径 7.2 厘米，柄长 4 厘米，泥质红陶。勺为椭圆形，柄呈短宽板状，末端饰手指状凸棱。黑彩施纹，勺内壁绘叶形纹，柄上绘正倒锯齿纹。

这种小型陶勺，可能有两个方面的用途：一是用于儿童专用食具。在史前出土的许多小型生活实用器中，尤其是其中一部分饮食器，器形虽小，但制作十分精细，应是专供儿童使用的，正如今天儿童专用的食具一样。二是夭折婴幼儿的随葬品。其中一部分可能是幼儿生前使用过的，一部分可能是为陪葬而专门制作的。

二器于 1998 年出土于甘肃省永靖县。据老乡讲，两件小勺同出一墓，因而显得尤为珍贵。

（228）马厂类型长柄勺

通高 10.5 厘米。勺体口径 16.6 厘米，底径 8.3 厘米，泥质土黄陶，敞口、弧腹、平底，口沿一侧附一长柄。黑彩施纹，口沿内外各绘一道平行宽带纹，内壁绘一周斜十字纹，内底绘圈带纹、十字纹、折带纹，柄上绘网格纹。该器有三个特点：1. 勺体呈扁圆形，口部两侧外撇。马厂的勺体除少数正圆形外，大多为扁圆形或一侧外撇的椭圆形，可以看出都是特意制作的，无论舀水、倒水都比正圆体要方便得多。2. 柄的长、宽适中，设置平缓，而且两端较宽，中间内弧，

手握起来恰到好处。3. 该器所绘纹饰，颇似编织纹，推测可能是模拟竹篾或柳条编成的笊篱而绘制的仿生纹样。用植物茎秆编的笊篱，直到 20 世纪六七十年代，我国不少农村仍在使用。但在距今 4000 年左右的马厂时期是否已经有了笊篱，目前尚不得知，而这件陶勺无疑给我们提供了这方面的信息。

1998 年出土于甘肃省通渭县。

（229）马厂类型柄面锥刺人面纹长柄勺

通高 9 厘米，泥质土黄陶。勺体呈深腹盆形，口径 10 厘米，底径 5 厘米，柄为长宽板状，长 6 厘米，末端内侧锥刺人面纹。黑彩施纹，勺体内壁及内底以十字纹为骨架绘四组斜网格纹，柄部绘竖带纹、平行短线纹（A），属马厂中晚期遗物。

A

B

与此之前各个时期的陶勺相比，马厂时期的陶勺在勺体、把柄的设计上更多样化，有许多已接近于现在使用的同类器。从一个侧面反映了这一时期先民的饮食生活可能有着较多变化，似乎更丰富了。把柄末端的锥刺人面纹，与马家窑类型瓢柄上的捏塑人面纹所饰位置大致相同，表现的可能都是所崇拜的祖先或某种神灵。同马家窑类型的捏塑人面纹一样，在这类生活用物上，可能已变成一种祈福性的吉祥符号。用锥刺三个圆孔以表现人面的技法，主要见于马厂时期。与马家窑类型的捏塑人面纹一样，虽手法极为简单，但所表现的人面却十分形象，而且往往给人以神秘感，应是这一时期人面装饰中的一种新颖而特殊的表现手法（B）。

2004 年出土于甘肃省皋兰县。

（230）四坝文化鸟形勺

通高 7.3 厘米，勺体口径 16.5 厘米，底径 7 厘米，夹砂红陶。勺体为浅腹椭圆盆形，柄呈昂首前伸的鸟头形。黑彩施纹，勺体口沿外侧绘平行带纹，内壁绘条带纹。该器出土时已残，后经粘接复原，局部彩纹不清，但整体仍保持原有风貌。

该勺整体造型呈正在水中游动的鸟形。长椭圆形勺体表示鸟的躯干，大而平的勺底及浅而外撇的勺壁可能表示鸟体下腹已沉入水中。勺体内壁所饰的黑色条带纹可能表示鸟羽，长而微微上翘的鸟喙及前伸的鸟颈，表现了这只“水鸟”在平静的水面上缓缓游动的那种悠然自得的神态。将一件实用器如此巧妙构思，而且塑制得如此生动形象，在史前的陶器皿中实不多见。

四坝文化虽偏居于河西走廊中西部地区，但四坝人思想活跃，敢于创新，制作出许多造型奇特、独具风格的陶器皿。如人形彩陶罐、羊头形把首杯、鹰形壶、方盖鼎、鱼形埙等。就目前所能掌握的资料，这件鸟形彩陶勺，应是该文化新发现的一种异形陶器。它反映了四坝人对鸟类的热爱，也为研究这一文化的制陶工艺，尤其是异形陶的设计制作工艺，提供了一件难得的实物资料。

2004 年出土于甘肃省酒泉市。

三十六　陶灯

（231）四坝文化罐形彩陶灯

对于这件造型奇特的陶器，就其使用功能问题，我与藏友进行过多次探讨。有的认为可能是先民在生殖巫术活动中使用的道具。罐体表示女性生殖器，插入罐腹的彩管代表男性生殖器，以期男女交合，多子多孙，人丁兴旺，氏族发达。有朋友则认为，该器可能是当时儿童吸食饮料的用具，就像今天人们喝酸奶时，将塑料管插入瓶中一样。也有不少人认为，这件奇物很可能是当时人们使用的陶灯。我认为，后一种意见可能更具有说服力。

从目前已知的考古资料看，我国比较成熟的灯具，最早出现于战国中晚期。但在此之前，灯具经历了一个相当漫长的发明和演变过程。那么，我国最早的灯具出现于何时呢？史前时期有没有灯？学术界众说纷纭，至今也没有定论。

中国历史博物馆曾展示过一件浙江吴兴邱城出土的原始社会陶盉，被认为可能是我国最早的灯，但也有人提出异议。不少人根据我国战国以后出现的豆形灯推测，新石器时代晚期盛行的食具陶豆，有的可能就是先民使用的灯。也就是说，后来出现的豆形灯，很可能是由先民使用的陶豆灯演变而来的。这种推测虽有一定的道理，但也是仅就豆形灯而言的。原始社会发展到新石器时代晚期，尤其是进入青铜时代以后，随着社会生产力的发展和生活条件的不断改善，油灯的出现是完全有可能的。豆形灯可能就是当时的一种灯具形制，但不会是唯一的一种。如果仔细观察就会发现，进入文明社会后，人们使用的许多生活用具，都有史前陶器的影子，都留有模仿先民陶器造型的痕迹。就灯具而言，除豆形灯外，其他不少形制的灯具也可能有这样的渊源。这是因为，即使在新石器时代晚期出现灯具，到史前晚期长达数千年的时间里，先民使用的灯具不可能只有豆形这一种，诸如碗形、盘形、盆形、壶形等，可能还有很多。

我收藏的这件彩陶器属四坝文化，年代上早期与齐家文化相当，晚期大约相当于商代早期和中期，距今 4000 ~ 3500 年。我将这件陶器定名为“灯”，主要依据是在汉代灯具中曾出现过类似的造型，推测二者可能有某种内在联系。另一个原因则是该器基本具备古灯的结构特征。那个圆形罐体，可能是作为盛油用的灯池设计的；器内固定的一段 12 厘米长的空心管，上端伸出器口 2 厘米，下端空悬距内底约 1.5 厘米（见右图），应是控捻装置；两侧颈肩部位各附一“S”形耳，可能是为方便手握挪动设置的；将控捻的细管设置在双耳中间，可能是出于悬吊的需要，以避免灯火烧坏灯绳。各部位的设计都比较适用，而且颇具科学性。

该器通高 13 厘米，口径 9 厘米，底径 6.5 厘米，泥质土黄陶，直口、高领、鼓腹、平底，器表打磨光亮。淡红色陶衣上黑彩施纹，自上而下绘三角纹、对三角纹、斜线纹、弦纹、横向带纹、带状网格纹、网格菱形纹、斜十字纹、网格竖带纹等。纹饰均用细带纹和细线纹绘出，用笔细腻，图案规整，纹饰繁密，自上而下达五层之多。在平视范围内所能看到的部位都施满彩纹，看起来整齐美观，小巧雅致。此外，在颈肩部位双耳两侧各饰有 6 个浅圆形小凹坑，右耳下方亦饰有一个同样大小的凹坑，原来似有骨珠或绿松石粒一类镶嵌物，可惜已脱落。

这件陶器作为彩陶中的异品，就目前所能掌握的资料，可能仅此一件，堪称绝品。如果能得到专家认可，确认为灯具，那么，它将是我国首次发现的彩陶灯。虽年代较晚，但其学术价值不可估量。

1995 年出土于甘肃省金塔县。

（232）四坝文化豆形彩陶灯

高 8.5 厘米，盛器直径 12 厘米，夹砂红陶。上部盛器为浅盘形，下部为喇叭形圈足，盛器与圈足间一侧置一弧形大耳。盛器内壁饰红色陶衣，黑彩绘十字纹、圈带纹。

我们将这件豆形器定名为“灯”，主要是基于以下三点：1. 在新石器时代晚期出现的陶豆中，有的是作为灯具使用的，这已是不少学者的共识。但究竟哪些陶豆是作为灯具使用的呢？有人认为可能是随着豆盘逐步变小、变浅，便由原来的食器逐渐变成了灯具。这样的推测有一定的道理。在新石器时代晚期，尤其是进入青铜时代的陶豆中，有的形体相当小，豆盘直径仅 10 厘米左右，作为食具显然是不太实用的。有的当时可能就是一种灯具，该藏品即是一例。2. 史前晚期的陶豆，多数无耳，少数附双耳者，耳形大多较小。由于豆是不太经常移动的食器，即使移动，双手托盘或手握豆柄即可，双耳可能是作为一种装饰设置的。我收藏的这件豆形器，盘浅体矮，但自豆盘中部至圈足近底处，特意设置了一个宽板状弧形大耳。这个弧形大耳，严格地讲应该算是把手，可供手握之用。两个手指可穿入把手内，握起来十分牢固，挪动起来也很方便，具备油灯的使用特点。3. 类似此种造型的油灯，在我国古代灯具中，乃至 20 世纪五六十年代的农村，都是可以看到的，后者与史前这类陶器可能有某种渊源。

1999 年出土于甘肃省酒泉地区。

三十七　陶手镯·陶臂环

（233）马厂类型外弧圆内扁平形环体彩陶手镯

用手镯对人体装饰的习俗，在史前不少地区的先民中都是存在的。考古学家在历年的考古发掘中，发现了不少各种质地的手镯。玉手镯主要出现于制玉业比较发达的长江下游地区，以良渚文化为多见。铜手镯主要出现于青铜时代的一些古文化遗存中，如我国西部地区的四坝、卡约、寺洼等文化遗存中都有出土。而陶手镯则主要出现于仰韶文化和马家窑文化中，无疑与这两个时期制陶业比较发达有关。在马家窑文化中，所见陶手镯有正圆体、扁宽体、外弧圆内扁平体多种。后一种主要出现于马厂晚期，有彩陶亦有素陶，其环体大小不等。小者据说出自儿童墓葬，显然是为儿童专门制作的。

我收藏的这四枚彩陶手镯，属马厂晚期遗物。内径 9～10 厘米，面宽 2～3 厘米，均为泥质红陶。形制相同，整体呈外弧圆内扁平环状。镯面弧圆，外缘略内敛，内壁扁平，并经打磨，很适合佩戴，已接近当代妇女所戴的同类形制玉镯。通体饰红色陶衣，镯面分别以黑彩施菱形网格纹、折线纹和平行短线纹，纹饰简单而草率。

在我国西部边远藏区，无论玉制品或象牙制品，藏族妇女所喜欢戴的，也是这种内扁外圆的手镯。她们所戴的手镯，也同这种陶手镯一样，内径一般较大，抹上抹下都十分方便，主要是为了方便劳作。平时当装饰品佩戴，挤牛奶时，便将手镯抹到肘弯处，一来方便干活，同时也可以防止牛奶顺着胳膊流入袖筒。平日里干其他活时，腕上手镯有碍时，也常常如此处置。在甘青地区的新石器时代，牛一直是先民饲养的家畜之一。马厂先民是否如当今藏族妇女那样去挤牛奶，不得而知，但她们为方便干活而采取灵活方式佩戴这种环形饰品，可能与当

今藏族妇女是相同的。

2001 年出土于青海省民和县松树乡。

（234）马厂类型外弧圆内扁平形环体素面陶手镯

四镯内径 9.2～10.5 厘米，泥质红陶。这一时期的素面陶镯，除少数正圆形环体外，基本为这种外弧圆内扁平体。而且与前面介绍的同类形制的彩陶手镯一样，大多制作规整，打磨精细，看起来也很漂亮。这也进一步说明，因这种陶手镯比较适用而为当时大多数人所喜爱。甚至也可以认为，此类形制的陶手镯，到了马厂时期已基本定型。就我所见，在马家窑文化各时期出土的陶手镯中，甚至包括其他各类形制的陶饰品，以素陶居多，彩陶发现极少。在素陶制品中，又以灰陶为常见，红陶、黄陶次之。其中的原因，除有的含有贫富差距的因素外，就大多数而言，可能还是出于当时人们的欣赏习惯。例如，在有的墓葬中，同一形制的陶饰品，尤其是陶手镯，既有彩陶，又有素陶，而以素陶制品居多。有不少陶饰品，虽然出土量相对较多，但迄今并未发现彩陶制品。这都说明，仅就陶饰品来说，当时人们所钟爱的，主要是自然的美，朴素的美，原始粗犷的美。

2001 年出土于青海省民和县松树乡。

（235）马厂类型外弧圆内扁平形环体陶臂环

四臂环内径 11～12.5 厘米，面宽 3 厘米左右，均为泥质红陶。与前面介绍的同类陶手镯相比，造型虽大致相同，但内径要比陶手镯大 3～5 厘米。另外，陶手镯镯面周缘略内敛，而这种陶臂环内壁周缘则略向外翻，这可能是为了便于佩戴而特意设计的。其中一枚为素面，另三枚通体饰红色陶衣，环面分别以黑彩施竖短带纹、连续菱形网格纹，纹饰简单而草率，亦属马厂晚期遗物。

在史前出土的陶环中，凡大型者，考古学家一般定为手镯；比手镯更大者，则多定为臂环。这是依据此类陶环出土时的位置而做出的判断。所谓“臂环”，顾名思义为臂上的环形饰物。用臂环装饰人体，也是史前许多地方先民常用的装饰形式之一。在马厂时期，先民的臂上饰物除这种陶臂环外，另有一种用白色大理石制成的圆筒状石臂穿，内外打磨光滑，制作十分精细，与陶臂环的装饰作用是相同的。但石臂穿出土量极少，加之制作难度较大，在玉制品尚未出现的情况下，在这一时期也算是一种比较奢侈的装饰品了，大多可能为富人所拥有，而陶臂环可能属于一种大众饰物。两种臂饰同时存在于马厂时期，说明这一时期先民的臂部装饰是丰富多彩的，同时也可以看出对臂部装饰的偏爱。

1997 年出土于青海省民和县松树乡。

三十八　陶串珠

（236）马厂类型圆柱形珠体彩陶串珠

从有关考古文献看，我国新石器时代先民装饰品中的串珠饰，主要是骨串珠，次为石质。在仰韶至龙山文化时期，各地不少遗址虽都有陶珠出土，但作为串珠形式出现的似乎并不多。陶串珠较多地出现，主要是在西部的马家窑文化中，尤其是马厂时期，以及后来的齐家时期，进入青铜时代后的一些遗存中也有发现。但与同时期出现的骨珠相比，所占比例仍然很小。西部地区尤其是甘青地区，之所以有较多的陶串珠出现，可能有以下几个方面原因：一是骨串珠可能是先民一直所喜欢的一种装饰品，但后来随着人口的增多和原材料的匮乏，便较多地制作陶串珠，以弥补骨串珠的不足；二是陶珠原材料来源容易，制作方便，无论大小、式样，完全可以根据自己的审美要求进行设计，不必受原材料限制；三是陶串珠虽没有骨串珠那样高贵典雅，却充满粗犷豪放之气，可能为一部分先民尤其是男子汉的钟爱；四是与骨、松石、玛瑙等材质比较稀有的串珠相比，这种陶串珠也可能是穷人的一种装饰物。但最直接的原因，无疑是这一地区制陶业的不断发展。

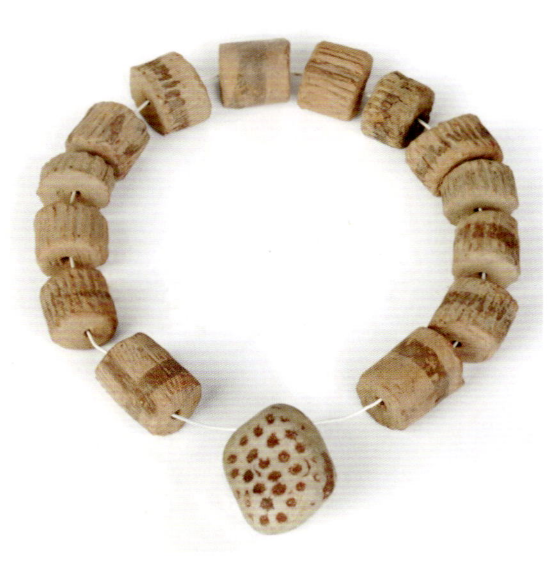

陶串珠形制多种多样，每串珠子数量的多少也不相同。其装饰部位有在头部的，有在颈部的，有在腰部和腕部的，也有一身数处都用这种饰品装饰的。据有关文献，仰韶时期以串珠装饰者多见于女性，而在马家窑文化和齐家文化时期，无论男女都喜欢这种装饰。先民用串珠装饰自己，同用其他饰品对自身美化一样，除供人观赏、愉悦自己外，可能也带有吸引异性之目的。到了马厂、齐家时期，以及进入青铜时代以后的各个时期，随着社会等级及贫富差距的出现，豪华装饰可能也是一种财富的炫耀。

这串陶珠共 14 颗，泥质红陶，均呈圆柱体。大者长 2.7 厘米，小者长 1.2 厘米。除两颗体表磨光外，余皆施竖向绳纹，每颗陶珠上均以黑彩绘一周圈带纹。此种形制的陶珠，显然是将泥巴搓成泥条后，再分段切割而成的。从切割情况看，有长有短，粗细不均，可以看出当初的泥条搓制亦很不均匀，显得非常随意。但正是在这种简单随意中，透射着一种原始古朴的美感。

从这串陶珠的形制和珠子数量看，可能是装饰于颈部的串挂饰。饰于颈部的串珠，有的下面带有坠饰，其材质和形式多种多样，制作得都很精致，而且不少还具有一定的文化内涵。该串珠下面的坠饰，系用珊瑚虫化石制成。可能与远古的地理变迁有关，甘青一带不少地方都发现有这种珊瑚虫化石，血红色石块上均匀地散布着白色圆点状珊瑚虫化石，色彩对比自然协调，看起来十分漂亮。马家窑文化先民很早就开始对这种化石进行加工利用，除制作石刀、石球、纺轮等生产工具外，还制有不少装饰品，如石环、石镯、石笄、坠饰等。就我所见到的，几乎件件制作规整，并经打磨抛光，不亚于当今同类玉石制品。尤其是他们制作的坠饰，有鸡心形、椭圆形、圆球形等，看来每一件都是经过精心设计的，无论与骨串珠相配，还是与陶串珠相配，都能使其大为增色。

2001 年出土于青海省尖扎县。

（237）马厂类型圆棒形珠体彩陶串珠

这串陶珠共 9 颗，每颗长 7 厘米左右，泥质土黄陶，并以黑彩施圈带纹。在史前的陶珠中，这几颗陶珠属较大的一种。珠数虽然不多，但用其串联起来的串珠饰，却显得十分气魄，可能是男子胸前的悬佩饰。

2001 年出土于青海省民和县。

（238）马厂类型齿轮形珠体彩陶串珠

这串陶珠共 22 颗，除一颗直径 4 厘米外，其余直径均在 3 厘米左右。陶珠造型十分别致，两面隆凸，纵剖面除一颗光素无纹外，余皆斜刻一周凹槽，形成齿轮状。在两面隆凸部位，以圆孔为中心，均以黑彩施放射状条带纹。这种陶珠的串联方式可能有三种：一是串联时各珠面留有一定距离，以展示彩纹风采；二是串联时全部将其平置，用两根细绳采用辫辫子的方法，使陶珠平面朝外；三是用两根绳子将陶珠做竖形串联，这样既可突出齿形装饰，亦可欣赏两面纹彩。从我收藏的几串陶珠看，每串陶珠中都有 1 ~ 2 颗较大型的，或数颗异形的，这可能都是特意制作的。大型者可能是放在下面以代替坠饰，异形者可能是放在中部或上部以作为装饰。该串陶珠仅有一颗大型的，在串珠中有鹤立鸡群之感，当初的设计者可能是作为坠饰制作的。

2004 年出土于青海省民和县松树乡。

（239）马厂类型算珠形珠体彩陶串珠

串珠共 18 颗，泥质土黄陶，体扁圆，算珠形，体表饰一层淡红色陶衣，属马厂晚期遗物。其中 8 颗两面分别以圆孔为中心，以黑彩施旋形纹，另 10 颗仅饰一层淡淡的红色陶衣。整串陶珠制作精细，打磨光滑，可称得上史前陶珠中的上品。在施纹的陶珠上，由于彩纹皆施于两个平面上，其串联方式可能与前面介绍的齿轮形串珠相同。从该串陶珠有饰彩纹和素面两种不同装饰形式看，串

联时还可能采用交叉串联方法，无疑都是出于增强装饰效果的需要。

这串陶珠出自民和县峡门镇一带。30 多年前，我因事曾到过此地。那是青海东部海拔较高的山区，也是藏族聚居区。就我了解到的情况，甘青一带经过 20 多年的私挖乱掘，分布在汉族和其他少数民族居住地区的史前遗址，已基本盗掘殆尽，唯独藏族聚居区的遗址很少被人触动。其原因无疑与他们的宗教信仰习惯有关，认为盗挖祖先留下的宝物，不但会断地脉，触怒地下神灵，也会遭到报应，招来横祸，殃及子孙；非但自己不挖，遇到外来的盗掘者，他们也会进行干涉，这就使得一部分史前遗址被保留了下来。但近几年来，随着地下彩陶越来越少，加之市场上彩陶价格飞涨，一部分分布在藏族聚居区的史前遗址也屡遭盗掘。藏族聚居区大多地处偏僻，分布在这些地区的史前遗址，虽有马家窑类型的，但大多在新石器时代晚期，青铜时代遗址分布尤多。这部分遗址虽然年代相对较晚，出土的彩陶大多比较粗糙，但在造型和纹饰上却有许多怪异之作，具有很高的文物价值和文化价值。近几年，有不少彩陶商之所以花高价抢购这些地区的珍品，其原因也就在这里。

（240）马厂类型扁圆形珠体陶串珠

这串陶珠共 54 颗，每颗直径 1.2 ~ 1.7 厘米之间，厚 0.5 ~ 1 厘米之间，泥质土黄陶，均呈扁圆形。平面中部有一针眼大小的穿孔，素面。其中 30 颗外缘饰有一层淡红色陶衣。从其大小不等、厚薄不均的制作情况看，可能是由搓制的多根小泥条分别切割而成的，显得非常随意。从半山、马厂时期此类陶珠出土时摆放的位置看，这种小型陶珠可能是一种头饰或项饰。

2006 年出土于甘肃省和政县。

（241）齐家文化腰鼓形珠体陶串珠

串珠共29颗，每颗长1.8厘米左右，泥质红陶，均呈腰鼓形，体表光素无纹。这种精巧雅致的小型串珠饰，可能是饰于颈部的悬挂饰，也可能是头饰或手腕饰。因同时出土的尚有一件鸡心形石坠，故将其定为项饰。与同类陶珠相比，这串陶珠有一点应当引起注意，那就是每颗陶珠两侧都有两道贯穿珠体的竖棱，与模痕无异，推测很可能是模制而成的。我国的模制技术究竟起于何时，齐家时期是否在个别陶器的制作中已使用了模制技术，未见有明确记载，有待在今后的考古发掘和研究中寻找答案。

串珠下面的鸡心形坠饰，由一块天然黑色石片加工而成，背面光滑平整，正面未进行任何加工修饰，图案全部为石片的天然纹理。石面中部微微下凹，并凸起几个不规则小包，周围略现数圈凸棱。整个画面看上去就像大河中的一处漩涡，河水正绕着一堆乱石急速旋转，细细品来，余味无穷。先民用这种天然石片制作饰物，无疑反映了他们对大自然的热爱。同时，要追溯我国赏石文化的历史，至少在齐家时期就已经出现。此外，这种鸡心形造型，是人类进入文明社会以后所喜欢的一种传统造型，表示的是一颗赤诚之心。但在史前的各个不同时期，这种鸡心形坠饰，或石质的，或陶质的，或绿松石的，曾发现多例。其寓意如何，不得而知，或许也是一种纯洁与真诚的象征。

2004年出土于甘肃省永靖县。

（242）齐家文化枣核形珠体陶串珠

共 36 颗，每颗长度在 3 ~ 3.5 厘米之间。泥质灰陶，均呈枣核形，制作规整，打磨光滑，使用痕迹比较明显，可能是饰于颈部的悬挂饰。串珠下方的石坠饰呈椭圆形，系选用天然鹅卵石制成，造型别致，体表光滑，淡淡的土红色石面上布有云块状和星点状褐斑，并自上而下阴刻两道相互交叉的斜线纹。上端有一穿孔，供穿绳系挂之用。此类石坠饰在西部马家窑文化及青铜时代遗存中多有发现，造型各异，基本上都是选取的天然石形，大多布有各色花纹。不仅反映了原始先民对大自然的热爱，从一个侧面也可以看出他们爱石赏石的情趣。

串珠及石坠于 2004 年同出自甘肃省广河县一齐家文化墓中。

（243）四坝文化圆棒形珠体陶串珠

这串陶珠共 7 颗，体长 4 ~ 5.5 厘米之间。其中 3 颗为泥质红陶，3 颗为泥质土黄陶，1 颗为泥质红褐陶。均呈圆棒形，光素无纹，使用痕迹明显。据老乡讲，串珠出土时共 9 颗，另 2 颗因受蚀损坏严重未购买。陶珠既同出一墓，陶质陶色为何不一样呢？对此只能有一种解释，那就是这类陶珠极易损坏，可能是先民在佩戴过程中，经

不断淘汰更新而陆续搭配的。在那个“陶器时代”，原始先民虽然时时处处与陶器打交道，但他们对自己亲手制作的每一件陶器都是备加珍惜的，能修复的修复，能利用的尽量利用，从不轻易丢弃，这从出土的许多陶器上都是看得很清楚的。

2003 年出土于甘肃省玉门市火烧沟一四坝文化墓中。

（244）卡约文化圆柱形珠体陶串珠

这串陶珠共 42 颗，泥质红褐陶，每颗长度在 2～3 厘米之间，纵切面直径 2 厘米左右。其形状基本为圆柱体，与我收藏的马厂类型圆柱形珠体彩陶串珠相同。制作时可能是先将泥巴搓成长长的泥条，以利器分段切割成珠状，然后再入窑烧制而成。珠体长短粗细不均，应与泥条的搓制和切割有关。而且，珠体制出后，也未进行任何修饰，显得非常随意。喜欢天然的材质、随意的造型，尊重大自然的创造，保持粗犷的美感，这应是古羌人制作装饰品的传统习惯，这种习惯甚至在今日藏族的装饰品中依然可以看到。

陶串珠于 2000 年出自青海省尖扎县康杨镇一卡约文化墓中。从其陶色看，由于火候关系，表面颜色不纯，杂有灰黑、砖红色斑痕，也符合该文化陶器的器表特征。这串陶珠由于颗大粒多，分量较重，可能是卡约男子悬佩于颈部或腰间的饰物，也可能是特意制作的随葬品。从有关考古资料看，卡约时期男女皆喜欢佩戴装饰品，其中包括这种串珠饰。在当今的藏族地区，藏族妇女悬佩于胸前的那些长长的蜜蜡珠串或珊瑚珠串，其外观形状及大小与这种陶珠颇有几分相似之处。但这只是妇女的专用品，男子是从不佩戴的。这可能是在漫长岁月里男女装饰习惯出现的变化，而这种变化无疑与男女的社会分工有关。

三十九　陶牌饰

（245）半山类型四瓣花形陶牌饰

牌饰在西部马家窑文化、齐家文化及进入青铜时代以后的一些遗存中都有零星发现，早期多为陶、石质，晚期出现青铜、玉石、绿松石制品。但与其他饰品相比，牌饰的出土量相对较少，在史前可能并非一种主要装饰品。牌饰与坠饰不同。坠饰大多形体较小，形状各异；牌饰一般较大，多为圆饼形，应是单独悬挂于腰间或颈上的一种饰物。我收藏的这件陶牌饰，属半山类型遗物。直径 9 厘米，厚 0.3 厘米，泥质红陶。纵剖面呈斜坡状，周边为四瓣花形，中间有一穿透的圆孔。背面未进行任何修饰，正面打磨光滑，并以圆孔为中心施阴刻放射状线纹，纵剖面阴刻斜十字纹。从制作工艺和装饰技法看，陶牌饰与陶纺轮也是有所区别的。陶纺轮大多较厚，且形体较小，并两面打磨、两面施彩或刻画纹饰；陶牌饰只注重正面装饰，背面异常粗糙，有不少甚至坑坑洼洼、高低不平，这也是对二者区分鉴别的一个重要方面。

2004 年出土于甘肃省榆中县。

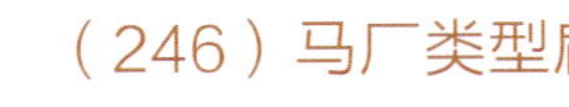

（246）马厂类型扁圆形彩陶牌饰

直径 8 厘米，厚 0.3 厘米，泥质红陶，整体呈扁圆形，一面以黑彩施复道十字纹。在史前各个时期发现的有限的陶牌饰中，彩陶牌饰十分少见。这件牌饰虽制作工艺比较简单，但仍不失为史前彩陶中的罕见之物，因而也就显得尤为珍贵。正面所绘复道十字纹，可能具有原始宗教的某种含义，也可能就是一种装饰纹样，尚需研究。该牌饰无穿孔，应是用绳子绑缚后系于颈上的装饰品。

2006 年出土于甘肃省东乡族自治县。

四十　陶坠饰

（247）齐家文化长椭圆形陶坠饰

坠饰在史前的许多遗址中都有发现，质地多为玉石、玛瑙、绿松石、蛇纹岩等贵重石料。在西部马家窑文化中，还可以看到用花纹精美的珊瑚虫化石制成的坠石。陶坠饰出土量相对较少，所见主要有鸡心形、胆形、椭圆形、棒形、球形等多种，大多经过精心设计和细致加工。这种陶坠饰多数有穿孔，无穿孔者使用时可能用绳绑，用途主要是作为悬佩于胸前的串饰上的坠子，体形较小者可能用作耳饰。这件藏品高 6.3 厘米，泥质黄陶，整体呈长椭圆形，上部略扁，并有一穿孔，下部为圆形，应是以单独的吊坠出现的，也可能用作串珠上的坠饰。

2001 年出土于甘肃省广河县。

（248）齐家文化圆棒形陶坠饰

高 6.7 厘米，泥质黄陶，整体呈圆棒形，上部有一穿孔，用途可能与长椭圆形坠饰相同。从这些坠饰的质地上，大致也可以看出史前先民的贫富之别。使用贵重石料坠饰者，可能属于富裕人家，而用此类陶坠饰者，应是那些家境贫寒之人。尤其是到了新石器时代晚期及青铜时代，此种现象可能更为明显。

2002 年出土于甘肃省康乐县。

（249）齐家文化圆珠形陶坠饰

左直径 5 厘米，黑衣灰陶质，右直径 4 厘米，泥质黄陶。二陶珠均为正圆形，中部有一上下贯通的穿孔，属大型或较大型陶珠。据有关考古资料，此类陶珠多单个出现，基本不见串联而成的串珠。直径一般在 4～6 厘米之间，大多制作规整，打磨精细，使用痕迹明显，出土量极少，应是串珠下面的坠饰，或是以单独的悬挂饰出现的。

2002 年出土于甘肃省广河县。

四十一　圆形穿孔陶饰品

（250）齐家文化扁圆形穿孔陶饰品

这 9 枚扁圆形穿孔陶饰品，是我从甘肃各地陆续收集来的，属齐家文化遗物。大者直径 4 厘米左右，厚 0.9 厘米左右；小者直径不足 3 厘米，厚 0.3 厘米左右。其质地有灰陶、灰褐陶、红褐陶、黑衣陶、土黄陶等，均为扁圆体，制作大都比较规整，有的还戳刺有花纹。此类饰品与小型陶环有别。小型陶环内孔径较大，整体呈环状，而这种饰品中部仅有一很小的穿孔。但二者的功能可能有相同之处，除有的可以单独作为耳饰外，多个串联起来亦可作为头饰，或用作颈部或腰间的悬挂饰。有的可能是与其他质地的饰品搭配，结缀在衣服上的。扁圆形穿孔陶饰品主要见于齐家文化。这 9 枚藏品无论其造型、大小、陶质陶色等，基本上代表了这一时期此类饰品的主要形制特征。

（251）泡形穿孔陶饰品

此种形制的穿孔陶饰品，共收藏到5枚，直径均在4.5厘米左右。两枚为泥质红陶，其中一枚两面饰有红色陶衣，应为马厂晚期遗物。另三枚中一枚为泥质灰陶，两枚为黑衣陶，属齐家文化遗物，说明这种泡形饰品在马厂晚期到齐家时期都是存在的。其形制特征大致相同，均为正面隆凸，背面内凹，呈中空半球形，中部有一穿孔，整体看起来颇似当今人们常用的一种泡形纽扣。对于此类饰品，也有藏友提出可能是先民的纽扣。但从民族学资料看，西部藏民冬夏所穿藏袍，自古以来从不使用纽扣，仅以长带束腰。因此，推测这种饰品的功能与扁圆形穿孔陶饰品是相同的。这种饰品的制作工艺比较复杂，大都经过精心打磨抛光，新颖别致，美观大方，而且出土量极少。可能并非一般人所用之物，在使用对象上二者应是有所区别的。

四十二　陶环

（252）马家窑类型圆形灰陶环

考古资料表明，至迟在旧石器时代晚期，我国原始先民就已经开始注意对身体的装饰。到了新石器时代，随着生活条件的改善、生产工具的进步，先民的身体装饰也发生了重大变化，饰品种类更加丰富，制作工艺更加精细，装饰范围几乎从头到脚遍及身体各个主要部位。早期所用的装饰材料，主要还是石、牙、骨、贝等。中期以后，除陆续出现了一些玉石、绿松石等比较贵重的材料外，由于制陶业的迅速发展，陶饰品开始大量出现。从各地出土情况看，各种形制的陶饰品不下 10 余种，陶环即是其中的一种。

据有关考古文献，陶环在大地湾一期文化中即有发现，主要盛行于仰韶文化时期，以及马家窑文化中。在不少地区的先民中都是主要装饰品之一。齐家文化中也有不少出土。到了西部的青铜时代，陶环仅在辛店等少数遗存中有发现，不少地区已为青铜制品所取代。从仰韶和马家窑文化出土的陶环看，其大小不同，形状各异，环体剖面有圆形、椭圆形、正方形、长方形、多角形、多边形、菱形、月牙形等多种。除甘肃西山坪仰韶早期遗存发现有彩陶环外，主要为灰陶和红陶制品，大多制作规整，打磨抛光极佳，可见当时人们对这种饰品的喜爱。

在甘青一带古玩市场上，像陶环这类小东西一般不大为人重视，很少有人收售，寻找起来也颇费力。马家窑类型的大型陶环，我只收藏了圆形一种，共三枚，直径在 8.2～9 厘米之间，内孔径 5 厘米左右，均为泥质灰陶。整体呈扁弧环状，环面为圆弧形，外缘薄似利刃，内壁亦略弧圆，光素无纹。此类陶环可能是先用慢轮制出两面隆凸的圆饼，然后再依其所需大小开出内孔。从内孔直径大小

看，既有可能是作为少男少女手镯使用的，也有可能是成年男女颈部或腰间的悬挂饰。

（253）马家窑文化小型陶环

小型陶环直径一般在 2～4 厘米之间，多为灰陶，少部分为泥质红陶和土黄陶。内孔呈圆形，外缘有圆形、螺旋形、多角形、齿轮形等多种。据专家研究，这种小陶环的用途主要有以下几种：1. 戴在手指上做指环，即类似今日的戒指。史前发现的指环有石、蚌壳、绿松石、玉石、青铜等多种材质，陶质指环属普通的一种，也是较常见的一种。2. 串联起来做串挂饰。有将这种小陶环单独串联成串的，也有与其他珠、管类饰物配合起来串联的，一般做颈饰或胸饰。3. 与牙、角、蚌类饰物搭配结缀在衣服上作为装饰。4. 小而薄的陶环也常作为耳饰，与现代女性戴的耳环相似。与大陶环相比，这种小陶环在体外装饰中的使用范围似乎更为广泛。此类陶环我总共收藏了 10 枚，除 3 枚外缘呈六角形外，余皆为圆形。据老乡讲，在马家窑文化各期墓葬中发现的小型陶环也以圆形为多，可能与这种陶环制作比较容易、使用较为普遍有关。

四十三　陶璧

（254）马厂类型圆形小型彩陶璧

在盗掘者盗掘的部分史前遗址中，尤其是青海东部地区的部分马厂晚期遗址，曾出土不少圆形片状且中部开有圆孔的陶制品，小者直径仅有三四厘米，大者直径可达 10 余厘米。除个别施有彩纹外，基本为素面。在这些陶制品中，除部分明显呈环状外，有不少则颇似后来齐家文化时期出现的玉璧。我们将其定名为“陶璧”，主要是基于以下三个原因：1. 从其形制上看，这种陶制品与齐家玉璧一样，均为扁圆形，中间开有圆孔，且“肉经”大于“好经”，具有玉璧的形制特征。2. 从少数陶璧上所施彩纹及戳划纹饰看，有穹隆纹、太阳纹、星月纹

等。所绘太阳纹，基本都是将中央圆孔视为太阳，而围绕圆孔施放射线纹的。如果说玉璧的圆形外观乃天穹的象征，中间圆孔寓有太阳的含义，那么，这些纹样则更直接证明，此类陶制品与玉璧一样，具有祭天的功能，是一种祭天的礼器。3. 齐家与马厂有着密切关系，不少齐家文化类型陶器都是从马厂类型直接演变而来的，而且二者年代相距较近，这种“陶璧”与齐家玉璧存在着演变关系是完全有可能的。从以上分析中可以判定，马厂晚期的这种陶制品，应是后来齐家玉璧的早期形态，或者说是齐家玉璧的前身。在当时除主要作为祭天礼器外，或敛尸，或用于祛灾驱邪，与齐家玉璧的功用是相同的。

此类小型彩陶璧，我总共收藏了 56 枚，现选取 30 枚做介绍。这些陶璧均为细泥红陶，圆形片状，单面钻孔。大者直径 3.7 厘米，内孔径 1.5 厘米；小者直径 1.8 厘米，内孔径 0.5 厘米。其形体虽小，但件件制作规整，通体打磨抛光，饰淡红色陶衣，并以黑彩绘有多种纹饰。从中不难看出，当时人们对此类陶璧的制作是十分重视的。从环面所施纹样看，主要有穹隆纹、太阳纹、月晕纹、启明星纹、黑彩三角形太阳射线纹，以及四分天区图、表示地纹的网格纹等。基本上都是与天象有关的纹样，祭天的功能十分明显。但由于这种陶璧形体较小，也有可能是将其串联起来，作为巫师头部、颈部的特殊饰物或手中的法物而出现的。

1990 年出土于青海省民和县。

（255）马厂类型圆形小型刻纹陶璧

这种圆形小型刻纹陶璧，我总共收藏了 33 枚，现选取 24 枚做介绍。这部分藏品与前面介绍的小型彩璧同出一墓，形制特征也基本相同。直径 2.5～3.5 厘米，内孔径 0.7 厘米左右，均为细泥红陶。圆形片状，单面钻孔，通体打磨，双面阴刻细网格纹，虽无彩饰，但从制作工艺看，仍是一丝不苟的。在这些陶璧中，两面所刻细网格纹，与小型彩璧上所绘地纹大致相同，这里应释地纹，与圆形璧形合读，寓意天地崇拜，其实用功能应与小型彩璧是相同的。

1990 年出土于青海省民和县。

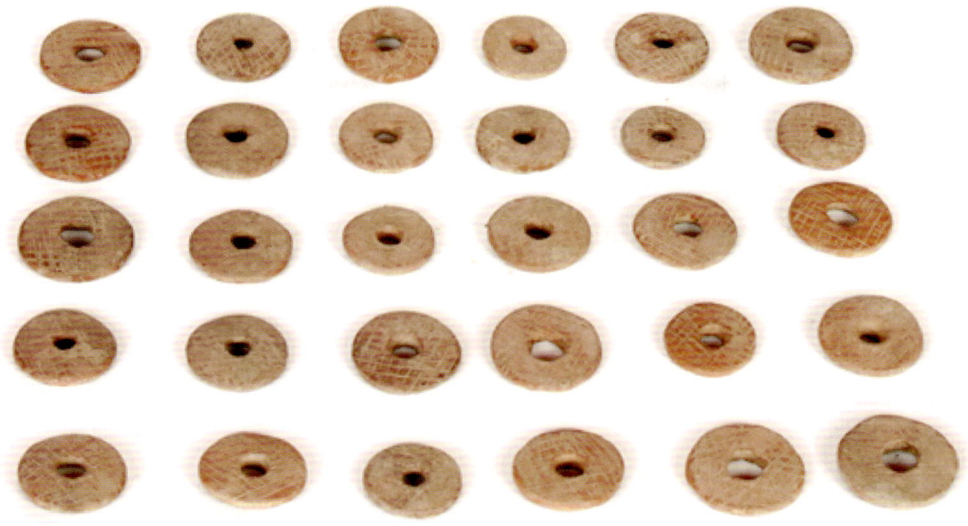

（256）马厂类型葵花形素面陶璧

五璧直径都在 10 厘米左右，内孔径 4 厘米左右，厚 1 厘米左右，均为泥质红陶，中央圆孔直开，外缘做葵花形，两面平素无纹。

后来的玉璧虽然以正圆形为主，但就史前各地出土的玉璧看，亦有各种不同形制。如红山文化的圆角方形玉璧、红山文化和薛家岗文化出土的三联玉璧等。作为玉璧早期形态的陶璧，可能更是不拘一格。这种葵花形陶璧应是其中的一种。但正如史前各地出土的异形玉璧一样，其特殊的造型都不是先民随意而为的，可能都有其特定的文化内涵。

2003 年出土于青海省民和县。

（257）齐家文化刻纹戳印纹陶璧

左璧直径 10.2 厘米，内孔径 2.5 厘米，两面各阴刻一网格十字纹，以表示四方大地；在十字纹间出现的四个三角形图案中，分别以粗管状物戳印一阴边圆珠纹，以表示星辰，这里应是穹隆的象征。环面所表现的应是一幅四方天地图，礼天祀地寓意明显。

中璧直径 10 厘米，内孔径 2.3 厘米，两面各以中央圆孔为中心，施放射状篦点纹，以表示太阳或月亮的光芒；在篦点纹间，围中央圆孔一周施 8 个表示星辰的阴边圆珠纹，纵切面阴刻一周竖线纹。环面所表现的应为先民所祭拜的日（月）星辰之神。

右璧直径 9.5 厘米，内孔径 2 厘米，两面均以“井”字纹为骨架构图。在“井”字周边形成的四个三角形图案内，分别施斜网格纹，以表示四方大地；在“井”字上下左右出现的四个“U”形图案内，各阴刻一斜十字纹。这里可能是“互物”的象征，也可能表示阴阳在天地间相互贯通。在每个斜十字纹间，各戳印四个阴边圆珠纹，以表示星辰。另外，四个斜十字纹使四个“U”形图案上方各形成一组燕尾式交角，每组燕尾式交角又分为两个直角三角形，共形成 8 个直角三角纹，与大溪等古文化遗址陶器上的八角星纹大致相同，可能都是作为方位天文学的典型符号出现的。环面纹饰合读，应具有更深层次的内涵，需要研究。

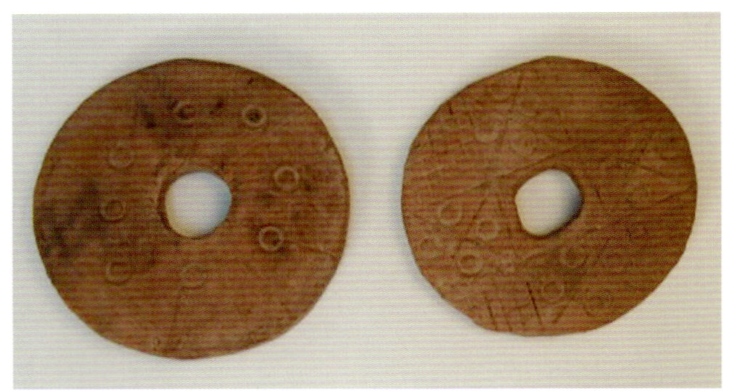

三璧均为细泥红陶，制作规整，施纹精细。可以看出，制作时是十分认真的。另据老乡讲，三璧同出一墓。从其陶质、陶色及施纹工艺看，也可能是同时制作的。再从其纹饰内容分析，又可能是相互关联的一套。据此推测，这三枚陶璧并非一般常人所用之物，很可能为头人或巫师专用的祭天礼器，在祭天活动中应有其特殊功用。

2004 年出土于青海省民和县峡门镇。

（258）齐家文化戳印纹陶璧

直径 10.5 厘米，内孔径 2.5 厘米，厚 1.2 厘米，泥质红陶。整体呈扁圆形，中央圆孔直开，两面各以粗管状物环中央圆孔戳印一周阴边圆珠纹，外缘施一周斜向篦点纹。在这枚陶璧上，中央圆孔为圆月的象征，外缘篦点纹表示月亮的光芒，阴边圆珠纹表示星辰。表现的应是皓月当空、繁星闪烁的美好夜色，反映先民在祭天活动中对月神、星神的虔诚崇拜。

1990 年出土于青海省乐都县。

四十四　陶鼓

（259）半山类型长喇叭形彩陶鼓

这种长喇叭形陶器，考古界认为是我国最早的鼓，主要见于甘青一带的马家窑文化中。有彩饰的，也有素面的，大者高达 70 厘米，小者不足 20 厘米。形制大致相同，一般做长颈喇叭形，两端开口，中部呈筒形，一端为罐形口，一端为喇叭形口；喇叭口外侧一周饰 5～12 个不等的鹰钩状纽，可能是用来绷兽皮的。在陶鼓两端，各置一环形耳，可能是为了穿绳系带，以便往身上挎挂。

20 多年来，我曾见过数十件彩陶鼓，但不是残破不全，就是严重脱彩或彩纹模糊不清，品相完好者极少。听老乡说，一些陶鼓出土地并不潮湿，有的甚至还是沙土层或白干土，挖出来的大部分彩陶器都非常完整，唯独彩陶鼓残破脱彩。据此推测，这很可能与当时人们对这种乐器使用较多有关，或者说是在歌舞伴奏或祭祀活动中使用的一种主要乐器。

我收藏的这件彩陶鼓，高 37 厘米，罐形口直径 10.5 厘米，喇叭形口直径 32 厘米，两端各置一环形耳，喇叭口外侧饰 11 个鹰钩状凸纽。黑、红彩施纹，罐形口外侧绘两道平行带纹，间绘折带纹，中部绘一道平行带纹，喇叭口外侧绘黑红相间的平行带纹、锯齿纹。该陶鼓属半山类型陶鼓中较大的一种，尤其是那个奇大的喇叭形口，显得十分气魄。

2001 年出土于甘肃省皋兰县。

（260）半山类型罐形彩陶鼓

高 25.5 厘米，口径 20 厘米，底径 9.8 厘米，夹砂橙黄陶，敞口、直领、溜肩、鼓腹、双耳、平底。黑、红彩施纹，口沿内侧绘垂弧纹，领部绘斜十字纹，腹部绘平行带纹、竖带纹、菱形网格纹、锯齿纹。该器整体造型为大口深腹罐，与常见同类器不同的是，在颈肩接合部饰有等距离 8 个圆柱形凸饰（其中两个已脱落），推测可能是用来绷兽皮的，据此我们将其定名为“罐形陶鼓”。

从目前所能掌握的材料看，迄今经考古发掘并经专家考订为“鼓”的陶器，主要是红山文化出土的一批筒形器、大汶口文化出土的原来称为“陶漏器”的陶器、陶寺龙山文化遗址出土的“土鼓”，以及马家窑文化的长颈喇叭形陶器等。事实上，古文献所记载的“以瓦为匡”的鼓，形制可能是多种多样的，许多大口陶容器绷以兽皮都可以当鼓用。但现在一般界定的陶鼓，除筒形器外，器体外部还须有一定的特殊设置，如做鼓面的口沿外侧设置有若干乳丁或钩状泥突等。根据史前陶器中经常出现的一物多用现象，这种陶器可能是一物两用的，或者叫“艺用合一”陶器。大汶口文化出土的那件陶鼓，当初之所以将其定名为“过滤器”，后来又考订为陶鼓，主要是由于它具有两种不同的使用功能，即蒙上网状物为过滤器，绷以兽皮则为鼓。类似的陶器可能还有不少，皆可称为史前的鼓或兼用鼓。

作为“艺用合一”陶器，这件藏品也具有十分明显的特征。平时它就是一件生活中实用的大口容器，娱乐需要时绷以兽皮则为鼓。颈肩接合部的一周凸饰，绝非仅仅是一种装饰，很可能就是专门用来绷鼓皮的，这与大汶口文化的陶鼓有许多相似之处。

1997 年出土于青海省民和县。

（261）马厂类型长喇叭形素面陶鼓

高 48.3 厘米，罐形口直径 14 厘米，喇叭形口直径 26.5 厘米，泥质土黄陶。素面，整体造型呈长喇叭形，两端各置一环形耳。喇叭口外侧饰 7 个钩状凸纽，属该式陶鼓中较大的一种，其整体保存基本完好。

一般认为，史前不同时期出土的陶鼓，甚至包括鼍鼓在内，拥有者并非一般人物，可能是部落首领，也可能是巫师，在当时就是身份、地位和权力的象征。但就马家窑文化的陶鼓而言，可能还要具体分析。在马家窑文化延续长达 1000 多年的时间里，各地都有不少陶鼓出土。在近 20 年的私挖乱掘中，陶鼓的出土量更多。据老乡讲，有的一个墓地就能发现七八件，多者可达 10 余件，而且其中还有不少素陶鼓和体形较小的彩陶鼓。这在我收藏的过程中也是经常看到的，前者几乎占到一半左右，多为夹砂陶质，其中一部分制作相当粗糙。如有的仅附一环形耳，有的喇叭口外侧无钩状泥突，有的喇叭口外撇度很小，几乎呈直筒状，有的几乎未进行任何打磨修饰等。小型陶鼓无论施彩者或素面，体高大多在 20 厘米上下，有的甚至只有 10 厘米左右。据此推断，这一文化中的陶鼓，使用范围可能会更广一些，拥有者的人群可能会更多一些。尤其是那些素陶鼓和小型陶鼓，很可能就是老百姓平时自娱自乐的一种乐器，也有可能是特制的随葬品。

2002 年出土于甘肃省永登县。

（262）齐家文化拍鼓

左器高 13 厘米，鼓面直径 23.7 厘米，底径 10.8 厘米，泥质土黄陶。鼓面隆凸，周沿外折，斜直腹，平底，腹上方饰等距离 5 个圆形穿孔，通体光素无纹。

右器高 10.5 厘米，鼓面直径 20 厘米，底径 11 厘米，夹砂红陶。鼓面微隆，周边呈圆弧形，斜直腹，平底，腹上方饰等距离四个圆形穿孔，通体光素无纹，使用痕迹明显。

二器整体呈大口深腹盆形，制作时可能是先制出盆体，然后再特制一圆形盖子，待晾干后，再将盖子盖于盆口，最后用湿泥将衔接部位封死。这两件陶器是我的早期藏品。刚入藏时，由于从未见过这种器形，不知为何物。就我所看到的考古文献，也未见有记载，更未看到专家对这种器物的解读。后来，西宁一位从事音乐教育的藏友收藏了这么一件。研究后认为，可能是史前的一种打击乐器拍鼓，并得到有关专家的认可，这才对这种器物的用途有了一个比较清晰的认识。

这种器物作为拍鼓出现的可能性是存在的。有关专家认为，马家窑文化的长颈喇叭形鼓，就是用手拍的。许多民族学、民俗学资料也告诉我们，用手打击乐器的方法，可能出现得比较早，也是一种比较原始的方法。在非洲经常看到的那种以手击鼓的方法，以及在我国新疆维吾尔族等少数民族中经常出现的拍鼓，都可能是从很早以前一直沿袭下来的。用鼓锤击鼓的方法，有可能是在此基础上产生的。二器腹部的圆孔，应是为了方便拍击，供穿手指用的，也可能是专门用于穿绳系带往颈上悬挂的。

到了齐家文化时期，长颈喇叭形陶鼓已基本不见，代之而出现的是这种拍鼓。但这种拍鼓的出土量极少，连同我的这两件藏品，多年来仅见过 7 例。据此推测，其用途可能与长颈喇叭形鼓相同，但使用范围不可能太广，拥有者的人群也不可能太多。另外，就我了解到的情况，这种拍鼓主要出土于兰州西部和青海东部地区，也就是今天的湟水和大通河流域，与马家窑类型舞蹈纹器的出土地大致相同，很可能与这一带古羌人的文化生活有关。

左器 1986 年出土于青海省民和县，右器 1987 年出土于青海省乐都县，出土地均位于湟水谷地。

四十五　摇响器

（263）马家窑类型刻纹球形摇响器

史前的摇响器，考古界有时也称“陶响球”。一般多为球形或类球形，中空，内装陶丸或石粒，摇动时哗哗作响。在长江流域的大溪文化、屈家岭文化、薛家岗文化、马家浜文化等遗址中都有发现。在黄河中游仰韶文化的姜寨、李家沟等不少遗址中也有出土。在甘青地区，从马家窑文化到进入青铜时代的许多古文化遗存中，也都发现过不少此类陶器。从考古发掘及民间发现的摇响器看，有的出自儿童墓葬中，有的则出自成人墓中。这就说明，它可能具有两种功能，即有的可能是儿童玩具，有的可能是作为乐器使用的。但也有人认为，在这些摇响器中，有的应是巫师做法时的法器，这也可能是存在的。这种摇响器自新石器时代中期出现以后，一直延续了下来。甚至直到20世纪五六十年代，在农村的歌舞活动中，还会看到艺人手中高举的摇响乐器。在儿童玩具中，还会看到这种球形摇响器。虽然式样不同，质地有别，但似乎都留有蛮荒时代先民这种摇响器的影子。

这件藏品直径7厘米，泥质橙黄陶，球形，中空，里面装的可能是陶丸，摇之响声稍闷。器表刻满斜十字纹。此类刻纹，甚至包括同类器上的其他纹饰，除其装饰功能外，有的可能具有某种特殊的巫术含义，需要进一步研究。

2003年出土于甘肃省通渭县。

（264）半山类型戳印纹锥刺纹球形摇响器

直径 7.3 厘米，泥质红陶，球形，中空，里面装的可能是石粒，摇之响声发脆。体表以粗管状物戳印 20 余个圆圈纹，圆圈中心施一锥刺纹，其余部位皆施满锥刺纹。在这些密密麻麻的锥刺纹的衬托下，使阴边圆圈纹显得更加醒目而美观，也使整器看起来豪华而典雅。该器器形硕大，施纹精美，可与安徽潜山薛家岗文化墓葬出土的镂空锥刺纹陶响球媲美。应属先民在重要文化娱乐活动中使用的乐器，或巫师手中的法器。

2001 年出土于甘肃省康乐县。

（265）半山类型锥刺纹球形摇响器

直径 5 厘米，泥质红陶，球形，中空，内装陶丸或石粒，摇之哗哗作响。通体施锥刺纹。此类纹饰系用尖锥状利器戳刺而成，有的特意戳刺成某种几何形图案，有的如该器则无一定规律。如此戳刺出来的纹饰，密密麻麻遍布器身，如蜂巢状，亦颇具装饰性。该器上的锥刺纹与前面介绍的同期摇响器上的锥刺纹一样，均未与器内穿通，除其装饰功能外，可能也

是为了增强音响效果而特意设计的。锥刺纹主要盛行于新石器时代早期和中期，但在甘青地区，新石器时代晚期及青铜时代陶器上也不时可以看到。可能与这一纹饰的装饰技法比较简单随意有关，同时也可以看出当时人们对这一纹饰的喜爱。

2000年出土于甘肃省永登县。

（266）半山类型圆锥顶房屋形摇响器

通高5厘米，底径3.7厘米，泥质红陶。上部为圆锥形，下部平直，近底处饰一周穿孔，平底，底中部亦有一穿孔。中空，里面装的可能是陶丸，摇之声音发闷。整体呈圆锥状蒙古包式房屋形。这种房屋形式在仰韶文化时期就已经出现，也是半山、马厂先民的住房形式之一。尖尖的屋顶可能是茅草结构，矮矮的墙体应是半穴式房屋墙体的高度。陕西武功县曾出土一件仰韶文化陶屋模型，造型与该器颇有几分相似，只是前者作为一种房屋模型开有一门。甘肃甘谷县灰地儿出土有一件石岭下类型陶屋模型，下部虽为方形，并开有一门，但上部的圆锥形屋顶则与该器大致相同。因此，推测该器很可能是以这种房屋形式为母体进行制作的。史前的摇响器与陶铃不同，以球形为常见，像此类仿生器则很少看到，亦属难得之物。

2005年出土于甘肃省广河县。

（267）马厂类型素面球形摇响器

左器直径7厘米，泥质土黄陶，球形，中空，里面装的可能是陶丸，摇之声音发闷。通体光素无纹，制作不甚规整。在球形摇响器中，该器属较大的一种，十分难得。

右器直径 4 厘米，泥质红陶，球形，中空，内装陶丸或石粒，摇之哗哗作响，通体光素无纹。如此小的摇响器也不多见。摇响器的大小，可能是根据不同的使用对象和使用场合而特意设计制作的。

二器均于 2003 年出土于甘肃省永靖县。

（268）齐家文化锥刺纹球形摇响器

直径 4.5 厘米，泥质黄陶，球形，中空，里面装的可能是陶丸，摇之声音发闷。体表施九组梅花形锥刺纹，每组 4～8 个锥刺小孔，均未与器内穿通。西部马家窑文化及青铜时代陶器上所施锥刺纹，以几何图案或象生纹样出现者极少，因而该器就显得别有风采。

2004 年出土于甘肃省积石县。

四十六　陶铃

（269）马厂类型带柄彩陶铃

陶铃与摇响器一样，都是中空、内装陶丸或石粒、摇之可发出响声的乐器。不同的是，摇响器多为球形或类球形，摇响时需握于手中；陶铃则形体多样，上面皆设置有提梁、柄或穿孔鼻形纽，既能手握摇响，亦可穿绳系挂，使用方法和范围可能比摇响器更多、更广些。从有关考古资料看，这种陶铃主要出现于黄河流域的远古文化遗存中。在大汶口文化、仰韶中期的庙底沟类型、晚期的大河村类型中都有发现，但发现较多的还是在龙山文化中。马家窑文化、齐家文化，一直到青铜时代的一些古文化遗存中，也都有不少发现。见诸文献记载的虽然不多，但事实上多年的私自挖掘中，出土量还是不少的，仅就我见到的不下 50 例，说明西北远古先民对这种乐器还是比较喜爱的。从出土情况看，陶铃在一些地区可能比摇响器出现得要晚，也可能是在摇响器的基础上发展演变而来的。

关于陶铃的用途，不少学者认为，可能具有摇响乐器和儿童玩具两种功能，与摇响器是相同的。但从民族学、民俗学角度去研究，还有一点值得注意，即在西部藏族游牧民的腰带上，大都系有一个铜铃，走起路来不断发出响声。据说这一方面是为了排遣在荒野中放牧的寂寞，起着愉悦心情的作用；另一方面则是为了对恶兽起震慑作用，使之不敢近前，以求得人畜的安全，这与他们在放牧中不时引吭高歌或发出尖厉呼喊声的道理是一样的。因此，推测这种陶铃中的一部分，尤其是带系孔的陶铃，应是在腰间系挂的，其作用与当今藏民腰间所系铜铃是相同的。但藏民腰间的铜铃是否就是由史前这种陶铃演变而来，这种佩挂习俗是否是从史前沿袭下来的，还需要进一步研究。

这件陶铃通高 7.8 厘米，底径 3.5 厘米，泥质土黄陶。铃体呈椭圆形，中空，上置一宽板状柄，柄上端有一穿孔，里面装的可能是陶丸，摇之声音发闷。黑彩施纹，柄上绘竖带纹，铃体上部绘一周圆圈纹，下部绘平行带纹，属马厂晚期遗物。该器既可手握摇响，亦可提柄摇响，同时还可以穿绳系挂。其作用除上面谈到的原因外，也可能是一种装饰。

2002 年出土于甘肃省康乐县。

（270）马厂类型壶形陶铃

通高 10.6 厘米，底径 7 厘米，夹砂红陶。整体造型呈壶形，圆肩、弧腹、大平底。顶端为一封死的小口，腹两侧各饰一鼻形纽（一侧已脱落），纽上有一穿孔，可供穿绳系挂。下腹施横向绳纹，外底施交错绳纹，局部进行了简单装饰。铃体中空，内装陶丸或石粒，摇之可闻响声。这种外形与壶、罐、瓶等生活实用器类似的陶铃，在马厂类型和齐家文化中曾发现多例，应是在生活实用器的基础上发展演变而来的，有的甚至可以明显看出系由生活实用器改制而成。

1996 年出土于青海省民和县。

（271）齐家文化带提梁彩陶铃

通高13.2厘米，泥质橙黄陶。扁体，长椭圆形，外底近圜形，中空，上端有一穿孔，并置一高高的提梁，内装陶丸或石粒，摇之可闻响声。通体以褐红彩施纹，铃体扁腹两面中部各绘两道并行排列的竖带纹，间绘不规则点状纹；一面竖带纹两侧绘三角纹、菱形纹，一面竖带纹两侧绘斜网格纹。铃体两侧各绘两道竖带纹，间绘平行短带纹。提梁绘平行带纹、不规则点状纹。甘肃省博物馆藏有一件马厂类型彩陶提梁铃，整体造型与该陶铃大致相同，但形体略小。另外，我在藏友处还看到过两件马厂和齐家彩陶提梁铃，形制与前两件大同小异。从中可以看出，齐家的这种带提梁陶铃，与马厂同类器的承袭关系是十分清楚的。这种提梁铃与马家窑文化、齐家文化那些仿生陶铃相比，无论其造型或实用功能，都更接近于青铜时代，尤其是进入文明社会以后出现的铜铃，对类似形制铜铃的产生，应具有一定影响。

2004年出土于甘肃省渭源县。

（272）齐家文化素面提梁铃

通高8厘米，底径3.4厘米，泥质黄陶。铃体呈扁圆形，顶部和底部为两个平面，顶端置一提梁，平面中部有一穿孔。通体光素无纹，中空，里面装的可能是陶丸，摇之声音发闷。提梁铃主要见于马厂和齐家时期，有彩陶亦有素陶，但出土量极少，因而显得尤为珍贵。

对于此类陶铃，甚至包括前面介绍的柄上带系孔的陶铃，有人由现代藏舞中舞者腰间及四肢所系铜铃推测，可能具有同样功能。我认为可能性不大。其道理很简单，因陶器不同于铜器，笨重、易碎，不经磕碰，何况藏族四肢系铃歌舞者皆为男性，所跳藏舞节奏很快，起伏极大，若系陶铃，极易碰坏。而且，从有关民俗学材料看，藏民男子跳舞时四肢系铃的习俗出现得并不早，远古时期是不可能存在的。

2002 年出土于甘肃省积石县。

（273）齐家文化鼓形带把陶铃

通高 7 厘米，夹砂黄陶。整体呈鼓形，中空，两端各为一平面。中部微内束，上端置一半环形耳把，里面装的可能是石粒，摇之响声稍脆。通体施横向和斜向绳纹。鼓形陶铃主要见于齐家时期，亦有人称“鼓形玩具”。曾发现多例，大者高 15 厘米左右，所见皆素器，为这一时期新出现的一种别具特色的陶铃造型。其使用方法应与带柄穿孔陶铃相同。由于齐家时期未曾发现这一形制的陶鼓，大者是否同时具有“拍鼓”的功用，值得研究。

2006 年出土于甘肃省，具体地点不详。

（274）齐家文化小型带把陶铃

高 5.4 厘米，底径 3 厘米，泥质土黄陶。铃体呈椭圆形，上部捏有一短把，中空，内装陶丸或石粒，摇之可闻响声，制作粗糙，光素无纹。该器属陶铃中较小的一种，可能是年龄较小的儿童的玩具，也可能是夭折婴幼儿的随葬品。此类小型陶铃我曾见过多例，形制大致相同。

2004 年出土于甘肃省永靖县。

四十七 陶埙

（275）半山类型瓶形陶埙

埙是我国一种古老的闭管吹奏乐器，也是我国最早出现的乐器之一。浙江余姚河姆渡遗址出土的一件椭圆形陶埙，距今 7000 年左右，被认为是我国迄今所知最早的埙之一。在黄河下游大汶口文化遗址，中游仰韶文化半坡、姜寨遗址，以及新石器时代晚期龙山文化的不少遗存中，都有陶埙发现。在甘青地区，从马家窑文化、齐家文化，一直到青铜时代，不少古文化遗存中也都有陶埙出土，其中尤以四坝文化出土相对较多，而且制作最精。史前陶埙就其形制看，有圆球形、椭圆形、扁圆形、橄榄形、梨形、管形、鱼形、蛙形等多种，其中以动物造型最为别致，发现亦十分稀少。

该陶埙为半山类型遗物。通高 4.5 厘米，底径 2.5 厘米，泥质橙黄陶。整体造型呈小口瓶形，以中部折棱为界，上部上收至口部，下部下收形成小平底，与半山时期的敛口瓶颇有几分相似。顶端圆孔为吹孔，腹部两侧各开的一个圆孔为指孔，属新石器时代晚期十分少见的二音孔埙。另外，从有关考古文献看，我国新石器时代的陶埙尚未定型，基本为管状、球状和椭圆体。这件陶埙造型已接近于中原地区殷商时期的梨形埙和平底卵形埙，为新石器时代少见的埙式之一，亦属难得之物。

2004 年出土于甘肃省广河县。

（276）齐家文化球形陶埙

左一，直径 4 厘米，泥质红褐陶，顶端有一吹孔，腹部一侧开两个圆指孔，吹孔较大，并阴刻一周边饰。

左二，直径 4.5 厘米，泥质土黄陶，顶端有一吹孔，腹部一侧开两个圆指孔，三孔大小相同。

左三，直径 5.5 厘米，泥质红陶，顶端有一吹孔，腹部一侧开两个圆指孔，吹孔较大，并阴刻一周边饰。

左四，直径 5.8 厘米，泥质土黄陶，顶端有一吹孔，环腹部开四个按音孔，五孔大小相同。

四枚陶埙均为球形，左一、二、三形制基本相同。若倒置起来看，双音孔酷似人的两只眼睛，吹孔恰如人的嘴巴，球形埙体则成了人的脑袋，趣味无穷。推测先民也可能是以人头为模型设计制作的，制作的不仅是一种乐器，而且也是一件人头雕塑艺术品。

在齐家文化中，球形四音孔埙比较少见，球形二音孔埙则不时可以看到，而且主要见于这一文化遗存，形制亦大致相同。二音孔埙较多地出现于新石器时代晚期的龙山文化时期，可发出三个乐音，与早期出现的只能发小三度两个音的单音孔相比，无疑是一个进步。由于齐家文化与龙山文化年代大致相当，可能有受其影响的因素。

在这四枚陶埙中，左一、二、四三枚内装有小陶丸，摇之可发出响声。当初我曾将其定名为“陶响球”，后经一位懂音乐的朋友用其吹奏，结果能同其他陶埙一样奏出优美的音乐。因此可以判定，齐家文化中这种内装有陶丸的球形器，应是一种兼有摇响与吹奏两种乐用功能的乐器，是史前常见的一物两用陶器在乐器制作中的具体体现。

对于这种球形陶埙，西北藏界也有人认为是“陶弹丸”，其实这是不准确的。这种陶球因其中空，分量较轻，不具杀伤力，而且极易摔碎，作为狩猎工具的可能性不大。

左一、四 2003 年出土于青海省循化撒拉族自治县。

左二、三 2004 年出土于甘肃省和政县。

四十八　陶笛

（277）半山类型四孔陶笛

长 15 厘米，泥质红陶，中空、管形，两端开口，整体呈一端粗一端细的尖锥状。较粗的一端管口略呈喇叭形，直径 1.5 厘米；较细的一端口径 0.8 厘米。该器通体打磨光滑，在管壁一侧钻有纵行排列的四个圆孔。这种陶笛的制作方法，可能是选用可塑性较好的泥巴，依据所需大小，擀成薄薄的泥片。晾至可自由卷曲时，卷到事先准备好的细木棍上，然后按照所需孔距开孔。当所制笛管基本晾干后，抽出木棍，打磨抛光，一支陶笛便算制作完成了。陶笛呈尖锥状，应与选用木棍的形状有关，也可能是制作者特意设计的。其使用方法应与骨笛是相同的。

据专家研究，史前的骨笛吹奏时为竖持，在嘴巴对笛管口部吹的同时，通过两手手指对音孔的按动而发出不同声音。从史前出土的骨笛看，有的两端粗细相差无几，有的虽也略呈尖锥状，但较细的一端口径亦相对较大，故两端均可吹。而从这支陶笛两端口部粗细的悬殊情况看，较大且呈喇叭状的一端应为吹孔，较

细的一端由于口径过小而不具备吹孔的功能。从音孔数量看，在西部的马家窑文化，以及后来的青铜时代文化中，发现的骨笛多为三孔、四孔。这支陶笛只开有四个音孔，应与当时当地先民的制笛技术及对这种吹管乐器的认识有关。这种陶笛与骨笛的功能应是相同的。可能是巫师用来作法的一种法器，也有可能是用来诱捕野兽的拟声工具，或许也兼有娱乐时使用的乐器功能。

有学者认为，史前的此类吹管乐器，很可能是最初的吹火筒演变而来的。这或许有一定的道理，因其整体造型的确有点像吹火筒。我们知道，史前出土的笛类吹管乐器，主要是骨笛，陶笛则十分罕见。有关文献亦未见记载。这支陶笛出现在马家窑文化中，与同时期新出现的其他陶制乐器一样，无疑与这一时期陶制业的兴旺发达有关。这支陶笛的发现，不仅为史前尤其是西部马家窑文化的此类吹管乐器的研究提供了一新的物证，同时也为我们对此类乐器在材质的研究上开阔了视野。在我国西部为数众多的五彩缤纷的彩陶中，这件小小的器物，虽无华丽的外衣，但足可以其奇妙的声音引起考古界和收藏界的共鸣。

1991 年出土于甘肃省永靖县。

四十九　陶钟

（278）齐家文化陶钟

通高 11 厘米，泥细黄陶，直圆柄，扁四面体，中空、平肩、扁圆形口。器壁自上而下逐渐加宽、外张，两面以中部凸棱为界向两侧偏斜，形成两个斜面。近口部为两端尖圆微翘，中部呈弧形的钺刃状，柄肩接合部两侧各有一与器内相通的小孔。据有关文献，史前陶钟迄今仅陕西长安县客省庄龙山文化遗址出土一例，灰陶制品，形制与该器大致相同，一直被学术界视为孤品。如此看来，我的这件藏品当属第二例，弥足珍贵。另据叶茂林《陶器鉴赏》介绍，其他地方（未写明出土地）还发现过一件，为细泥红陶。即使加上此件，也不过三件，可见这种乐器出土量极其有限。

齐家文化与龙山文化同属新石器时代晚期文化，年代大致相当，陶钟应属这一时期新出现的一种乐器。因形似青铜时代的编钟，尤其与商镛十分相似，故学术界称为“陶钟”或“陶镛”，认为可能属持柄击奏的一种原始乐器。但其究竟作何用途，与后来的青铜编钟与镛有无内在联系，还需要进一步研究。

2007 年出土于甘肃省康乐县。

五十　陶球

（279）西部史前陶球八枚

在大部分史前遗址中，几乎都有陶球出土，所见皆为圆球体，大小不一，多为灰陶质，次为泥质红陶。对于这种陶球，不少人称为“陶弹丸”，认为是一种狩猎工具。也有人提出，可能是先民的一种计数工具。我认为，后一种意见可能更具说服力：其一，陶球大多制作规整，体形浑圆，表面磨光，虽使用痕迹明显，但并无明显磕碰痕迹。若是作为狩猎工具使用，既不可能制作得如此精美，更不可能保存得如此完整。其二，陶球大小不一。大者直径达 5～6 厘米，如同一个小馒头，小者直径只有 3 厘米左右，形似一粒小枣。从民族学的一些材料看，我国西部一些少数民族，过去所用的投石狩猎工具主要有两种，一种叫“流星索”，系在一石球上拴一网套或布套，并系一短绳，同时以手抓绳，用力挥动手臂，然后向猎物甩去，或砸或缠，以达到捕获猎物之目的。石球甩出后可收回再用。另一种名曰“抛子”，亦称“抛索”，藏语“乌朵”。常见的抛子呈带形，长 1 米左右，用牛毛线编织而成，首端有一套环，末端是一个猪尾形梢子，中部为一椭圆形毡兜或皮兜。使用时将大拇指扣入套环内，把猪尾梢子揽在手中，中部兜内放一石块，猛然挥臂，将抛子在头顶旋转两三圈，然后将猪尾梢子松开，用力甩去，兜内石块即可抛掷出去，击向猎物。但这两种工具所使用的皆为石器。由此可以看出，大型陶球如果在流星索上使用，显然分量不够，缺乏杀伤力；小型陶球如果在抛索上使用，又显得过小过轻，不具杀伤力。其三，在史前先民中，无论是以农业为主的定居部族，还是从事游牧生活的部族，狩猎都是日常生活中必不可少的一项活动。尤其是在西部地区的不少部族中，狩猎更是赖以生存的一项主要活动。但从陶球的出土量看，不少遗址虽都有发现，而数量却非常少，大型陶球更为罕见。与陶球相比，石球的出土量则相对较大。这就说明，陶球作为狩猎用物的可能性不大。其四，史前陶器的制作并不像人们想象的那么容易，先民不可能花费那么多的时间和精力，去制作如此精致的陶球用于狩猎。从民族学资料看，西部藏民及其他少数民族所用的狩猎工具和放牧工具大多是抛索，抛索所用之物皆为随处可见的天然石块，并不是特意制作的陶球或石球。如果使用陶球，那得制作多少？如果抛出去想捡回再用，在荆棘丛生的荒野中谈何

容易？即使捡到了，又要花费多少时间？对于从早到晚忙于填饱肚子的先民来说，这似乎是不可能的。

从以上分析中可以判定，这种陶球很可能是一种计数工具。它同结绳记事一样，应是先民在计算牧畜、分配食物等时使用的。陶球的大小可能与计算对象的大小、多少有关，或另有别的什么计算功能。我在西部藏区考察民俗时经常看到，那些一字不识的藏民老人，转嘛尼堆时，手里大都握有十几粒白石子，每转到起步的地方，便往嘛尼堆上放上一粒。手里的石子放完之后，也就等于完成了一个时辰规定的绕转次数，他们正是用这种白石子来计数的。用石子或羊粪蛋计数的情况，在昔日偏远藏区是经常可以看到的。这对研究陶球的用途，不妨也可以作为参考。

我总共收藏到八枚陶球，直径 3～6 厘米，有红陶亦有灰陶。从陶质陶色看，有的属马家窑文化遗物，有的可能出自青铜时代遗址。因陆续收藏于民间，无法具体断代，以上一并做介绍，供研究者参考。

五十一　陶网坠

（280）扁圆柱形陶网坠

鱼类是史前许多地区先民的主要食物来源之一，捕鱼也是一项重要经济活动。考古资料表明，史前先民的捕鱼方法虽有垂钓、投刺等多种，但网捕法仍然是一种最有效、使用最普遍的方法。网坠是为捕到更多鱼类、用绳子绑在网底、使渔网下垂的一种辅助捕捞工具。据有关考古文献，在史前出土的网坠中，以石网坠为多见，陶网坠相对较少，这可能与石网坠比较结实实用有关。但在各地新石器时代及史前晚期的大部分遗址中，也都有陶网坠出土，而且大都与石网坠同出。说明陶网坠可能是与石网坠结合起来使用的，使用已比较普遍，也是先民不可缺少的一种网坠。另外，这种陶网坠较多地发现，从一个侧面说明，在史前相当长的时间里，在相当广泛的地域中，网捕法在先民中一直沿用着，渔猎活动一直是他们赖以生存的一项主要活动。

史前常见的陶网坠主要有两种：一种为扁球状椭圆体，器中部刻一凹槽，或

于器身刻横竖两道十字形凹槽。另一种为扁圆柱体，两侧各刻一道横槽，两端分别刻一环形竖槽。前者的石网坠我曾见过多例，陶网坠未曾收藏到。这 5 枚陶网坠中，3 枚体形较大者，长 5 厘米左右，两枚为夹砂红陶，一枚为泥质灰陶。形制与甘青地区马家窑文化墓葬中出土的此类陶网坠相同，应属这一时期遗物。另两枚小型陶网坠，一枚长 1.8 厘米，一枚长 2.3 厘米，均为泥质灰陶，两侧各刻一横槽，两端各刻一环形凹槽。出自甘肃省陇南部地区，为新石器时代晚期至青铜时代遗物。

（281）六棱形陶网坠

共 8 枚，每枚长 3 厘米左右，细泥灰陶，六棱体，两侧各刻一横槽，两端各刻有一环形竖槽，小巧雅致，比较少见。均出自甘肃中部地区，为新石器时代晚期至青铜时代遗物。

五十二　陶轮台·陶垫·陶拍·陶抹

（282）马家窑类型陶轮台

直径 16 厘米，厚 1.5 厘米，夹砂橙黄陶，扁圆形，中央有一圆形穿孔。一面略经打磨，较平整，施压印粗绳纹；另一面周边凸起一圈，施阴刻放射状短线纹，余部未进行任何修饰。纵剖面呈斜坡状，并施一周阴刻斜十字纹。这件器物形体大而厚重，与大型陶纺轮和陶牌饰有明显区别，应是先民制陶时所用的陶轮台。据学者研究，其使用方法可能是将这种轮台平置于特制的木质陶台或陶车上，中央圆孔套入上部平台伸出的套管上。然后拨转平台，利用其进行泥条盘筑制陶，以及对盘筑好的陶器进行局部修整。为史前制陶业进入慢轮修整阶段的产物。李群等编著的《水与马家窑文化》，介绍有一件陶轮台，出自甘肃临洮县，亦属马家窑类型遗物，其形制与该器大致相同。

2003 年出土于甘肃省定西市。

（283）马家窑文化带柄陶垫子

陶垫子亦称“陶抵手”，属制陶工具的一种。式样大多为上置一圆柱形短柄，下为一椭圆形垫面，倒置成蘑菇状。主要用途是在陶器拍打成形过程中，为防止器壁凹陷而用其在器内支撑。在我国制陶史上最早出现的捏制、模制阶段，以及后来出现的泥条盘筑和慢轮阶段，这种陶垫子都是一种主要工具。除在陶拍拍打时用于支撑外，在安装器耳、戳刺纹饰、堆塑陶塑品等附属装饰时，可能也都是一种支垫工具。同时，这种陶垫子也可能具有陶抹子的作用，用于对陶器局部的打磨修饰。但从出土情况看，陶垫主要出现于我国新石器时代及夏、商、周遗址中。所见主要是带柄手握式，多为泥质或夹砂红陶质，灰陶较少见。在甘青一带马家窑文化及进入青铜时代的古文化遗存中，陶垫也多有出土。形制有两种：一种为带柄手握式，一种为带鼻穿指式。后一种更为多见。这三件藏品分别出自甘肃和青海的马家窑文化遗址，应属这一时期的遗物。

(284) 马家窑文化带鼻陶垫子

左器长 7.5 厘米，前端宽 4.5 厘米，后端宽 6 厘米，泥质黄陶。两侧上卷使垫面呈凸弧形，背面形成凹槽，凹槽上置一桥形鼻，整体呈犁铧形。

右器长 9 厘米，宽 4 厘米，泥质土黄陶器。两侧上卷，垫面呈凸弧形，上面形成凹槽，凹槽后端置一环形鼻，整体呈舟船形。

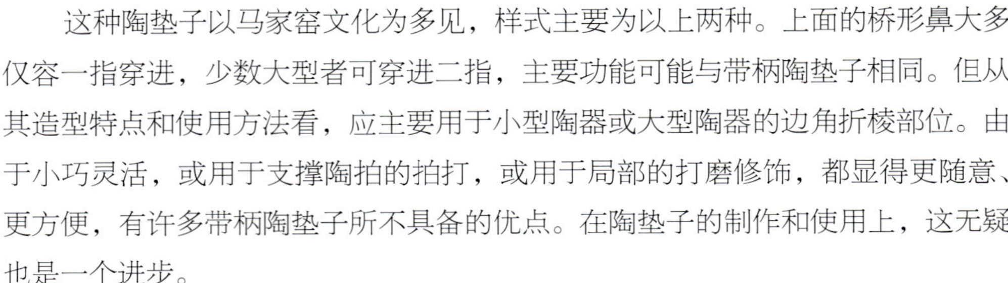

这种陶垫子以马家窑文化为多见，样式主要为以上两种。上面的桥形鼻大多仅容一指穿进，少数大型者可穿进二指，主要功能可能与带柄陶垫子相同。但从其造型特点和使用方法看，应主要用于小型陶器或大型陶器的边角折棱部位。由于小巧灵活，或用于支撑陶拍的拍打，或用于局部的打磨修饰，都显得更随意、更方便，有许多带柄陶垫子所不具备的优点。在陶垫子的制作和使用上，这无疑也是一个进步。

有人将陶垫子称为“陶器抛光器”，其实这是不准确的。器表抛光的陶器多为泥质陶或细泥陶。经过抛光的陶器，器表油润平滑，可能都是在陶胎基本变干或完全变干后进行抛光的。用陶具对陶器进行抛光，达不到这样的效果。因此，有人推测先民所用的抛光工具，很可能是磨光的石器、骨器或兽皮，这或许有一定的道理。

（285）马厂类型圆盘形陶拍

左器造型呈敞口、浅腹、平底圆盘形，夹砂红陶，平底为拍面，直径 11 厘米，施交错绳纹，上面浅腹内置一半环形握手，握手上施竖向绳纹。

右器整体造型与左器相同，夹砂土黄陶，拍面直径 9 厘米，光素无纹，上面浅腹内置一半环形握手。

陶拍子在史前许多古文化遗存中都有发现，有陶质的，也有石质的。常见的陶拍有三种：一种拍面呈长椭圆形，另一面置一半环形握手；一种下面呈半月形，上面置一长柄；再一种即这种圆盘形，主要见于马家窑文化晚期和齐家文化。陶拍在史前泥片贴筑法和泥条盘筑法制陶阶段，都是一种必不可少的工具。主要用途是当陶坯制出并稍加晾干后，即用陶拍、陶抹等工具进行抵压、抹拭、拍打，使之成形，并弥合制作过程中留下的痕迹，使器表更加平整。就我多年来所见到的陶拍，有的拍面有各种花纹，有的并无纹饰，用途应是一样的。前者可能是为了直接将花纹拍印于陶器上；后者除了可当作陶抹使用外，用作陶拍时可能都要在拍面上缠上麻绳或裹以麻布。制陶人要用这样的陶拍对湿软的陶坯进行拍打，使其上出现纹饰，最初的动机可能主要是为了挤出坯体内多余的水分，使坯胎更加致密、严实。后来发现拍打上去的各种痕迹十分好看，于是便有目的地进行装饰，于是便成了一种具有加固坯体与美化器皿两种功能的工具了。

2001 年出土于甘肃省临夏县。

（286）齐家文化陶抹子

整体呈扁圆形，直径 12 厘米，泥质灰陶，抹面微隆，背面较平，并置一半环形握手。史前的陶抹子出土较少，用法可能有两种：一是用泥条盘筑法制出坯体后，先用陶抹子将器表抹平，然后再用刻有纹饰或缠有麻绳的陶拍进行拍打加固；二是当陶拍拍打后仍留有高低不平的痕迹时，用陶抹子蘸上清水或泥浆进行抹拭，然后以陶拍加固。但无论何种用法，主要功能都是与现代泥水匠所用的泥抹子一样，对所加工的物体表面进行抹平抹光，是先民在制陶过程中与陶拍子、陶垫子同时使用的一种工具。这种陶抹子有时也可能作为陶拍使用，虽未刻画纹饰，但如果缠上麻绳，或裹以麻布，

与陶拍的作用是相同的，有可能是一种两用工具。

2004 年出土于甘肃省广河县。

五十三　陶刀

（287）马家窑类型彩陶刀

上左横长 8.3 厘米，宽 4.2 厘米，泥质橙黄陶，两边磨刃，中间圆孔由两面对穿而成，两端中部各开一缺口。整体略呈弧形，系由壶、罐类容器腹部残片改制而成。一面光素无纹，一面尚残留有原器用黑彩所施斜带纹、弧带纹及圆点纹。据有关考古文献，两端带缺口的石刀，在仰韶文化早期即已出现，中晚期大量使用。马家窑类型的这种陶刀，无疑自仰韶沿袭而来。其使用方法可能是在两缺口间拴一套绳，将大拇指扣入套绳中，然后紧握刀背，用刀刃切断植物茎秆。

上右横长 9.3 厘米，宽 4.5 厘米，泥质橙黄陶，一边磨刃，中间的窄长形孔由两面挖槽而成。整体略呈弧形，系用壶、罐类容器腹部残片改制而成。一面光素无纹，一面残留的彩纹已模糊不清。两面挖槽穿孔陶刀与此种形制的石刀一样，最早见于仰韶文化中期。这一时期随着社会经济的快速发展，各种生产工具的需求量也越来越大，作为主要生产工具的刀具，先民在如何提高制作质量和制

作速度方面，无疑也想出了许多办法，两面挖槽穿孔法即是其中之一。这种穿孔法不但省时省力，而且使用时可以用手指掐住凹槽，更稳固，更方便，不失为一种发明创造，因而一直为后来的先民所沿用。在马家窑文化、齐家文化，乃至进入青铜时代的一些古文化遗址中，都可以看到利用这种穿孔法制作出来的陶刀和石刀，尤以石刀为多见。

中横长 6 厘米，宽 3.4 厘米；下左横长 10.7 厘米，宽 4.7 厘米；下右横长 8.3 厘米，宽 4.5 厘米。这三枚陶刀均为细泥橙黄陶，整体呈长方形。一边磨刃，单面钻孔，系由彩陶圆器残片改制而成；一面残留有原器所施黑彩纹饰，属这一时期比较常见的彩陶刀。

陶刀是随着原始农业的发展而产生的。在我国新石器时代早期，由于生产力水平低下，先民在采摘、简单的农业生产及生活中，使用的收割工具和切割工具主要是简易的石刀。到了仰韶文化时期，随着农业生产的发展，制作费时费力的石刀已不能满足生产和生活的需要，陶刀便应运而生。这种陶刀主要见于仰韶文化和马家窑文化中。作为石刀的一种辅助工具，陶刀在先民生产和生活中的作用也是不可低估的。彩陶刀主要出现于马家窑文化中，无疑与这一时期彩陶制造业比较发达有关。但在这一时期的陶刀中，彩陶刀却非常少见。究其原因，可能是彩陶在当时属珍贵之物，先民都是倍加爱护的，即使有破损之器，也要千方百计修复起来重新使用，更不愿意改制成陶刀。

（288）半山类型彩陶刀

上横长 9.2 厘米，宽 4.5 厘米，泥质橙黄陶。这是一件十分少见的特制彩陶刀。主要特征：1. 整体呈横长方形，两面平直，制作规整，除一边双面开刃外，另三个纵切面十分整齐，这在改制的陶刀中是看不到的。2. 用陶片改制的陶刀，因胎体坚硬，中部圆孔多为单面穿或双面对穿而成，直穿的很少见。而这件陶刀的圆孔为直穿，显然是在胎体未干时穿成，这种直穿的圆孔也主要见于特制的陶刀上。3. 两面施彩。一面施五道平行带纹，间施平行短带纹（A）；另一面施四组大锯齿纹（B）。施彩部位恰好在刃部上方，可以看出两面纹饰是特意按照陶刀形状而设计的。此外，在刀背上亦涂有黑彩，这在改制的陶刀中也同样是看不到的。

下左横长 12.5 厘米，宽 4.6 厘米，泥质红陶，一边磨刃，中间有两个对穿而成的圆孔。整体呈弧角长方形，中部略上弧，系由壶、罐类容器腹部残片改制

A

B

而成。一面光素无纹，一面残留有原器以黑、红双彩所施宽带纹、锯齿纹、叶形纹、方格十字纹。该刀属彩陶刀中较大的一种，且保存完好，十分难得。

下右横长 7.2 厘米，宽 4 厘米，泥质橙黄陶，一边磨刃，中间有一单面钻成的圆孔，一端竖刻一道凹槽，可能是一种装饰。整体略带弧形，系由圆器腹部残片改制而成。一面光素无纹，一面残留有原器以黑彩所施带纹。

有学者研究，早期先民磨制的石刀，尤其是那些色彩艳丽、制作精细的石刀，有的可能就是一种装饰品。彩陶刀也可能具有这样的功能。陶刀中部皆带有穿孔，显然是为了穿绳系挂的。先民将这种陶刀，尤其是纹饰精美的彩陶刀，系挂于腰间，或同其他饰物串联在一起悬佩于颈上，除方便使用外，平时即作为一种装饰。当今藏族男女腰间所系的藏刀，即是一种具实用和装饰两种功能的刀具，在研究这一问题时可作为参考。

（289）马厂类型彩陶刀

上横长 8.8 厘米，宽 4 厘米，泥质黄陶，一边磨刃，中部上方有两个对穿而成的圆孔，整体略呈弧形，系由圆器腹部残片改制而成。一面光素无纹，一面尚残留有原器以黑彩所施带纹、网格纹，使用痕迹明显。

下左横长 7.3 厘米，一端宽 3.1 厘米，一端宽 3.8 厘米，泥质土黄陶，一边磨刃，中间有一单面钻成的圆孔。中部略上弧，系用圆器腹部残片改制而成。一面残留有原器以黑彩所施带纹。

下右横长 7.5 厘米，宽 4 厘米，泥质黄陶，一边磨刃，中部上方有一双面钻成的圆孔。整体略呈弧形，系用圆器残片改制而成。一面光素无纹，一面饰紫红色陶衣，并残留有以黑彩所施斜带纹、三角纹，属马厂晚期遗物。

史前各个时期出现的陶刀，无论是素陶刀，还是彩陶刀，绝大多数都是由陶器残片改制而成的，所选取的基本上都是泥质陶和细泥陶。这两种陶片杂质少，胎质细密，异常坚硬。一把磨制好的细泥质陶刀，刃部的锋利程度不亚于石刀。与石刀相比，虽然陶刀容易磨损，但制作起来比较方便，这也许是各地先民喜欢陶刀的一个主要原因。

五十四　陶铲

（290）齐家文化陶铲

史前一些遗址中出土的铲类工具，主要是骨、石、玉质，陶铲发现极少，可能是作为上述铲具辅助工具出现的。二者的作用可能也有所区别。前者因质地坚硬、刃宽而锋利，应主要用于农事、采撷等生产活动中；后者因其笨重、易碎、使用不便，可能主要用于铲一些比较松软的东西，诸如制陶时铲土、烧煮食物时铲灰等。在这些活动中，陶铲也许比其他质地的铲具更能显示其优越性，如不易烫手、不易烧坏、铲面大而易于提高效率等，但使用对象及使用范围一定十分有限。

这件陶铲长 25 厘米，上部宽 10.6 厘米，刃部宽 17 厘米，厚 1 厘米。泥质灰褐陶，系由两块薄泥片黏合在一起而后入窑烧成的。铲面两端微微上翘，中部略呈弧形，与现在所用的铁锹相似。该铲体形硕大，使用痕迹明显，也是我多年来所见到的唯一一件大型陶铲，殊为珍贵，对史前生产工具的研究，尤其是铲类工具的研究，无疑是一件难得的实物资料。

2004 年出土于甘肃省靖远县。

五十五　陶纺轮

（291）马家窑类型彩陶纺轮

考古发掘表明，在史前所有的大型遗址中，几乎都出土有纺轮。质地有陶、石、玉、骨多种，但以陶纺轮数量最大，有的遗址出土达百余件之多。在数量众多的陶纺轮中，彩陶纺轮在长江流域主要见于中游的屈家岭文化。在甘青地区，这种彩陶纺轮仅在马家窑文化中可以看到，但数量极少。我虽经多年寻觅，所藏不足 10 枚。推测其原因，可能是盗掘者对这种不值钱的小东西不太重视，将本来就十分有限的彩陶纺轮连同泥土一起抛掉了。而更主要的可能还是与这一地区的先民对陶器的装饰习惯有关。除炊器、容易磨损的一些生活实用器一般不进行彩饰外，凡平视或俯视看不到的部位，也很少进行彩饰，陶纺轮无疑也就在这个范围之内。

A

B

就我所见到的彩陶纺轮，大都磨损严重，彩纹不清，可能是由于使用过多所致。偶见保存完好、色彩如新者，可能是专门制作的随葬品。甘青一带出土的陶纺轮，形制与其他古文化遗址出土的陶纺轮大致相同。一般均为扁圆形，少数一面或两面隆凸，中间有一穿插线杆的圆孔，大小厚薄不等。除少量施彩外，大多

为素陶制品，但体表往往采用刻画、戳刺、压印等技法装饰有各种花纹，有的也相当美观。

这件藏品直径 6.7 厘米，厚 0.8 厘米，夹砂红陶，扁圆体。中间有一穿插线杆的圆孔，两面分别以圆孔为中心用黑、白复彩施纹，一面绘同心圆纹（A），一面绘放射状短带纹（B），属马家窑类型晚期遗物。先民用这两种纹样对纺轮进行装饰，可以看出是经过精心设计的。同心圆纹是马家窑文化彩陶旋纹中常见的旋式之一，装饰在陶纺轮上。在旋转中，可以出现丰富的节奏变化，产生不同的视觉效应，不仅能给人音乐般韵律的美感，也有助于对纺轮速度的控制。另一面的放射状短带纹，在旋转快慢的节奏变化中，如同风轮一样，也能出现以上效果，无疑都是先民在纺轮制作中总结出来的经验，也是智慧的体现。

2003 年出土于甘肃省永靖县。

（292）半山类型彩陶纺轮

左直径 7.3 厘米，厚 0.9 厘米，细泥橙黄陶，扁圆体，中间有一穿插线杆的圆孔。黑彩施纹，两面纹饰大致相同，分别以圆孔为中心绘放射状三角纹，纵切面绘一周斜十字纹。使用痕迹明显，彩纹较淡，但依然清晰可辨。

右直径 6.5 厘米，厚 1 厘米，泥质红陶，圆形，弧面，中间有一穿插线杆的圆孔。两面纹饰相同，均以黑彩绘竖带纹。

在我国西部地区，原始社会发展到马家窑文化半山时期，随着农业的进一步发展和定居生活的日益稳固，制陶业和纺织业都有了很大发展。到了马厂时期，

社会生产力有了更大发展，虽然标志着制陶业繁荣的彩陶逐渐走向衰落，但纺织业更加发达。到了后来的齐家文化时期，纺织业已成为一项比较普及的家内手工业。据谢端琚《甘青地区史前考古》介绍，在已发掘的半山、马厂遗址中，出土的各种纺织工具达 338 件之多。其中以陶纺轮数量最多，约占总数的三分之二。在已发掘的齐家文化遗址中，出土的各种纺织、缝纫工具 205 件，其中纺轮就有 119 件。但这只是从有限的考古发掘中获得的数据。事实上，在 20 多年的私自挖掘中，出土的纺轮究竟有多少，用上万件来估计，恐怕还是保守的。从这些数字中，以及我收藏的这一时期部分陶纺轮中可以看出，当时的人们对这种纺织工具是何等的喜爱！似乎依稀可以看到那时人人捻线、家家纺织的繁忙景象。另外，据有关考古文献记载，在马厂和齐家遗址中，都曾发现过布纹痕迹。从这种布纹痕迹中可以看出，这一时期的纺织技艺已达到了相当高的水平。

两件纺轮均于 2001 年出土于甘肃省。

（293）马厂类型彩陶纺轮

上直径 6 厘米，厚 0.4 厘米，泥质红陶，扁圆体，中央有一穿插线杆的圆孔。通体饰紫红色陶衣，黑彩施纹，两面各在十字纹骨架间绘放射状短带纹。

下左直径 6.5 厘米，厚 0.4 厘米，夹砂黄陶，扁圆体，中央有一穿插线杆的圆孔，两面各以黑彩绘放射状短带纹。

下右直径 6.8 厘米，厚 1.7 厘米，泥质土黄陶，扁圆体，中央有一穿插线杆的圆孔。黑彩施纹，两面各以圆孔为中心绘复道十字纹。

据有关考古文献，在马厂晚期到齐家时期，女性墓葬中的随葬品不但比男性少，而且随葬的主要是纺轮和骨针。据此推测，这一时期的女性在社会上已处于次要地位，主要从事家务劳动，“男耕女织”的社会现象已经出现。由此可以看出，像纺轮、骨针这些不起眼的史前遗物，不仅是原始先民从事捻线纺织的重要证据，而且也是考古学家分析母权制和父权制社会的主要依据之一。

这里需要说明的是，这种“男耕女织”的社会现象，应主要反映在以农业为主的部族中。在我国西部这个特殊的地理环境中，由于经济发展的不平衡，在社会发展过程中，存在着诸多复杂性。从有关民族学材料看，半农半牧的地区比主要从事农业的地区社会发展要慢。单纯从事畜牧业的地区，比半农半牧地区发展要慢。在马厂晚期至齐家时期，这几种经济形态都是存在的。半农半牧和以游牧为主的部族，由于生产力发展缓慢，生产和生活方式单一，父权制大都出现较晚。尤其是后者，有的甚至直到 20 世纪 50 年代初期，仍处于母权统治之下，男女的社会分工并无多少改变，不能一概而论。

三件纺轮于 1987 年—2001 年先后出土于甘肃省。

（294）马家窑文化素陶纺轮

粗绳纹扁圆形陶纺轮

直径 7.7 厘米，厚 1 厘米，泥质橙黄陶，扁圆体，中间有一穿插线杆的圆孔，两面及纵切面均施拍印粗绳纹。绳纹是一种比较原始的纹饰，几乎流行于史前各个时期。从该纺轮的陶质陶色及施纹工艺看，应属石岭下类型遗物。青海省文物考古研究所藏有一件，与该纺轮大致相同。

绳纹划纹扁圆形陶纺轮

直径 8.5 厘米，厚 0.8 厘米，泥质橙黄陶，扁圆体，中间有一穿插线杆的圆孔。两面纹饰相同，均在斜向绳纹上再施反向划纹，纵横交错形成菱形纹，呈现出双层立体装饰效果。

2002 年出土于甘肃省永靖县一马家窑类型墓葬中。

绳纹划纹刻纹扁圆形陶纺轮

直径 7.2 厘米，厚 0.7 厘米，泥质橙黄陶，扁圆体，中间有一穿插线杆的圆孔。两面纹饰相同，均以圆孔为中心施相互交错的细绳纹和划纹，然后在两种纹饰交错而出现的菱形纹上阴刻四个斜十字纹，三种技法并用，颇具装饰特色。尤其是环中央圆孔阴刻的四个斜十字纹，纺轮旋转时可能会产生一种特殊的视觉效果。从其陶质陶色及装饰工艺看，应为马家窑类型至半山时期遗物。

刻纹戳印纹单面隆凸陶纺轮

直径 6.2 厘米，泥质橙黄陶，中间有一穿插线杆的圆孔。一面光素无纹，一面隆凸，并以圆孔为中心阴刻五道放射状竖线纹，线纹间施凹点纹。这种凹点纹可能是用较细的圆头硬器戳印而成，与常见的锥刺纹有别。从其陶质陶色及装饰工艺看，应为马家窑类型至半山时期遗物。

圆柱形素面陶纺轮

直径 5 厘米，厚 1.9 厘米，泥质橙黄陶，矮圆柱体，中间有一穿插线杆的圆孔。整体光素无纹，一面经过打磨，较平滑，应为正面，另一面未做任何修饰，应为底面。从陶质陶色看，应为马家窑类型至半山时期遗物。

绳纹划纹戳印纹扁圆形陶纺轮

直径 7.5 厘米，厚 1 厘米，泥质红陶，扁圆体，中间有一穿插线杆的圆孔。一面施相互交错的绳纹和划纹，一面在两种相互交错的纹饰之上再以细管状物施戳印纹。纵切面施有绳纹和划纹的交错纹饰，通体均采用复合式装饰手法，呈现多层次立体装饰效果。从陶质陶色及装饰工艺看，应为马家窑类型至半山时期遗物。

绳纹戳印纹刻纹扁圆形陶纺轮

直径 7.2 厘米，厚 1.4 厘米，泥质红陶，扁圆体，中间有一穿插线杆的圆孔。两面及纵切面均施满绳纹，一面环圆孔以管状物另施一周戳印纹，一面环圆孔施两周戳印纹和一周阴刻斜十字纹。纵切面亦施有一周戳印纹。这种戳印纹所使用的工具，分粗管和细管两种，可能由植物的空心茎秆或鸟类的骨管制成。戳印出来的纹饰，无论粗细，皆呈阴边圆珠状，极富装饰效果。该纺轮为马家窑类型至半山时期遗物。

剔刺三角纹扁圆形陶纺轮

直径 5.9 厘米，厚 0.7 厘米，夹砂红褐陶，扁圆体，中间有一穿插线杆的圆孔。两面纹饰相同，均以三角形利器剔刺三角形纹饰。此种装饰技法主要盛行于新石器时代早期和中期，晚期渐少。应属半山至马厂时期遗物。

双面隆凸陶纺轮

直径 5.5 厘米，夹砂红陶，双面隆凸，虽光素无纹，但小巧玲珑，而且能较好地掌握重心原理，使用起来可能更加轻巧便捷。应为半山至马厂时期遗物。

指甲纹单面隆凸陶纺轮

直径 5 厘米，泥质黄陶，一面平素无纹，一面隆凸，中间有一穿插线杆的圆孔，纵切面呈锯齿状。隆凸一面饰两行指甲纹。指甲纹系用手指甲剔刺而成，几乎流行于整个新石器时代。从其陶质陶色及装饰工艺看，应为丰山至马厂时期遗物。

（295）齐家文化素陶纺轮

阴刻树枝纹扁圆形陶纺轮

直径 6.1 厘米，厚 0.7 厘米，泥质黄陶，扁圆体，中间有一穿插线杆的圆孔。一面光素无纹，一面以圆孔为中心阴刻四组树枝纹，树枝纹间刻斜十字纹。该纺轮上所刻具象树枝纹，在马厂晚期彩陶纹饰中也可以看到，后者显然自前者沿袭而来。

压印绳纹扁圆形黑衣陶纺轮

直径 6 厘米，厚 1 厘米，泥质灰褐，两面呈黑色，一面平素无文，一面施压印绳纹，中间有一穿插线杆的圆孔。这种黑衣陶，在西部史前晚期的齐家、卡约、寺洼文化中都可以看到。该纺轮出自齐家文化墓葬。

戳印纹单面隆凸陶纺轮

直径 5.8 厘米，泥质灰陶，一面平素无纹，一面隆凸，并以粗管状物饰戳印纹，中间有一穿插线杆的圆孔。该纺轮的戳印纹大而醒目，粗管留下的阴边圆珠状凸饰颇具镶嵌效果。战国前后琉璃珠和陶珠上盛行的“蜻蜓眼”，与这种阴边圆珠纹颇有几分相似之处。二者之间是否有内在联系，值得研究。

五十六 其他异形陶器

（296）仰韶文化陶水管

长 30 厘米，泥质橙黄陶，泥条盘筑而成，内壁可见明显盘筑痕迹。整体造型呈圆筒形，上下贯通，筒腹微鼓，外壁施弦纹，一端略小呈子口，口径 10.8 厘米；一端略大微外撇，口径 12.7 厘米。该器出土于陕西省华阴市，同出的尚有尖底瓶、圜底钵等，应属仰韶时期遗物。

从这件陶器的造型特征看，推测可能是件水管。一端做成子口状，可能是与另一件母口套接的，水管至少应是两节。考古实践证明，我国的陶水管出现很早，在甘青地区新石器时代早期文化遗存及仰韶文化中都有零星发现，体现了人类在克服自然生态环境限制过程中的智慧和努力。但据专家研究，真正意义上的陶水管是在城出现以后用于给水和排水系统的管道。迄今发现最早的陶质管道系统遗存是河南淮阳平粮台龙山文化一座城址中的陶管道，距今 4500 年左右，也是一种为了便于套接而两端口径不等的管道。在此之前零星发现的陶水管，可能都是作为局部给水、排水或导水用物出现的，或在某一特定情况下使用的，未见成系统的设施。

（297）马厂类型盆口罐

高 11 厘米，口径 12.1 厘米，底径 4.5 厘米，泥质土黄陶。淡红色陶衣上黑彩施纹，盆形口内壁绘四周圈带纹，间绘复道折带纹、圆点纹。外壁绘复道凸弧纹、平行带纹，颈以下绘平行带纹、斜十字纹、垂弧纹。该器整体由上下两部分组成，上部呈盆状，下部为斜肩、鼓腹、平底罐。凸鼓的腹部，颈侧的双耳，对上部的大口都起着平衡作用。因此，整器看上去，结构协调，线条流畅，收缩转折自然，并未有头重脚轻之感，颇具特色。此种器形在马厂陶器中比较少见，但与齐家文化的高领双耳罐却有几分相似，从中不难看出二者的承袭演变关系。

该器属马厂晚期遗物。1987 年出土于青海省民和县隆治乡。

（298）马厂类型高领双耳罐

高 18 厘米，口径 10.1 厘米，底径 7 厘米，泥质土黄陶，侈口、高领、溜肩、深腹、双耳、平底。红陶衣上黑彩施纹，口沿内侧绘折带纹，领部及腹部均以圈带纹和折带纹构图。造型规整，器表打磨光滑，色彩浓重，属马厂晚期的上乘之作。该器整体造型瘦高，领部尤长，口微外撇，颈肩接合部收缩明显，颇似齐家文化的高领双耳罐。齐家文化与马厂类型的承袭关系，不仅体现在纹饰

上，在许多器形上反映得也很明显。尤其是马厂晚期的一些器形，有许多地方在齐家陶器中都可以看到它们的影子。

1987 年出土于青海省民和县松树乡。

（299）马厂类型双肩耳瓶

高 21.8 厘米，口径 7.5 厘米，底径 9.5 厘米，泥质土黄陶，侈口、高领、双耳、平底。自颈以下缓缓外鼓，至近底处微微内束，整体造型近纺锤形，颇有特点。黑、红彩施纹，口沿内侧绘阴地波折纹、圈带纹、垂弧纹，领部绘斜网格纹，颈肩接合部绘阴地菱形纹。双耳绘平行短带纹，腹部双耳下方在两条竖带纹界定的装饰带中绘阴地菱形纹，两面自上而下分层绘阴地波折纹。此种造型的彩陶瓶，主要见于青海东部的一些马厂类型遗存中，尤其是民和县松树乡一带马厂中晚期的一些遗存中。有高有低，有双耳亦有单耳，造型大致相同，纹饰也大同小异，所施彩纹大多比较灰暗，可能与这一地区所用矿物质颜料有关。阴地波折纹是这类彩陶比较常见的装饰纹样，反映了该地这一时期先民对此种造型及纹饰的偏爱。

1988 年出土于青海省民和县松树乡。

（300）马厂类型高低耳罐

左器高 16.5 厘米，口径 11 厘米，底径 7.5 厘米，泥质土黄陶，侈口、直领、弧腹、双耳、平底。淡红色陶衣上黑彩施纹，口沿内侧绘锤弧纹，领部绘内填圆点的菱格纹，腹部绘平行带纹、竖带纹、斜十字纹、内填圆点的菱格纹，肩耳绘斜带纹。

右器高 18.5 厘米，口径 11 厘米，底径 8 厘米，泥质土黄陶，侈口、直领、弧腹、双耳、平底。淡红色陶衣上黑彩施纹，口沿内侧绘垂弧纹，领部绘圈带纹、方块状条带纹，腹部绘竖带纹、折带纹、菱形网格纹、平行带纹，肩耳绘斜带纹。

二器形制基本相同，其新颖之处在于两个耳形的设计上。口沿一侧置一竖耳，对应的腹部一侧置一横耳，竖耳上端饰一高于器口的尖锥状凸纽，而横耳略小且微微下弯。如此一上一下，一个高高耸起，一个低低下垂，上下呼应，相互衬托，使双耳更加醒目，也使整器显得更加灵巧、雅致。这种高低耳罐主要见于马厂时期，大多制作规整，打磨抛光极佳，施纹也较精细，属这一时期的精细之作。

左器 2003 年出土于青海省民和县，右器 1988 年出土于甘肃省永登县。

（301）马厂类型折腹壶

高 22 厘米，口径 8 厘米，泥质土黄陶。侈口、长颈，上腹丰圆，下腹内折，颈肩接合部一侧置一环形耳，腹部一侧饰一三角形小鋬。淡红色陶衣上黑彩施纹，颈至颈肩接合部绘七道平行带纹，腹部绘平行带纹、条块纹。与常见的折腹器不同的是，这种折腹器下腹内折幅度大，上下腹间具一周外凸的折棱，使上腹形成覆钵状，造型奇特。同类器形在半山瓶、壶类及马厂罐类容器中都有发现，但数量极少。甘肃省景泰县文化馆藏有一件折腹瓶，属边家林遗物，与该藏品大致相同。这件折腹壶外底中部凸起一圆包，放置不稳，推测可能是一件温酒器或

温水器。用时将器内盛满水或酒，置于热灰中或放到用三块石头支起的灶台上，利用下腹矮小、上腹肥大而易于受热的优点，将器内液体加热，以便饮用，与前面介绍的几件温食器功能是相同的，同样体现了先民在日用陶器制作中的聪明才智。

1988 年出土于青海省乐都县。

（302）马厂类型卧足器

左器为卧足长颈壶，高 30.6 厘米，口径 6.4 厘米，泥质土黄陶，小口、长颈、单耳、卧足。紫红色陶衣上黑彩施纹，颈部绘复道平行线纹，颈肩接合部绘复道平行线纹、竖折线纹，腹部绘复道折线纹。右器为小型卧足罐，侈口、直领、双耳、卧足。陶质、陶色及器表所施陶衣与左器同，亦为黑彩施纹。所谓“卧足”，与瓷器中的同类底足一样，外表看起来不见下腹，似乎从腹中部平切而成，很像平底器。实际上下腹极矮，平缓内收，形成微微内凹的圆形或椭圆形底，整体造型重心在腹中部，异常别致。卧足器最初出现，可能是先民在晾坯时，有的坯体由于太软而下卧，因受此启发而制作的。这种卧足器，在马家窑文

化和齐家文化中都有出土，多见于壶、罐、瓶类容器。

二器均于 1988 年出土于青海省民和县。

（303）马厂晚期高领鼓腹盆

高 13 厘米，口径 24.2 厘米，底径 6.5 厘米，泥质土黄陶。大口外侈，高领内收，腹中部凸鼓，下腹低矮且明显内收，小平底，腹部两侧各饰两个双凸小鋬。红陶衣上黑彩施文，口沿内侧绘平行带纹，颈部下方以两道平行带纹为界，上部绘复道凸弧纹，下部绘复道折带纹，内壁绘复道垂弧纹、复道圈带纹、复道菱形纹。这种盆式主要见于甘肃西部和青海东部地区的马厂晚期遗存中，具有明显的地域特征。我所见到的，小的口径不足 10 厘米，大者口径可达 30 厘米以上。造型大致相同，而且所饰土红色陶衣颜色非常相似，内外纹饰也大同小异。这种盆形与马家窑、半山的深腹盆有明显区别，显得更美观、更实用，应是青海东部地区马厂晚期先民对传统盆类形制的一种革新，是马厂晚期出现的一种新的盆类形制。

1987 年出土于青海省乐都县老鸦城。

（304）马厂类型四纽盆

高 5 厘米，口径 9 厘米，底径 6 厘米，泥质土黄陶，敞口、深腹、平底。腹中部等距离饰四个半圆形凸纽。内壁以黑彩施十字纹、圈带纹、竖带纹。这种四纽盆在青海西部的诺木洪文化中较多见，但多为素器。该器出自马家窑文化晚期的马厂类型，对陶器形制的研究更具价值。四纽的作用同器耳、器鋬一样，主要是为了移动的方便，但在这样的小盆上添加四纽，可能是一种装饰。

2005 年出土于甘肃省永靖县。

（305）马厂类型双耳浅腹盆

高 7.6 厘米，口径 18.7 厘米，泥质土黄陶，敞口、折沿、弧腹、双耳、平底。通体饰紫红色陶衣，黑彩施纹，口沿绘阴地菱形纹，内底在黑色宽带界定的圆形图案区内绘四组变形回纹。该器与我的另一件藏品马厂类型四耳浅腹盆（见上编 146）整体造型大致相同，同属马厂晚期遗物。与四耳浅腹盆一样，同为这一时期的精细制作，亦属这一时期的稀见盆类。在马厂晚期盆类形制的研究中，尤其是马家窑文化盆类形制发展演变的研究中，这两种形制的浅腹盆，无疑都是难得的实物例证。

1988 年出土于青海省民和县。

（306）马厂类型圈足碗

高 8.7 厘米，口径 15.8 厘米，泥质黄陶，大口、深腹、圈足。内壁以黑、红彩施三道宽带纹，纹饰简洁明快，属马厂中期遗物。在甘青地区，圈足碗在新石器时代早期的大地湾一期文化、师赵村一期文化中就已经出现，与圜底碗、平底碗、假圈足碗同时使用。在其后的仰韶文化、马家窑文化及齐家文化中也有发现，但在陶碗中所占的比例很小，先民使用较多的还是近似盆、钵状的平底碗。在各个时期的圈足碗中，彩陶圈足碗极其少见。我所见到的形制有两种：一种即如该器造型；另一种形体较大，为马厂晚期遗物，整体造型近似当代农村所用的大海碗，口略内敛，弧腹、小平底。通体饰红色陶衣，并施有黑彩纹饰，制作亦十分精细。

2004 年出土于甘肃省永靖县。

（307）马厂类型深腹平底碗

高 7 厘米，口径 15.3 厘米，泥质黄陶，大口、深腹、平底。黑、红彩施纹，口沿涂黑，外侧绘垂弧纹，内壁至内底以带状红彩绘十字纹，十字骨架间绘斜线纹，纹饰简洁明快。不少专家将此种形制的陶器定名为“碗”，原因可能是它与同期的盆、钵类容器有诸多不同之处。如同期常见的陶盆大多体大腹深，口部卷唇或折沿，且附有双耳或小錾。同期的钵类大多体小腹浅，弧腹，口内敛，有的还置有小錾等。这种“碗”则多为敞口、斜直腹、小平底，与当今的普通瓷碗有几分相似之处。前面已经说过，原始社会发展到马厂晚期，我国的不少食具形制已基本定型，从这种陶碗的形制上也是看得很清楚的。与前面介绍的圈足碗一样，此类深腹平底碗出土量也是十分有限的，亦属难得之物。

1988 年出土于甘肃省永靖县。

（308）马厂类型四出碗

高 4.8 厘米，口径 11.2 厘米，底径 5.7 厘米，泥质土黄陶，敞口、斜直腹、平底，器口四处呈圆弧形凸出沿外。黑彩施纹，口沿外侧绘平行带纹、垂弧纹、内壁在十字纹骨架间绘四组倒三角网格纹。

该器口沿所饰四个圆弧形凸饰，实际上是用四块泥片捏制而成，凸饰两侧分八处有小缺口花边形。这些凸饰虽不像器口小鋬那样突出，但内壁的彩纹正好弥补了这一不足。宽带十字纹从一个凸饰顶端绘到对应的另一个凸饰顶端，于内底交叉，两边留出陶地色，看起来四个凸饰与整器浑然一体，如同自然突起，而且也使四个圆弧形凸饰显得异常醒目。此种器形仅见于马厂时期。由于造型与流行于我国唐代的四出碗有几分相似，故一般定名为“四出碗”。甘肃省博物馆藏有一件，亦属马厂类型遗物，造

型与该器大致相同。

1998 年出土于青海省乐都县。

（309）齐家文化小口单耳壶

高 20.3 厘米，口径 4.7 厘米，底径 9 厘米，泥质橙黄陶，小口、细颈、鼓腹、平底。通体打磨光滑，口部一侧置一环形耳，耳上饰两道竖弦纹。整体线条圆润柔和，自然流畅，看起来端庄秀雅，也给人以沉稳之感。这种器形在半山、马厂类型及齐家文化中都有发现，有彩陶亦有素陶，腹部有的瘦长，有的肥硕，有的下垂，但整体造型大致相同，出土量相对较少。从其造型特征看，应属一种变体葫芦器。

2004 年出土于甘肃省渭源县。

（310）齐家文化方形钵

左高 3 厘米，口径 4 厘米，泥质砖红陶。该器制作规整，棱角分明，厚薄均匀，打磨精细，看起来方方正正，十分雅致，推测可能是将事先制作好的五块泥片经粘接打磨而成。右高 5.5 厘米，口径 4 厘米，夹砂黄陶。口小底大，外壁斜

弧，内膛窄而浅。可以明显看出，该器是用一团泥巴捏制掏挖而成。在我国西部地区，史前出土的陶器中，这种方形器，只是在晚期的马厂类型中才开始出现。在其后的各个文化类型中，仅齐家文化和四坝文化有少量发现。前者所见有盆形器、斗形器、盖盒等，后者如甘肃省博物馆藏羊头形把手杯、三狗纽盖方鼎等。可能是由于方行器制作比较困难，尤其是烧制成功率低，故史前的此类陶器发现极少，因而也就显得尤为珍贵，无论彩陶或素器，都为藏家所珍爱。

左器 1998 年出土于甘肃省永靖县，右器 2001 年出土于青海省乐都县。

（311）齐家文化捻捻转儿形器

通高 3.3 厘米，直径 4.5 厘米，泥质土黄陶。该器形似双面隆凸的陶纺轮，但与这种形制的陶纺轮有明显区别：一是前者皆自周边呈斜坡状向中部缓缓隆起，而该器则是在两个平面中部孤零零地捏出两个形似奶嘴儿的圆包；二是前者中部穿孔较大，而该器中部仅有一通常所用线杆难以插进的细小穿孔；三是前者形体大多较大较厚，而该器则既小且薄。因此，推测这一器物很可能是一种儿童玩具。若在中间插上骨针，置于石板上，用手捻动，即可旋转起来，与当今农村儿童经常玩耍的捻捻转儿相似。由此我们还可以对两面隆凸的陶纺轮的另一种功

能做出推测。这种纺轮在纺线之余，作为捻捻转儿这种儿童玩具的可能性也是存在的，或者说这种陶纺轮可能具有捻线和儿童玩具两种功能。

2005 年出土于甘肃省广河县。

（312）辛店文化山家头类型圜底罐

左器高 12 厘米，口径 7 厘米；右器高 16.5 厘米，口径 12 厘米。二器造型相同，均为侈口、直领、圆腹、双耳、圜底。从彩饰工艺看，可能是先在粗胎上饰一层白色陶衣，然后再于其上饰一层紫红色陶衣，并施以黑彩纹饰，仅于高领中部留一圈白彩、双耳中部各留一道白彩。如此既弥补了胎体粗糙的不足，又增强了装饰性。二器所施黑彩纹饰亦大致相同，领部绘平行带纹或正倒交错三角纹，腹部在两组竖带纹间所绘复道斜带纹及斜十字纹，应是这一文化类型叶形纹的变体纹样。

圜底器在新石器时代早期及仰韶文化早期较多见，到仰韶中期基本消失。但在西部地区进入青铜时代的一些古文化遗存中又陆续出现，可能是这一时期先民为适应游牧生活需要而特意制作的。辛店文化山家头类型圜底器发现较多，也是这一文化类型陶器的一个典型特征。尤其是罐类，罐体浑圆粗矮，颈侧附双耳或单耳，倒置酷似人头。先民在以人体为模型制作的陶器中，以人体某一部位为参照进行设计制作的现象也经常可以看到。这种双耳圜底罐最初很可能就是模仿人头而设计的。浑圆的罐腹是人头的模拟，高领表示人的脖子，两个宽板状耳则是人耳的象征。此类圜底罐无法正置，但在这一时期亦无发现器座。因此，推测平时使用时，可能下半部是埋于土中的。另外，从这种圜底罐极其有限的出土范围分析，制作和使用这种陶器的部族，也有可能与人头崇拜习俗有关。

二器均于 1987 年出土于青海省民和县核桃庄乡山家头村一带。据有关考古文献，在甘青地区历年的考古发掘中，山家头类型仅发现 10 余处遗址，出土陶器多为素陶，彩陶器十分少见。仅从这一点看，这两件彩陶器还是十分珍贵的。

（313）辛店文化唐汪式陶器双大肩耳罐

高 20 厘米，口径 11.6 厘米，夹砂红陶，侈口、高领、鼓腹、双耳、凹底。红陶衣上黑彩施纹，口沿内侧绘倒三角纹，领部绘变形鸟纹，腹部绘勾连涡纹，双耳绘斜带纹。唐汪式陶器的这种双大肩耳罐最富特色，也是该式陶器具有代表性的器物。侈口、束颈、鼓腹的罐体，构成了两条自然流畅的反向 S 曲线；双耳两端置于外侈的口沿部位与鼓出的腹部下折处，又使其张力显得更加夸张。此外，双耳两侧自上而下各斜削一刀，不仅增加了耳与腹之间的距离，也使双耳看起来更具外张力。据专家研究，唐汪的这种双大耳器，是由卡约文化早期的小口、短颈、垂腹双小耳罐演变而来的，也是研究卡约文化与唐汪式陶器发展演变的重要依据之一。

1986 年出土于青海省化隆回族自治县。

（314）辛店文化唐汪式陶器双大腹耳罐

高 14 厘米，口径 7 厘米，夹砂红陶。直口，颈部内束而高粗，上腹微鼓，下腹较矮且平缓内收，底内凹，两侧颈、腹间各置一环形大耳。红陶衣上黑彩施纹，口沿内侧绘四组复道竖线纹，领上部绘折带纹、平行带纹，下部至上腹部绘勾连涡纹、平行带纹，双耳绘复道折带纹。这种双大腹耳罐是唐汪式双大耳器的另一种形式，也是唐汪式陶器典型器之一。与双大肩耳罐一样，新颖别致而典雅，出土量都很少，为这一时期彩陶中难得之珍品。

1986 年出土于青海省化隆回族自治县。

（315）辛店文化唐汪式陶器无耳壶

高 15 厘米，口径 8.5 厘米，夹砂红陶。口外侈，颈内束，腹浑圆，无耳，凹底。红陶衣上黑彩施纹，颈肩接合部绘两道平行线纹，间绘“井”字形纹，腹部绘勾连涡纹。无耳壶虽然在西部青铜时代的不少古文化类型中都可以看到，但尤以唐汪的此种壶式制作最精，应是葫芦形陶器的一种变体形式。造型新颖别致，美观大方，亦属该式陶器中少见的形制之一。

1986 年出土于青海省化隆回族自治县。

下编

彩陶稀见纹饰

一 人纹

（1）马家窑类型舞蹈纹双耳豆

1999 年的某日，我到西宁办事。友人打电话说，某地近日挖出一件舞蹈纹豆，问我是否有意收藏，我即让其陪货主将此物带到西宁。一看实物，真品无疑！这对一个彩陶收藏者来说，惊喜之情，真是难于言表。货主当时要价很高，后经反复商量，才把成交价定了下来。因当时带钱不多，我便于次日一早乘车回兰州，取到钱后，又立即返回西宁。一天来几乎茶饭未进，最终将这件宝物收藏到手。后来听说，一些彩陶贩子听说出了这么件宝贝，便纷纷出动，四处寻找，某些有钱者更是出高价托人购买。由于上孙家寨的那件舞蹈纹盆早已声名远扬，他们都知道此物为名器、重器，属国之宝物，一旦弄到手后，定能获取暴利，价钱一直出到数十万元。但他们哪里知道，此时我已将这件宝贝装入锦缎盒中，藏于密室。这也使我想到，对于一个收藏者来说，尤其是专题收藏者，遇到喜爱的藏品，尤其是千载难逢的稀有藏品，在财力所及的情况下，一定要果断收藏。就拿这件舞蹈纹豆来说，如果犹豫几天，很可能被彩陶贩子购去，卖到海外，使之流落异乡。

这件舞蹈纹豆 1998 年 9 月出土于青海省乐都县马厂乡小岭子村龙智沟。通高 17.5 厘米，口径 30.2 厘米，细泥橙黄陶。上部盛器为一深腹双耳盆，下部为一喇叭形圈足。黑、白双彩施纹，盛器唇部绘一周连弧纹，竖短带纹，腹部绘平行带纹、复线水波纹、内填对三角纹的圆圈纹（A）。内壁绘三组大漩涡纹，旋纹间留出三个椭圆形陶地空间，每个陶地空间内绘 5 个手拉手舞蹈人，共三组 15 人，内底由旋纹形成的圆圈形涡点内绘对三角纹（B）。该器出土时已残，后经粘接复原，属马家窑类型晚期遗物。

1973 年，青海省大通县上孙家寨墓地那件舞蹈纹盆出土后，曾引起考古界广泛关注，见仁见智，众说纷纭，各抒己见，一时声名大振。因为它毕竟是我国已知的两幅完整的原始绘画之一（另一幅为仰韶文化彩陶缸上的鹳鱼石斧图），是远古先民歌舞场景的真实写照，在考古史、艺术史、文化史，尤其是舞蹈史的研究中，具有极其重要的价值。在其后的 30 多年间，马家窑类型的这种舞蹈纹彩陶器又有多件问世。就我所看到的有关文献记载，以及在藏友处所见到的实

A

物，计有青海省同德县宗日遗址出土一件，甘肃省武威市磨咀子马家窑类型遗址出土一件，兰州一藏友处藏有两件，兰州另有两位收藏者各藏有一件。这样，连同上孙家寨的一件，以及我收藏的这件，已知的共达 8 件之多。可能还有，但未见实物。另外，在马家窑类型大瓮肩部两侧还绘有舞蹈纹者，有的一侧两人，一侧三人，有的两侧各四人或者五人，数目不等，这应称“舞蹈纹瓮”。仅在兰州收藏者中，我已见过四例。若与舞蹈纹盆、豆算在一起，就目前所能掌握的资料，甘青地区的马家窑类型舞蹈纹彩陶器共有 12 件之多。

纵观这些舞蹈纹器，除舞蹈纹大瓮外，就盆类来说，其中两件为曲腹盆，余皆为敞口、卷唇、弧腹、平底器。大者口径达 35 厘米左右，小者口径仅有十几厘米。舞蹈人纹皆绘于器物内壁，有 3 人一组、5 人一组、12 人一组不等。有绘两组者，也有绘三组者，背景图案也各有所异。但这些舞蹈纹器包括舞蹈纹瓮在内，却有几点是相同的：一是基本上都出自现在的青海境内或青海与甘肃交界一带；二是都是以圆圈形式构图；三是表现的内容也基本上是相同的。之所以会出现这样的现象，推测可能有以下几个方面原因：其一，兰州以西至青海境内，尤其是湟水和大通河流域，是古羌人长期活动的地方，舞蹈纹彩陶器多在这一带发现，从一个侧面反映了古羌人能歌善舞的民风民俗。将舞蹈图绘于朝夕相伴的彩

B

C

陶器皿之上，更说明他们对舞蹈的喜爱。其二，先民艺术家多将舞蹈图绘成圆圈形，除彩陶器皿多为圆器而便于构图外，更主要的是所跳的舞蹈可能以圆圈形式较多。从民族学和民俗学材料看，西部藏民无论跳神中的舞蹈，还是平时所跳的"锅庄舞"，尤其是后者，手拉着手、围成一圈边歌边舞的现象都是常见的。广泛流行于藏区的"果谐舞"，也多见这种形式。藏语中的"果"就是圆圈的意思，"谐"即圆圈歌舞之谓。其三，关于舞蹈纹的寓意，学术界有各种不同解读。我认为，画面所表现的可能就是一种娱乐场面。可以是庄稼或狩猎丰收后的娱乐，可以是某一战争胜利后的娱乐，也可能是部落添丁加口后的娱乐，等等。据我多年在西部藏区的考察，这种边歌边舞的娱乐形式是经常可以遇到的，有许多是即兴而发。

与其他舞蹈纹器相比，我的这件藏品有两点与众不同：1. 器形硕大，形制为豆而非盆，应当是件祭器。2. 常见舞蹈纹中的舞人身材苗条，婀娜细弱，似女性；该器所绘舞人体躯高大健壮，很像虎背熊腰的藏族男子。而且，舞人之间并未明显表现两手相牵，而是双肩高耸，双臂相连，着重突出了粗壮的躯干。尤其是面部所饰的白彩，以及躯干上所绘的竖行白色圆形图案，使人物显得更加威武，而且充满神秘色彩（C）。据此推测，这件陶豆上所绘很可能是部落头人聚会时的舞蹈场面，或是一群巫师戴着面具或化装后所跳的法舞，但也有可能表现的就是古羌人壮汉们那热情奔放、气势磅礴的舞姿。

（2）马厂类型骨架形人纹钵

高 8.3 厘米，口径 15.3 厘米，底径 8 厘米，泥质土黄陶，敞口、深腹、双鋬、平底。黑彩施纹，口沿外侧绘平行宽带纹、垂弧纹，内壁一侧绘一骨架形人纹，余部绘满斜十字纹（A）。骨架形人纹头部为椭圆形，绘出双眼和嘴巴。躯干用一竖带纹表示，上部为平伸的双臂，中间绘三根肋骨，下部为叉开的双腿，双臂和双腿末端各绘有三道指形纹（B），属马厂中晚期遗物。

这种骨架形人纹由瑞典学者安特生于 20 世纪初在甘肃临洮购买的一件半山类型彩陶钵内首次发现。骨架形人纹绘于陶钵内壁一侧，头为用重笔绘成的一个圆圈，躯干绘成一竖条形，肋骨以数道平行线纹表示，两前臂下垂，双腿呈骑马蹲裆式。主题纹饰对应一侧绘一弧形带纹和一竖短带纹，两边各绘数道竖波折纹。后来，这件彩陶钵被安氏带回瑞典。钵内这种奇异纹饰引起国内学者的广泛关注，在许多研究史前彩陶的著作中，对这一纹样都或多或少地有所评论。比较

A

B

普遍的解释是，认为它应是与萨满教有关的萨满式艺术，是萨满教巫觋式宇宙观的一种表现形式，表现的是人的灵魂在骨骼状态的往复再生，反映了远古先民对巫师及灵魂巫术的崇拜。我的这件藏品与安氏发现的那件半山钵相比，既有某些相似之处，又有明显区别。尤其是二器出自同一文化的两个不同类型之中，对这一纹样的进一步研究，无疑具有重要意义。可以从两个方面来理解：其一，在研究这一纹样中，我曾拜读过不少专家的大作，对这一纹样有各种不同的称谓。如“人骨巫觋纹”“蛙形人纹”“神人纹”“神蛙纹”“变体人纹”等。研究者所研究的对象，基本上都是安特生发现的那件半山钵内的纹样，这就不可避免地会带来一定的局限性。我的这件马厂类型骨架式人纹彩陶钵的发现，则明确地告诉人们，这种纹样就是人纹，是来自萨满艺术的人纹。这种骨架式人纹，也称“X 光透视式艺术”，有表现人类的，有表现动物的，也有人与动物的结合体。彩陶钵内所绘的主题纹样，面部清楚地绘有双眼和嘴巴。而骨架式体躯则似人形，这与骨架式动物纹或人与动物结合的骨架纹是有区别的，应是萨满巫师眼中人的形象。头部没有绘成圆圈形或骷髅形，可能是作者为了明确表示人的形象而特意设计的。其二，这件马厂钵内的纹饰，不但骨架形人纹与半山钵同类纹样有别，附属纹饰则完全不同。这不但为学者对这一纹样的研究提供了又一实物资料，而且可以帮助研究者进一步开阔视野。其实，这种纹样在马家窑文化的马家窑、半山、马厂类型中都有发现，半山、马厂类型相对较多，而且无论主题纹饰还是附属纹饰的构图形式都不相同。如果将各个时期的这一纹样集中起来认真研究，可能还能找到其前后传承关系及演变规律。

钵内所绘斜十字纹“×”，据专家研究，一般释为“五”。五通“午”、通“互”。所表示的可能有两层意思：一是阴阳上下贯通，这里可能指巫师在沟通阴、阳二界；二是为祭祀所用“互物”的抽象表示，以表示对天地神灵的虔诚祭祀。由此可以看出，钵内附属纹饰内涵与主题纹饰是一致的。

这件藏品于 18 年前购自青海省乐都县洪水乡，距著名的柳湾遗址仅一河之隔。那天，我因事来到该地，见一老乡家里有这么一件彩陶钵，当时因索价较高未曾购买。回到西宁后，这件东西总是萦绕于心，尤其是钵内那种神秘而古怪的纹饰，是我在多年收藏中从未见过的，更感到有收藏的必要。于是，次日我另掏 100 元辛苦费，托人专程前去购买，终于如愿以偿，一直收藏至今，也算是一种缘分。

（3）四坝文化舞蹈纹双耳罐

高 18.3 厘米，口径 11.6 厘米，底径 8.5 厘米，夹砂红陶，侈口、高领、溜肩、鼓腹、双耳、平底。黑彩施纹，口沿内侧绘复道垂弧纹，领部绘复道凸弧纹，双耳至颈肩接合部各绘一复线倒三角纹，腹部绘舞蹈纹、平行带纹、垂弧纹。纹饰主题突出，简洁明快。

这是我国西部地区进入青铜时代后彩陶上出现的一幅罕见的原始舞蹈图画。四坝文化地处甘肃河西走廊中西部，那里有草原、戈壁、沙漠，也有起伏的山峦和肥沃的良田。舞者可能是在一大片绿茵茵的草滩上，领部所绘一周复道凸弧纹，表现的可能是草滩远处的山峦。到过西部高原的人都知道，高原上的山多呈面包状。这种山形的画法虽为几何图案，但也颇有几分写实意味。肩、腹部除双耳上方两组分界图案及下腹的平行带纹、垂弧纹外，给舞人留出的空间几乎占器表面积的一半。作者如此构图，除为了突出主题纹饰外，另一个主要原因可能是为了将舞者置于广阔的背景之中——辽阔平坦的草原之上。在远山的衬托下，这种氛围表现得更为明确，更加突出，尤其是那些熟悉西部地理环境的人，一看便能体会到其中的韵味。

A

B

下面，我们再谈谈画面上的舞蹈人。以双耳上方的倒三角纹为界，腹部两面共绘 11 个舞蹈人，一面 6 个，一面 5 个。舞人头部用一黑点表示，头顶斜画一笔，近似微微上翘的三角形；躯干为一竖条形，双臂向两边伸开，形成手拉手状；下肢一腿直立，一腿弯成弓形，置于另一腿上，呈金鸡独立之状。不同的是，有的在腰部绘一黑色三角纹，有的在腰部下方一侧绘一斜短带纹。对于这些纹饰该如何理解呢？我们不妨参考民族学、民俗学的有关资料，进行一番分析。1. 首先从头部说起，头顶向一个方向翘起的三角形纹饰，应是轻风拂起的长发。2. 画面中的 11 个舞蹈人，应有男女之别。腰部绘黑色三角纹者应为男性。从西部藏民夏日的着装习惯看，男性多穿下摆至膝盖处的短藏袍，三角形图案应是男性袍服的艺术再现。对于这种三角纹，有藏友认为可能是妇女所穿的某种裙子，但在那个时候的古羌人中，是不可能有裙服的。5 个腰部下方绘斜短带纹者，应是女性。藏族妇女的长袍皆以长带束腰，并留有两截长而下垂的带头。画面上近似三角纹的斜短带纹，所表现的可能就是舞蹈时飘动的腰带。从 11 个舞蹈人的整体构图看，所穿袍服皆用竖、平、斜条纹表示，腰间所绘的两种不同纹饰，可能是为了便于男女性别的区分。3. 由此看来，罐腹两面所绘 11 个舞蹈人，应是男女交叉混合编排的一种舞蹈形式。绘 5 人的一面，自左至右，2、4 为男，1、3、5 为女（A）；绘 6 人的一面，1、3、5 为女，2、4、6 为男（B）。从以上分析可以看出，这件四坝文化彩陶罐上的舞蹈纹有以下两点值得注意：一是这种男女交叉混合编队的舞蹈形式，就目前所能掌握的资料，仅此一例。它告诉人们，这种舞蹈形式远在 4000 年前的四坝时期就已经出现；二是舞人双臂虽为手拉手“连臂式”，但金鸡独立式的舞姿，又酷似当今的芭蕾，轻盈、高雅、大方，别具一格，这也是前所未见的。就我所见到的实物资料，四坝文化过去曾发现过两种舞蹈纹，均绘于彩陶上，或三人一组，或一行排列，皆环器腹一周。舞者双臂合抱，体躯前倾，袍摆上卷，细腰凸胸，表现出明显的女性特征，但人物整体构形没有太大差别。这件舞蹈纹罐的发现，无疑为研究四坝人的精神文化生活，尤其是这一时期的舞蹈形式，提供了一例实证。

那么，这群舞人跳的又是何种内容的舞蹈呢？是性爱舞蹈、祈祷舞、庆功舞，还是一种祭祀活动中的舞蹈，或纯粹娱乐性活动？这是需要研究的。但无论何种内容的舞蹈，从画面构图看，无疑是一种充满欢乐的舞蹈。你看，在辽阔的草原上，在习习的清风里，他们跳得是那么整齐协调、欢快有力，充满着勃勃生机，甚至连头上的长发都齐刷刷地摆向一边。他们的内心肯定充满着欢乐，充满着美好的希望……这是西部进入青铜时代后发现的唯一有情节的原始绘画，生动地再现了远古羌人那优美的舞姿、精彩的舞蹈场景。无论图案的构思设计，还是绘画技巧，都达到了相当高的艺术境界，堪称西部史前晚期人物画最具代表性的杰作。

2001 年出土于甘肃省张掖地区。

（4）辛店文化舞蹈纹双耳罐

高 13.5 厘米，口径 10.5 厘米，夹砂红陶，侈口、高领、双耳、鼓腹、圜底内凹。黑彩施纹，腹部一侧绘平行短带纹、竖带纹，一侧绘双钩纹。双钩纹之上的高领部位，一左一右绘两个舞蹈人。左边舞者身着袍服，紧束细腰，两臂平伸。一个长袖向上飘卷，一个长袖平直下垂，头部似转向一侧，双脚呈八字叉开。舞姿看起来比较舒缓，可能是女性。右边舞者衣着与左相同，舞姿略异。双臂上举，长袖呈旋状向上飘动，一腿略向前伸，一腿稍向后撇，舞姿较为热烈，疑为男性。如此看来，该器高领一侧所绘两个人纹，应是一男一女，也可能是一对夫妻。虽未做连臂状，但都是在跳舞，或边歌边舞，可能是放牧的间隙，也可

能是在采摘归来之后、庄稼收完之际。那飘逸抒情的舞姿，那种欢快的心情，似乎活生生地展现在面前。

辛店文化彩陶中的此类人纹曾出土多件，所绘多一两个人，不见列队而舞的场面，人物构形也大同小异，显得比较呆板。相比之下，这件彩陶罐上的两个舞人还算比较生动。对于该文化彩陶中的这些人纹，不少专家认为应是舞蹈纹，所表现的是古羌人自娱自乐的生活场景。在西部青铜时代的陶器上，这种舞蹈纹仅见于四坝文化和辛店文化，其他文化类型基本不见。这些舞蹈纹的发现，对研究史前舞蹈形式的发展演变，尤其是史前晚期先民的文化生活，都有着极其重要的价值，因而也是非常珍贵的。

2006 年出土于甘肃省临洮县。

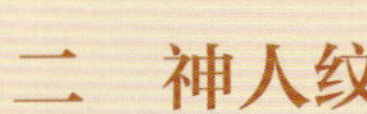

二 神人纹

（5）马家窑类型神人交媾图扁腹钵

在过去很长一段时间里，学术界对马家窑文化，尤其是半山、马厂时期彩陶中大量出现的似人似蛙的纹样，也就是所谓的“蛙纹”，曾有各种不同称谓。如“蛙纹”“人纹”“神灵纹”“蛙神纹”“巫觋纹”“梵巫纹”“雨神纹”“神蛙纹”“神人纹”“拟蛙纹”“类蛙纹”“人形纹”“变态蛙纹”“神人式蛙纹”“变态神人纹”等。我粗略统计了一下，有20余种。从中不难看出在这一纹样称谓中存在的混乱现象。直到近几年来，甘青学术界才将这一纹样名称统一起来，比较一致的看法是称“神人纹”更加恰当，使称谓问题得以规范。

A

过去学术界将这一纹样称为“蛙纹”，主要是认为这种纹样是从仰韶文化和马家窑类型写实性蛙纹演变而来的。其实，这两个时期彩陶中的写实性蛙纹出土量很少，所见仅数例而已。与同期大量的、丰富多彩的彩陶纹饰相比，只能算是偶然的、个别的例证。作为马家窑文化“蛙纹”承袭或演变的证据，显然是不妥当的，并无普遍的说服力。二者在图案的构成上也有很大差别。前者基本上是蛙类自然形态的具象再现；后者更多地像人形，几乎千篇一律的姿势是，上肢上举，下肢上伸，身子呈竖条状，很像伸着四肢蹲坐在地上的人形。尤其是那些完整神人纹，更具人的形象。如果说二者之间有某些相似的话，则主要反映在四肢的画法上。这可能是后者在神人纹的构图上有受前者影响的因素，但从传承关系上并无内在联系。从其文化内涵看，仰韶文化和马家窑类型所绘写实性蛙纹，或者说具有生殖崇拜的文化含义，或者说包含着巫术祈雨之目的，但仅针对蛙类动物而言。马家窑文化中的神人纹，既是人，也是神，既可以是人与神的结合体，也可以是神与动物、植物的结合体。是可以通天、通地、通人的“神”，在先民的原始宗教和巫术活动中几乎无所不能。这就在很大程度上避免了有关“蛙纹”称谓中存在的混乱现象，克服了“蛙纹”解读中的局限性，开阔了学术界对这一纹样研究的视野。对进一步弄清马家窑文化神人纹的文化内涵，无疑有着积极的作用。

B

彩陶上的人纹与神人纹也是有区别的。人纹所绘的主要是当时生活中的人，数量极少。虽然有的人纹形象或由人纹组成的图案带有某种原始宗教或者巫术内容，但他们本身是人，或者说是以人的形象出现的，不具备“神人”的特征，也不可能有“神”的“神通”，与“神人”应是两个不同的概念，将人纹归类于神人纹是欠妥当的。

这件藏品高 8 厘米，口径横宽 20.2 厘米，竖宽 15.8 厘米，底径 8.3 厘米，泥质红陶，敞口、平唇、弧腹、平底。整器呈椭圆形（A）。黑、白彩施纹，唇部以黑彩绘网格纹，网格纹上以白彩等距离施八组竖带纹。上腹绘波浪纹，口沿内侧绘倒三角纹。内壁上部以黑、白双彩绘四道圈带纹，下半部至底部绘神人交媾图（B）。该器造型和主题纹饰结合得恰到好处。有可能是先将器物制成椭圆形，使器内形成横长的空间，然后再依据空间的大小长短设计图案。也可能是事先将这一纹样设计好后，再因纹制器，将制成的圆器特意压制成椭圆形。无论何种动机，都可以看出先民艺术家对这一纹样是经过精心设计的，在他们心目中可能有着非同寻常的意义。

那么，对这一纹样该如何解读呢？在弄清其文化内涵之前，我们不妨先对画面所表达的生活内容进行一番分析。可以从以下两个方面理解：

1. 可能是一幅男女交媾图。男女交媾的画面在我国各地岩画中多有发现，但在彩陶纹饰中从来没有看到过。该图横长 16 厘米，体躯呈长椭圆形，两端各绘一人面，躯干两侧各绘三只带有指形纹的肢体。自左向右看，左边一人两臂下垂，双腿向两边叉开；右边一人仅画上举的双臂，下肢则隐没于躯体之中。左为男性，右为女性。从构图手法上看，也符合史前画家此类图画的构图特征。

2. 可能是一幅妇女分娩图。中部圆鼓的躯干可能表示孕妇腹部，自右至左看，右边一人双臂上举，双腿高高叉起，酷似一个正在分娩的孕妇。左边一人仅画出半截身子和下垂的双臂，可能表示婴儿刚刚生出一半。如果能够得到专家的确认，这将是我国史前唯一的一幅“妇女分娩图”。

从以上分析可以看出，这一画面所表现的，无论是“交媾”或“分娩”，蕴蓄的文化内涵，无疑与史前先民中广泛存在的生殖崇拜有关，是一种男女交合巫术，也是一种祝殖巫术。这从这一纹样的载体彩陶钵的造型上也可以看得出来。椭圆形钵体是女阴的象征，将这一纹样绘于钵内，不但反映了先民对女性生殖器的崇拜，更体现着生生不息的强烈生命意识。

说到该器的收藏，我倒费了不少周折。那是 1995 年冬季的一天，甘肃永登县一老乡将这件小钵带到兰州。我立刻被钵内图案吸引住了，但由于索价太高，未能如愿收藏。到了第二年夏季，当我听说该钵尚未卖出时，又专门托人到永登与之商讨价钱，谁知仍未谈下来。看来这位老乡对这件东西也是看得很重的，是位识货的主儿。在此情况下，我也只好放弃了收藏的愿望。又过了一年，到了1997年，这位老兄心血来潮，与人合伙到兰州城隍庙古玩市场开店，专营彩陶生意。可能由于经营不善，后来连房钱也付不起了，这才主动打电话给我，说愿意按原来我出的价钱卖给我。该钵第一次见到时，内底有一3厘米长的干裂。这次看到时，裂缝已被他找人修好，念其保管了三年，又进行了修复，我又多付给他500元。历经三年，几经周折，终于如愿收藏，但这并非乘人之危，可能是一种缘分吧。彩陶中不少怪异而神秘的纹饰，尤其是那些图画式的纹样，可能只会出现一件。在其后的10余年间，这种纹样再未发现过，史前艺术家可能仅画过这一次。

（6）马厂类型长尾神人纹双耳壶

高28厘米，口径9.5厘米，底径10.5厘米，泥质土黄陶，侈口、高领、溜肩、鼓腹、双耳、平底。黑、红彩施纹，口沿内侧绘倒三角纹，领部绘三周平行宽带纹，间绘复道平行线纹。颈肩接合部绘一周竖短线纹，上腹绘四个圆圈纹，圆内以带纹绘连续“卐”字纹，“卐”字纹间以线纹绘方格纹，圆圈之间各绘一完整神人纹。在所见大量马厂神人纹中，该器的四个神人纹可谓别具一格。头部以宽带绘成一圆圈，中间陶地色内绘一螺旋纹，显得异常神秘。四肢、躯干和长尾均以宽带纹绘制而成。转折明显，棱角分明，规规整整。且纹样周边涂黑，仅留窄细的陶地色加以衬托，使神人纹显得更加整齐而醒目，同时也平添了几分神秘感（见右图）。整器造型规整，纹饰繁缛，色彩浓重，看起来沉稳、典雅、庄重，属马厂早期遗物。

神人纹下部拖着的那条长长的尾巴，有学者认为所表示的应是雄性生殖器，可能有一定的道理。该器神人纹的长尾，与常见神人纹同部位纹饰相比，显得既宽且长，可能象征着男性强壮非凡的生殖力，隐喻着先民对部族的繁衍与渴望。

1986 年出土于青海省民和县隆治乡。

（7）马厂类型神婴纹双耳壶

高 20 厘米，口径 7 厘米，底径 8 厘米，泥质土黄陶，侈口、高领、溜肩、鼓腹、双耳、平底。黑、红彩施纹，上腹绘四个内填十字纹、三角网纹的圆圈纹。两组圆圈纹之间各绘一神婴纹，余部以平行带纹、垂弧纹、波折纹为饰。该器造型圆润饱满，抛光极佳，施纹精细，所绘神婴纹尤为别致，属马厂类型彩陶中之珍品。

器腹所绘神婴纹头部以一圆圈表示，上肢缓缓上举，下肢平缓地向两边叉

开，四肢末端均未绘指形纹。整个纹样全部以浓墨重彩绘制。头部圆润丰满，肢体丰腴舒缓，看不到夸张的转折和棱角，给人一种稚嫩、肥胖的感觉，很像一个伸着双臂、蹲坐在地上的胖娃娃。因此，我们将其定名为“神婴纹”（见右图）。半山、马厂时期的神人纹，乍看似乎一模一样，但若仔细观察就会发现，无论整体构形，还是在局部表现手法上，都是有所曲别的，各有自己的特点，其内涵可能也是各不相同的。从有关民俗学材料看，胖娃娃图历来都是吉祥、幸福、多子多孙的象征。但追溯到数千年前的新石器时代，无疑另有特殊的宗教寓意和巫术内涵，很可能就是先民眼中具有顽强生命力的“婴神”，是婴幼儿的保护神。在生产力低下、人口匮乏而婴幼儿又大量夭折的情况下，无疑反映了企盼婴幼儿健康成长、部落人丁兴旺这样一种美好愿望。

1985 年出土于青海省民和县。

（8）马厂类型雄性神人纹长颈壶

高 29 厘米，口径 9.2 厘米，底径 11 厘米，泥质土黄陶，侈口、长颈、垂腹、高低耳、平底。白陶衣上黑、红彩施纹，主题纹饰为两个硕大的完整神人纹，余部以平行带纹、平行线纹、垂弧纹为饰。器腹所绘两个神人纹大致相同。头部以一圆圈纹表示，上肢上举且内弯呈抱头状，下肢呈弧形上伸至颈部，躯干垂直向下且伸出一短尾。整个纹样呈半圆形，自壶体颈肩接合部一直绘到腹中部，几乎占去上腹大部分面积。垂腹器上腹面积较大，很适合绘制这种构图复杂而且大气的纹饰。该器及所绘纹饰可称得上因器施纹的范例。从施彩上看，神人纹均由带状红彩绘成，头部中间绘一不规则圆点纹，肢体周边以黑彩勾画轮廓线，其余陶地色全部涂黑，使纹样显现出红、黑、白三种色彩。看起来整齐、美观、大气，而且格外醒目，既富有装饰性，也最大限度地使主题纹饰得到突出。此种神人纹在马厂同类纹饰中很少见到，多年来仅见过 10 余例，构形及施彩方法大致相同，属同期神人纹中之珍异之作。

1985 年出土于青海省民和县。

（9）马厂类型雌性神人纹高低耳壶

高 27 厘米，口径 8 厘米，底径 10 厘米，泥质土黄陶，侈口、高领、溜肩、鼓腹、高低耳、平底。白陶衣上黑、红彩施纹，主题纹饰为两个硕大的完整神人纹。神人纹间各绘一圆圈纹，圆内在十字纹装饰带内绘网格纹和波折纹。器腹所绘神人纹，与前一器神人纹大致相同。其局部区别在于，后者肢体周边以黑彩复线勾画，四肢末端皆绘有指形纹。躯干下端另绘一圆圈，圆内绘一点状纹。表现形式与头部相似，但明显小于头部。在史前的彩陶纹饰或岩画中，女阴纹的表现手法多种多样。这种内填黑点的圆圈纹，或与此相似的同心圆纹、圆圈纹，一般被视为女阴符号，这也是学术界已有的共识。另外，从这一圆圈所绘位置看，也正是女性生殖器的部位。

这不仅与彩陶和岩画中此类纹样构图形式相同，也符合人体的生理结构特征。据此判断，两个神人纹下方所绘内填黑点的圆圈纹，应是雌性生殖器的象征。神人纹中凡绘此种纹饰者，皆应视为“雌性神人纹”。

神人纹有没有雌雄之分？这是过去学术界很少研究的一个问题。从以上前后两件藏品神人纹的分析中可以看出，这一现象应当是存在的，应是与原始先民生殖巫术有关的一种纹样。此外，在 1987 年前后，我曾见到过两件绘有完整神人纹的马厂类型彩陶壶。一件腿裆处附有 1 厘米高的圆柱形堆塑，一件腿裆处附一三角形堆塑。应是以堆塑形式表示雄性和雌性生殖器的，这也印证了雌雄神人纹存在的可能性。

1985 年出土于青海省民和县。

（10）马厂类型六神人纹长颈壶

高 22.5 厘米，口径 7.5 厘米，底径 10 厘米，泥质土黄陶，侈口、高领、溜肩、鼓腹、单耳、平底。腹部一侧饰一锥形泥突。黑、红彩施纹，领部涂红，颈肩接合部及腹中部各绘一道平行带纹。腹部绘折带纹，折带间的三角形陶地上绘 6 个神人纹，其中 5 个为完整神人纹，一个仅绘成“亻”，完整神人纹中，一个两下肢间绘有一圆圈，似雌性。

马厂时期的长颈壶，应是一种仿葫芦形器，或者说是葫芦形陶器的变体。事实上，西北老乡也一直以“瓜葫芦”相称，主要见于马厂中晚期。大多制作规整，打磨精细，应是当时先民比较喜欢的一种器形。此类长颈壶的常见纹饰，主要是在壶腹上部以浓重的黑、红双彩绘成的折带纹。在部分长颈壶折带纹间的三角形陶地上，还常常以“补白”形式绘出各种小型单独纹样。常见的有神人纹、动物纹、植物纹、天象纹等。有的一器一种，有的一器数种。折带纹是彩陶衰退期的一种常见纹样，在这种简单的纹样间，经过如此装饰，便给整器增添了生动活泼的气息。

1986 年出土于青海省民和县。

（11）马厂类型八神人纹长颈壶

高 23 厘米，口径 8.2 厘米，底径 10 厘米，泥质土黄陶，侈口、长颈、溜肩、垂腹、单耳、平底。腹部一侧饰一尖角形泥突。黑、红彩施纹，主要纹饰为上腹所绘折带纹。折带间的三角形陶地上绘 8 个无头神人纹，每个神人纹均以黑彩绘制而成，周边并以黑彩勾画轮廓线，其中一神人纹躯干两侧另绘数道肋骨纹，表现的可能是“骨架式神人纹”。

这种将众多神人纹绘于一器的现象，与一器仅绘一个或两个神人纹者，表达的内容及其文化内涵可能有所区别：其一，彩陶纹饰中的折带纹，在不少彩陶图案中被解读为“山”的象征。将众多神人纹绘于其间，所要表达的可能是先民在山野间采摘或狩猎的场景。以“神人”的面目出现，无疑具有与这些活动相关的巫术的含义。其二，与该器神人纹相仿的构图形式，就我所见到的，半山时期有一器绘满星纹或月纹的，卡约时期有将多个鹿纹绘于一器的，辛店时期有一器绘满太阳纹、鸟纹的，等等。从大量民俗学材料看，将众多同一吉祥图案、吉祥文字或崇拜对象绘于一起，象征至大、至高、至满、至诚，饱含祥瑞、圆满之意。长颈壶上的这种神人群像，所表达的可能是先民的一种虔诚，体现了强烈的宗教情感和巫术心理，可能蕴蓄着某种特殊的期望与追求。

1985 年出土于青海省民和县。

（12）马厂类型雌雄同体神人纹长颈壶

高 33 厘米，口径 8.7 厘米，底径 10 厘米，泥质土黄陶，侈口、长颈、溜肩、鼓腹、单耳、平底。腹部一侧饰一三角形泥突。通体饰红色陶衣，黑彩纹饰的奇特之处在于腹部折线纹间填绘的两种不同单独纹样。四个倒三角间各绘一两性同体神人纹，四个正三角内各绘一“卐”字纹。尤其是前者，充满神秘色彩。

四个神人纹躯干和四肢均以复线带状长方形图案构成。躯干较长，内绘平行短线纹，两侧各绘三肢，均呈上举状。躯干两端各以红彩绘一椭圆形人面，并以点状纹绘出双眼和嘴巴。上端为正面，下端呈倒置状。其中一神人纹中部两肢上端另绘一横长方形图案，内绘竖短线纹，甚为奇特，不知何意。四神人纹上端面部均较小，可能表示雌性；下端面部相对较大，应是雄性的象征。这种雌雄两性同体神人纹，与我收藏的那件马家窑类型扁腹钵中所绘神人交媾图（参看下编 5）一样，都可以与两性交合或生产生育联系起来分析，可能都是史前人类广泛存在的男女交合巫术和生殖巫术的产物。在这件器物上，将“卐”字纹与雌雄同体神人纹同绘，可能另有特殊内涵。

1986 年出土于青海省乐都县老鸦城。

（13）马厂类型连肢神人纹深腹钵

高 14.3 厘米，口径 21 厘米，泥质黄陶，敛口、深腹、双鋬、平底。黑、红彩施纹，口沿绘阴地圆珠纹，内壁至内底绘四个无头连肢神人纹。神人纹用艳丽的带状红彩绘制，以黑彩描边，几乎布满钵内空间，看起来既大方又醒目。一般常见的连续神人纹，大多呈手拉手状，上肢指形纹间相连。该器的四个神人纹，上下肢的指形纹间均连在一起，如同正在狂舞，给人以欢乐畅快的形象。这种连肢神人纹，主要出现于半山晚期及马厂时期，有作为主体纹饰的，也有以局部装饰纹样出现的。前者多绘于盘、盆、壶、罐容器的显著位置，后者一般绘于小口容器的口沿部位或口沿外侧，以及一些壶、罐类容器下腹等。有一组 3 个 5 个的，也有 7 个 8 个成组绘制的。有带头的，亦有无头的，但基本构形均呈连臂状。马厂早期带头连续神人纹，与马家窑时期的舞蹈纹颇为相似，也有人称为"变形舞蹈纹。其实，二者是有本质区别的。关于这一问题，我在介绍马家窑类型神人交媾图扁腹钵"中已经谈及，不再赘述。

2003 年出土于青海省民和县。

（14）马厂类型连体神人纹四耳盆

这是一件马厂晚期的四耳深腹盆，与前面介绍的那件马厂早期连肢神人纹深腹钵相比，所绘虽有些粗率，但与前一件一样，纹饰、构图都有其独特之处。器内图案以十字为骨架，绘出四个躯干相连的变体神人纹。其中两个绘有四肢，躯干下部向下凸起，似雄性生殖器。对应的两个神人纹仅绘有双上肢，躯干直接与对应的神人纹躯干相通，似正在交媾，描绘的很可能是一幅“雌雄交媾图”。该器高 14.2 厘米，口径 23 厘米。纹饰虽局部略有脱彩，但图案基本完整，仍不失为马厂晚期一件难得的彩陶珍品。

2001 年出土于青海省乐都县。

（15）马厂类型完整神人纹深腹盆

高 14 厘米，口径 19.5 厘米，底径 9 厘米，泥质土黄陶，敞口、折沿、深腹、双耳、平底。黑、红彩施纹，腹上部近口沿处绘平行宽带纹、复道垂弧纹，口沿绘放射状竖短线纹、圈带纹，内壁至内底绘完整神人纹、圆点纹。神人纹头部以浓重的黑、红双彩绘成一大圆圈，圆内绘平行波折纹；躯干绘成竖带状，下半部绘向内蜷曲成半圆形的四肢。肢端各绘五条指形纹，神人纹间陶地上绘 8 个硕大的圆点纹（见右图）。这种神人纹内彩盆，在半山、马厂类型彩陶中均可看到，但尤以马厂时期较常见。盆内所绘神人纹，一般多为圆形大头，并填绘各种几何纹。早期多带半截躯干及双上肢，晚期有的将肢体简化为弧线纹，有的则仅绘肢体纹。

对于此类纹样，学术界有两种不同解释：1. 因头大身子小，应是一个大头娃娃形象。2. 由于先民在盛满清水的容器中仅能看到自己的头部，故在绘制时有意放大头部，将肢体作为陪衬，应是先民以水自鉴的产物。该器神人纹肢体间的黑色圆点，应是一种与生殖巫术有关的符号。故推测盆内所绘可能与大头娃娃有某种内在联系，属一种祝殖巫术纹饰。

1988 年出土于青海省平安县。

三　鱼纹

（16）仰韶文化双鱼纹圜底钵

高 16 厘米，口径 39.3 厘米，泥质红陶，敞口、卷唇、弧腹、圜底。腹两侧各置一齿状宽鋬。黑彩施纹，唇部绘一周宽带纹；上腹两侧各绘一变形鱼纹，内底绘一“Q”形符号。仰韶文化的这种大型圜底彩陶钵，端庄、大气，为这一时期最具代表性的器物之一。但出土量极少，主要藏于陕甘一些大型博物馆，私人收藏者中很少看到。这是我经多年寻觅而有幸得到的一件。

器腹所绘两条鱼纹，无背、腹鳍，鱼身由四条粗细相等的弧线组成，鳃部仅绘一竖弧线。头部以

圆点表示，尾鳍所绘较全，但比较夸张。从鱼纹变形程度及器物的直口、卷唇、大腹等造型特征看，应为仰韶中期遗物。

仰韶文化彩陶上的鱼纹，曾引起学术界广泛关注。一般认为，生活在湖畔河旁的先民，在长期的捕捞生活中，发现鱼类具有极强的繁殖能力，进而对鱼产生崇敬之情，把鱼视为多产的象征。他们把鱼画在彩陶上，无疑寄寓了种族繁衍不息的美好愿望。

内底所绘“Q”形图案（上页上图），应属一种早期的表意符号，有关文献未见记载。仰韶陶器上的符号纹多刻画而成，彩绘者极为少见，研究这一时期的刻纹可供参考。

该器原为兰州一藏家所藏，据说 20 世纪 80 年代初出土于甘肃东部地区，具体地点不详。

（17）马家窑类型漩流游鱼图深腹盆

高 11 厘米，口径 26 厘米，底径 12.5 厘米，细泥橙黄陶，敞口、卷唇、弧腹、平底。黑彩施纹，唇部绘圆点纹、弧线纹、三角网格纹。上腹绘漩涡纹、圆点纹；内壁绘连续大漩涡纹；内底绘一小漩涡纹，上下漩涡纹间绘四个首尾相连的游鱼纹。该器胎薄质轻，打磨光滑，造型规整，端庄大方，施纹精细，构图新颖。该器的学术价值和艺术价值可以从以下三个方面理解：

1. 填补了马家窑文化彩陶写实性鱼纹的空白。马家窑文化彩陶中有没有写实性鱼纹？这是考古界长期以来苦苦探索的一个问题。一般认为，自仰韶中期以后，写实性鱼纹即逐渐消失，在西部的马家窑文化中，已看不到此类鱼纹。这件鱼纹彩陶盆的发现，证明在相隔千年之后，写实性鱼纹在马家窑类型彩陶中是存在的。

2. 彩陶中唯一的一幅漩流游鱼图。仰韶彩陶中的写实性鱼纹，无论绘于器腹或内壁，无论绘两条或多条，皆是单一的鱼纹。虽大多数鱼纹都画得十分生动，但未免显得有些单调，给人欣赏的仅仅是鱼的形象而已。而在马家窑类型彩陶中，描绘流水各种形态的纹饰，尤其是漩涡纹，几乎经常可以看到。虽然给人一种波涛汹涌的宏大气势，但由于没有鱼纹而缺少灵气。这件鱼纹盆的可贵之处在于，它所绘的是将四条游鱼置于旋动的水流之中，将鱼纹与马家窑类型彩陶中常见的漩涡纹和谐地结合在一起，让鱼随漩涡而游动，使鱼也活了，水也活了，描绘出了一幅史前罕见的全景式的“漩涡游鱼图”（见下图）。

3. 充实了马家窑类型彩陶动物纹的内容。在马家窑类型彩陶纹饰中，仅有少量动物纹，比较写实的仅数例而已。其他所谓的动物纹，大多是简化变形了的图案，不少动物纹属性不清，似是而非，有着各种不同解释。这件鱼纹盆的四条游鱼，不仅为这一时期彩陶中的动物纹增添了新的成员，而且也为几何纹盛行的马家窑类型彩陶增添了活跃气息。它们可能会与同时期的写实性蛙纹等著名动物纹一样，为学术界和收藏界所关注，成为这一时期动物纹中的明星。

这件鱼纹盆出自仰韶鱼纹消失千年之后，只能看作偶然个例。另外，从鱼纹构形来看，仰韶鱼纹体躯修长，早期鱼纹口、眼、鳃、鳍、尾俱全，张口鼓目，充满力度，甚至给人以凶猛的感觉，说不清属何种鱼类。马家窑类型的这种鱼纹，体短、扁宽而肥硕，虽仅仅勾画了鱼的嘴和腮，但由于以细密网格纹将鱼鳞表现得非常清楚，看起来很像黄河大鲤鱼。据此推测，制作鱼纹盆的这个部落，很可能就生活在黄河岸边，他们经常捕捞食用的可能就是这种鱼类。

1985 年出土于青海省尖扎县。

（18）马家窑类型变形鱼纹双耳壶

高 44 厘米，口径 12.5 厘米，底径 17 厘米，泥质红陶，侈口、长颈、溜肩、鼓腹、双耳、平底。黑彩施纹，颈部绘五道平行带纹；颈肩接合部绘复道平行线纹；肩部绘四个前后左右对应的圆圈纹，圆内绘对角弧边三角纹，圆圈间绘叶形纹、弧边三角纹；腹部绘平行宽带纹、复道平行线纹。为破裂复原器。

该器引人注目之处在于四圆圈内所绘四个对角弧边三角纹（右上图）。此种纹样最早出现于半坡晚期，属这一时期具有高度概括性的鱼纹抽象形态。在其后的庙底沟时期，以及马家窑文化的石岭下、马家窑、半山类型中都可以看到，无疑是半坡晚期的延续。1977 年，甘肃东乡族自治县林家曾出土一件，高 36 厘米，亦为残缺复原器，造型、纹饰与该器大致相同，现藏甘肃省博物馆。

1990 年出土于甘肃省榆中县。

四 鸟纹

（19）马家窑类型变形鸟纹浅腹盆

彩陶上的鸟纹，最早见于仰韶文化半坡类型。半坡遗址曾发现有鸟纹残片，宝鸡北首岭遗址出土的一件细颈瓶上绘有水鸟衔鱼纹，河南临汝出土的一件彩陶缸上绘有“鹳鱼石斧图”。这两件陶器所绘鸟纹均为具象鸟纹，绘制得十分成功。在庙底沟类型陶器上，装饰的鸟纹尤多，大多呈飞翔或欲飞状，生动自然，逼真传神。在晚期的良渚文化中，凡是贵重的陶器，几乎都装饰有鸟纹图案，可以看出鸟纹是当时流行的装饰题材。在西部的马家窑文化中，早期的石岭下类型鸟纹，大多为鸟的局部形象，有的仅画鸟的头、颈部。马家窑、半山和马厂类型鸟纹所见甚少，能够看到的多为抽象变形之作。在甘青地区青铜时代的彩陶中，鸟纹主要见于辛店文化和沙井文化，以及辛店文化唐汪式陶器。这两个时期的鸟纹大多比较写实，尤其是沙井陶器上的鸟纹，种类繁多，形姿各异，无不绘制得生动传神，成为这一时期彩陶中最典型的纹饰。各个时期彩陶上的这些鸟纹，有的可能是先民崇拜的“神鸟”，有的可能是氏族或部落的图腾标志，但更多地反映了对大自然的热爱。

这件藏品高 6.5 厘米，口径 17 厘米，底径 6 厘米，泥质红陶，敞口、卷唇、弧腹、平底。黑彩施纹，唇部绘弧带纹、圆点纹、竖短带纹，腹部绘一周平行带纹，内壁绘水波纹、圈带纹，内底绘变形鸟纹。

该器内底所绘纹样，也有学者解读为“水蚤纹”或“水虫纹”，但一般释为变形鸟纹。这种变形鸟

纹在庙底沟类型晚期即已出现，在其后的石岭下类型彩陶中也可以看到，但尤以马家窑类型为多见，且多绘于彩陶盆、钵内底，具多种变体形式，皆十分抽象。就此种变形鸟纹而言，以上三个时期虽绘制方法略有区别，但总体构形却大致相同，从中不难看出其相互影响的关系。

2003 年出土于甘肃省皋兰县。

（20）辛店文化四禽纹双耳罐

高 32.5 厘米，口径 18.8 厘米，夹砂红陶，侈口、高领、溜肩、鼓腹、双耳、圜状凹底。白陶衣上黑彩施纹，口沿内侧绘圈带纹；领部绘平行带纹、回形纹；肩部绘鸟纹、平行线纹；腹部绘双钩纹，双钩上绘禾苗纹、竖钩纹、连续竖钩纹，双钩间及双耳绘折带纹。辛店彩陶上的白色陶衣厚而疏松，极易脱落。该器陶衣保存基本完好，与墨绘相互衬托，黑白分明，色彩对比度强，装饰效果极佳，实不多见。

器肩所绘四个鸟纹，头、尾两端高高翘起，中间呈亚腰形，躯体肥硕，属肥大短粗型鸟禽类，颇像今天农家饲养的家鸡。很有可能就是辛店艺人对所养家鸡的模拟之作，也可能所表现的是与家鸡体貌相似的野禽。如白马鸡、蓝马鸡、雪

鸡、石鸡、俗称野鸡或山鸡的环颈雉等。这些鸟类在甘青地区都有分布，所绘应是其中的某一种鸟禽。

1988 年出土于青海省乐都县。

（21）辛店文化鸟纹太阳纹双耳壶

高 30 厘米，口径 13.5 厘米，底径 7 厘米，夹砂红陶，侈口、高领、斜肩、鼓腹、双耳、平底。白陶衣上黑、红彩施纹，领部绘平行线纹、红底黑彩纹、折线纹、菱形纹、竖钩形纹、太阳纹；肩部绘复道平行带纹、鸟纹；上腹绘波折纹，在界定的红带上绘复道斜线纹；下腹绘平行带纹、垂弧纹、六组复道竖线纹，间绘连续钩形纹；双耳绘斜线纹。

肩部所绘 6 个鸟纹基本相同，体躯瘦长，头、颈、尾为黑色，腹部用双线勾成，以示色彩上的区别，尾羽较长且下垂。从整体构图特征看，可能是某种山雉。雄性红锦鸡和白腹锦鸡都有很长的尾羽，绿尾虹雉尾羽也较长，这几种雉类在西北地区都有分布。但从其颈、尾的着色特点看，又很像青海高原上的黑颈鹤。至于双腿画得较短，可能是因受空间限制的变形处理。另外，产于甘青地区的蓝马鸡，尾羽长且披散下垂，与器肩鸟形也有几分相似。究竟属于何种鸟，还有待鸟类学家去判断。

该器领部绘有四个竖钩纹，其中两个下方绘有太阳纹，可能表示太阳是被挂在天上的，反映了原始先民对天体现象一种幼稚而怪诞的思维。有关太阳与鸟的组合，在这件陶器上体现的应是当地先民对太阳和鸟的崇拜，属一种带有祈福性的吉祥纹样。

1997 年出土于青海省民和县。

（22）辛店文化七禽纹双耳罐

高 21 厘米，口径 13.5 厘米，夹砂红陶，侈口、高领、斜肩、鼓腹、双耳、圜状凹底。白陶衣上黑、红彩施纹，口沿内侧绘圈带纹；领部在两道界定的红带上分别绘折线纹、平行线纹，下绘竖钩形纹；肩部绘复道平行线纹、鸟纹；上腹绘平行带纹、垂弧纹，在界定的红带上绘斜线纹；下腹绘四组竖带纹。

器肩所绘 7 个鸟纹，全以黑彩绘制，构形大致相同，头尾两端高高翘起，腹略肥且下垂，似家鸡而双腿较长，可能是与家鸡相似的某种野禽。辛店艺人所绘的这些山禽，大都是易猎之物，也可能是生活中的美味。他们用这些山禽形象来装饰日用彩陶器，更多的可能是因经常受其恩惠而产生了一种特殊感情。

2000 年出土于甘肃省永登县。

（23）辛店文化九禽纹高低耳罐

高 20 厘米，口径 11.3 厘米，泥质黄陶，侈口、高领、圆肩、鼓腹、高低耳、平底。白陶衣上黑彩施纹，领部绘平行宽带纹，上腹绘带状双钩纹，下腹绘一周九个鸟纹。这是一种比较写实的鸟纹，长颈、长尾、体躯肥硕、双肢后倾，看起来颇似正在奔走觅食的山鸡。此种鸟纹多见于辛店文化张家咀类型彩陶中，而且多以辅助纹饰绘于上腹主题纹饰之下。所见除此类鸟纹外，尚有犬纹、蜥蜴纹、鹿纹等，装饰风格十分独特。对于辛店彩陶上的此类纹饰，上腹所绘双钩纹，一般释为“羊角纹”，牧羊的象征；下腹所绘为牧场上觅食或追逐嬉戏的动物。整个画面所表示的是人和家畜或野生动物和谐相处的美好情景。

2008 年出土于甘肃省永靖县。

（24）辛店文化变形鸟纹壶

上器高 33 厘米，口径 15.5 厘米，底径 10.5 厘米，夹砂红陶。黑、红彩施纹，自领部至腹中部在界定的三道红带上，分别以黑彩绘斜线纹和波折纹，间绘菱形纹、变形鸟纹、平行带纹；下腹绘平行线纹、复道竖线纹；双耳绘斜十字

纹。该器口微侈，颈部内收而高粗，上腹微鼓呈斜坡状，下腹低矮平缓内收，属辛店文化张家咀类型遗物。从其整体造型看，颇似龙山文化的黑陶双耳杯，美观大方，优雅别致，在同一类型陶器中并不多见。器腹所绘四个变形鸟纹，头、尾以黑彩绘出，躯干以双线勾成，长度在 11 厘米左右，可以看出是一种大型鸟类。每个鸟纹仅用两笔勾画而成，虽无任何细部刻画，但无不绘制得活灵活现。头、颈前伸，短尾下垂，呈水中畅游之状，表现的可能是天鹅，也可能是其他大型水鸟。

下上器高 24 厘米，口径 10.5 厘米，夹砂红陶，侈口、直领、鼓腹、双耳、圜底。黑、红彩施纹，领上部在界定的红带上绘复道折带纹；下部在界定的红带两边绘平行带纹，间绘变形鸟纹；腹部绘复道正倒三角纹。该器领部所绘 7 个变形鸟纹，属这一文化类型变形鸟纹中的一种，系由“ ”形变形鸟纹演变而成，

已完全变成几何图案。

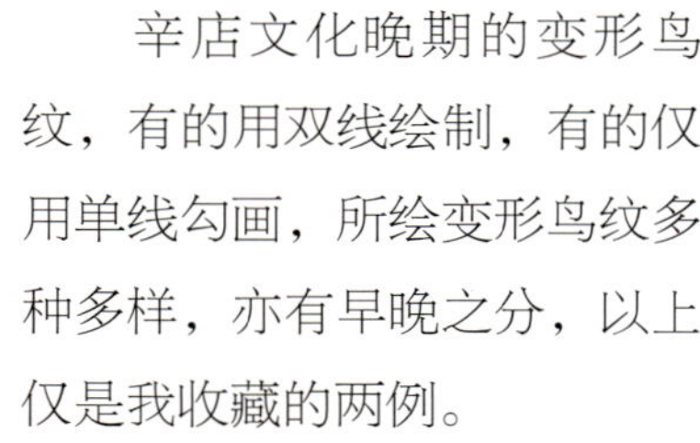

辛店文化晚期的变形鸟纹，有的用双线绘制，有的仅用单线勾画，所绘变形鸟纹多种多样，亦有早晚之分，以上仅是我收藏的两例。

二器均于 1994 年出土于青海省乐都县。

（25）辛店文化唐汪式陶器写实性鸟纹双耳壶

高 11.2 厘米，口径 6 厘米，夹砂红陶，侈口、高领、溜肩、鼓腹、双耳、凹底。红陶衣上黑彩施纹，口沿内侧绘倒三角纹，领部及下腹均绘黑彩加单线边饰的倒三角纹，颈肩接合部在界定的黄带上绘 6 个写实性鸟纹，上腹绘勾连涡纹，双耳绘斜十字纹。

唐汪式彩陶上所绘比较写实的鸟纹大同小异，均为长喙，颈长而弯曲，腹肥胖，尾羽宽而长且略下垂。表现的双腿也是长腿，并略呈弯曲状。这种鸟形一眼便能看出是水鸟的形象，可能是鸬鹚、白鹭一类。

唐汪式彩陶上屡屡出现这样的水鸟纹，可能是生活在河畔湖旁的唐汪艺人对其有所偏爱而创作的。也可能是唐汪人所崇拜的神鸟，或者说就是图腾标志。此类鸟纹仅见于唐汪式陶器，也是史前彩陶鸟纹中颇具特色的一种纹样。

1986 年出土于青海化隆回族自治县。

（26）辛店文化唐汪式陶器交合形鸟纹双耳壶

高 14 厘米，口径 9 厘米，夹砂红陶，侈口、高领、溜肩、鼓腹、双耳、凹底。双耳下方各饰一乳突。红陶衣上黑彩施纹，双耳绘复道平行线纹、斜十字纹，腹部两侧各绘两个鸟纹。双鸟纹为上下并行排列，与该式彩陶中常见的比较写实的鸟纹相同，喙较长，颈长而弯曲，腹肥胖，尾羽长而宽且缓缓下垂，形似

鸬鹚一类水鸟。与此构图类似的双鸟纹，在辛店文化张家咀类型彩陶中也可以看到，一般认为应与先民的交合巫术有关。

1986 年出土于青海省化隆回族自治县。

（27）辛店文化唐汪式陶器变形鸟纹双耳壶

上器高 16 厘米，口径 6.3 厘米，夹砂红陶，侈口、高领、溜肩、鼓腹、双耳、凹底。红陶衣上黑彩施纹，口沿内侧绘竖短线纹，领部两侧各绘一组竖线纹，颈肩接合部绘一周五个变形鸟纹，上腹绘勾连涡纹。下器高 12 厘米，口径 5.2 厘米，造型及所施彩纹与左器大致相同。所异者为颈肩接合部绘的四个变形鸟纹较大，但其构形与左器鸟纹亦大致相同。与前面介绍的写实性鸟纹相比，这两件陶器上的鸟纹十分抽象。尽管如此，依然可以看出该式彩陶鸟纹的基本形象。唐汪晚期的变形鸟纹与辛店晚期的变形鸟纹有许多相似之处。除以上变形鸟纹外，还可看到多种表现手法，从其构形繁简的不同，大致可以看出这一时期鸟

纹逐步简化的过程。

二器均于 2001 年出土于青海省化隆回族自治县。

五　鹿纹

（28）齐家文化鹿纹双耳罐

彩陶上的鹿纹，最早见于仰韶文化半坡类型。在辽河流域的赵家沟文化中也有一些发现。但这种动物纹较多出现，还是在西部进入青铜时代的四坝、卡约、辛店诸文化彩陶中。鹿的形象为何在西部史前晚期彩陶中屡屡出现呢？这恐怕还要从西部当时的气候和地理环境说起。据专家研究，在距今 4000 年左右，当中原和甘肃东部地区原始农业经济迅速发展的时候，由于气候的变化等，甘肃西部及青海境内的原始先民依然主要从事着畜牧业和半农半牧业。水草丰美的高山草甸和辽阔的草原，不仅为牧畜提供了丰富的食物来源，同时也是野鹿这种大型草

食动物理想的生存繁衍之地。加之西部地区人口相对较少，对野鹿的捕杀量可能十分有限，这就使鹿群得以大量繁殖，推测当时的野鹿数量一定很多。同时，与其他大型野生动物相比，鹿不但性情温驯，从不与人争利，而且高大肥壮，肉多味美，能给人们提供更多的食物来源。据有关考古资料，四坝、卡约、辛店时期，先民在猎鹿的同时，都已开始对这种动物进行驯养，鹿是驯养的大型动物之一，也是主要的肉食来源之一。因此，先民在长期与鹿相处和亲密接触中，无疑会对这种动物有所偏爱。所以不厌其烦地将鹿的形象绘于彩陶上，正反映了他们对鹿的这种特殊感情。应当指出的是，在这些鹿纹中，有的可能就是某些氏族或部落的图腾。将喜爱的动物神化，最终变成顶礼膜拜的图腾标志，应是这种“特殊感情”的一种升华。

在持续长达1000多年的马家窑文化彩陶中，马家窑、半山类型基本不见鹿纹。到了马厂晚期，鹿纹才又重新出现。齐家时期只是偶有所见。我收藏的这件齐家文化鹿纹罐，高11厘米，口径8.3厘米，底径5.2厘米，细泥黄陶，侈口、高领、弧腹、双耳、平底。黑彩施纹，领部绘斜线纹、复道平行线纹；上腹上部两侧各绘一鹿纹；下部绘两道平行线纹，间施折线纹。腹部所绘鹿纹躯干呈长椭圆形，尾尖圆上翘。腹部粗壮肥硕，颈前伸，头微仰，四肢弯曲，看起来是两头吃饱喝足后悠闲漫步的鹿。这种鹿纹主要见于齐家文化和辛店文化彩陶上，由于没有高高的角叉，应是雌鹿的形象，也有可能是两头正在孕育新生命的雌鹿形象。

1992年出土于青海省民和县。

（29）辛店文化鹿纹双耳罐

高19厘米，口径10.1厘米，夹砂红陶，侈口、高领、鼓腹、双耳、圜底。黑、红彩施纹，领上部及颈肩接合部分别在界定的红色宽带上施折线纹、平行线纹；中部施两道平行线纹，间施波浪纹；腹两侧在红彩绘出的双钩纹上以黑彩复道线纹勾画相同纹饰；双耳上方各绘一鹿纹。

该器所绘两个鹿纹，画得十分随意，看起来软弱无力，形象概念也不够准确，似鹿非鹿，似驴非驴，但从总的构图特征看，应是鹿纹无疑。这种鹿纹曾发现多例，构形大致相同，皆非主题纹饰。

在辛店彩陶几何纹空白处，常常会填绘一些不连续的小装饰纹样，也有人称为“小符号”。常见的有人纹、动物纹、植物纹、天象纹、小型几何纹等。其中

最具特色的是动物纹，也是装饰较多的一种象生纹样。就我所见到的有鹿纹、狗纹、鸟纹、羊纹、蛇纹、水虫纹、蜥蜴纹等，计有10余种。大多比较写实，绘制得也很生动。这些形态各异的动物纹，不仅使这一时期单调的几何纹饰显得更加充实，而且也为彩纹装饰增添了不少灵动之气，并成为这一文化彩陶显著的装饰特点之一。

2001年出土于甘肃省临洮县。

六 犬纹

（30）辛店文化双犬对视纹双耳罐

狗是我国先民饲养最早的家畜之一。彩陶上的狗纹，最早见于仰韶文化的一件彩陶壶上，壶腹绘四个犬形纹和一鱼纹，被称为“四犬争鱼图”。由于狗的形象概念不够准确，亦有称“虎形纹”者。狗纹较多地出现，也是在西部史前晚期的彩陶上，四坝、卡约、辛店及辛店文化唐汪式彩陶中均可看到，但尤以辛店文化为多见。无疑与这些古羌人大多从事畜牧业有关，也是古羌人文化的一个显著特点。

一般认为，在新石器时代，先民养狗主要是用于狩猎、食用和祭祀。但在西部青铜时代的古羌人中，这一习俗可能有所改变。从西部有关民族学资料看，生活在这里的藏民，食用狗肉者极少，在祭祀活动中也从不用狗肉。至于在这一地区的古羌人墓葬中经常发现有狗和其他家畜随葬的现象，推测可能是先民安排给亲人的“守护神”，使亲人在另一个世界里不但有肉可食，而且还能得到灵犬的护佑。这就说明，在这些以畜牧经济为主的古羌人中，狗的食用和祭祀功用已经很少，或者说已不复存在。养狗的主要目的，可能就是护牧和狩猎。对于常年生活在高山草原上的古羌人来说，不仅需要狗看家护畜，而且也需要狗帮助各种狩猎活动。与从事农业经济的先民相比，他们对狗的依赖性更大，因而对狗的感情也更深。他们在喜爱的彩陶上反复描绘狗的形象，也正是这种情感的体现。在一些部落或民族中，这些狗纹可能已变成图腾标志，成了顶礼膜拜的保护神。

这件藏品高 27 厘米，口径 22.5 厘米，夹砂红陶，敞口、高领、鼓腹、双板

状耳、圜状凹底。黑彩施纹，领部绘平行宽带纹、回形纹、波折纹；上腹两侧各绘一双钩纹，双钩纹上方各绘两个相向对视的狗纹。器腹所绘四个狗纹比较写实，颈前伸，头微仰，双耳高竖，尾巴上翘，四肢叉立，看起来神气十足，活灵活现。这种双犬对视纹，在辛店彩陶中曾发现多例，也是学术界比较关注的一种纹样。有的认为可能暗含有生殖巫术的用意，有的认为可能与犬戎的文化相关联。

1995 年出土于甘肃省榆中县。

（31）辛店文化四犬四日纹双耳罐

通高 14.3 厘米，夹砂红陶，马鞍形口、双宽板状肩耳、束颈、鼓腹、小平底。黑、红彩施纹，颈上部在界定的红色宽带上施斜线纹，中部施波折纹。颈肩接合部在红带上施复道平行线纹，红带两边施点状纹和钩形纹。腹中部在红带上施复道三角纹，上腹交叉绘出四个犬纹和四个太阳纹。四个犬纹，两个呈站姿，两个呈卧姿，线条流畅，勾画自如，寥寥数笔，即把两种姿态的狗的形象表现了出来。先民艺术家纯熟精湛的绘画功力，在这些纹饰中体现得尤为明显。

太阳是先民至高无上的天神，灵犬是他们生活中的守护神。将天上、地下两种“神祇”组合在一起的图案，可能是崇拜太阳和狗的部落的徽号。另外，从画面内容看，也可能就是一幅草原风情画。生活在西部高寒地区的动物，同生活在这里的人们一样，一年四季对太阳都是倍感亲切的。每天早晨，当暖烘烘的太阳从东方升起时，它们便立刻活跃起来，或四处觅食，或追逐嬉戏。吃饱了，跑累了，便懒洋洋地晒太阳。该器所描绘的也可能就是这样一幅“猎犬沐日图”。

1994 年出土于甘肃省永靖县。

（32）辛店文化四犬双日纹双耳罐

通高 17 厘米，夹砂红陶，马鞍形口、双宽板状肩耳、束颈、鼓腹、小平底。黑、红彩施纹，口沿内侧涂一圈红色陶衣；颈上方、颈肩接合部及腹中部分别施三道紫红色宽带；宽带上分别以黑彩施复道三角纹，宽带间分别施波折纹、点状纹、平行线纹、太阳纹、犬纹、“S”纹；腹中部宽带下方施钩形纹；双耳在界定的红色短带上施平行短带纹。从造型和施纹特点看，属辛店文化张家咀类型遗物。

该器上腹所绘四个犬纹，全用直线、斜线构图，属辛店变形犬纹的另一种画法。虽极度夸张，但使人一眼便能看出是正在奔走的狗的形象，体现了先民艺术家高超的绘画功力。与前一件藏品不同的是，四个犬纹形象基本相同，每两个犬纹间绘一太阳纹。对于犬纹与太阳纹如此组合的画面，有藏友认为，可能是一幅“四犬追日图”，所描绘的是远古时期某一个神话故事。但也有人认为，应是一幅草原风情画，画面所表现的是在温暖的阳光下，群狗奔走嬉戏的情景。

1996 年出土于甘肃省临洮县。

七 马纹

（33）辛店文化马纹双耳罐

通高 20 厘米，口径 16 厘米，底径 8.7 厘米，夹砂红陶，马鞍形口、束颈、斜肩、鼓腹、双耳、平底。黑、红彩施纹，口沿外侧、颈部及器腹两侧主要纹饰均绘于界定的红色彩带上，其余空白处填绘小型单独纹样，属张家咀类型遗物。

纹饰解读：口沿外侧所绘一周正倒复道斜线纹，应是穹隆纹的变体形式，高天的象征。颈中部所绘一周复道平行短线纹，应是云纹的一种变体形式，白云的象征。颈下方在界定的红带上所绘一周内填斜线纹的三角纹，一般释为山纹，这里应是远山的象征。肩至腹部两侧在界定的红带上所绘复线双钩纹，应是牛头或羊头的抽象表示，释为牛纹或羊纹。在器腹两侧的两个大羊角纹内，各填绘两个马纹。所绘四马纹均呈昂首站立状，小头、长脸，尖耳高竖，曲背肥臀，四肢叉立，精神抖擞，与当今牧人的乘骑十分相似。而双马对视，可能暗含有繁殖巫术的用意。在下腹以单线绘制的两个羊头纹两侧，所绘平行双线波折纹，这里释为水纹，应是河流的象征。在双耳下面所绘两个太阳纹下方，各以单线绘一中间加一竖线的双钩纹，并呈蜷曲状，应是一种抽象的羊头纹样。将羊头纹绘于太阳纹之下，可能寓有以羊祭日内涵。

以上这些单独纹样虽各有特定内涵，但将整个画面联系起来解读，可以清楚地看到，作者所描绘的是高天白云、暖阳高照、流水潺潺、牛羊兴旺这样一派生气勃勃的牧地景象，具有浓厚的游牧生活气息，无疑也融进了原始宗教情感，反映了远古羌人对美好生活的渴望与追求。

2004 年出土于甘肃省临洮县。

八 蛇纹

（34）马厂类型变形蜷蛇纹浅腹盆

高 6 厘米，口径 15 厘米，泥质土黄陶，浅腹、折沿、平底。黑彩施纹，口沿绘竖短带纹，内壁近口沿处绘一圈带纹，内壁至内底绘两条体躯相背的蜷蛇纹。两条蛇纹各蜷曲两圈，头部与圈带纹相连，但明显可以看出略呈尖圆状，尾部似猪尾，绘有数道指形纹。整体看上去，体躯粗壮圆润，充满张力，似乎正在交配之中，又好像在急速盘曲而行。

此类蜷蛇纹，是半山和马厂时期比较常见的一种纹饰。过去学术界一般称为“蛙肢纹”，近年多称“神人肢体纹”，亦有称“漩涡纹”者。其实，从这种纹样的普遍构形特征看，我们认为，称“变形蜷蛇纹”比较妥帖。主要理由：1. 无论过去的所谓“蛙肢纹”，还是后来所称的“神人肢体纹”，一般多取其一肢的全部或一部分。一端略尖且带指形纹；另一端较粗壮，可能表示肢与躯干的连接部位，多无指形纹。而这种变形蜷蛇纹少者蜷曲一周，多则蜷曲数周，一端或两端都带有指形纹，蜷蛇特征比较明显。另外，在这种变形蜷蛇纹中，尚可看到一部分比较写实的纹样。如有的一端呈尖圆形或三角形，无指形纹，以表示蛇头；另一端为猪尾状，并绘有指形纹，应是蛇尾的象征。有的在蛇体上绘有点状花纹，或斜线、弧线等其他纹饰，所表示的可能是蛇皮上的花纹，看起来更加形象，这从另一侧面也可以证明，这种纹样是“蛇”而非“神人肢体”。2. 变形蜷蛇纹与漩涡纹的区别在于，前者皆为单条带状蜷曲，两边画有窄细的边线，给人以圆润之感，且一端或两端绘有指形纹。漩涡纹大多为多层带状纹构成，两边勾画的边饰较宽，且中心大多带有涡点，两端皆无指形纹，二者的区别十分明显。

一般认为，在原始社会被当作龙而加以崇拜的众多爬行类动物中，蛇是最主要的动物之一，也可能是许多部族的图腾。蛇与鳄一样，都是龙的先祖。但在新石器时代的彩陶纹饰中，不见或基本不见写实性蛇纹。先民崇拜的与蛇有关的所谓“龙形纹”，如兴隆洼文化中的猪首蛇身龙纹、山西陶寺龙山文化中的一头双蛇身龙纹，以及这件藏品上带有指形纹的变形蜷蛇纹等，都是一种蛇与其他动物的组合体，是一种现实与幻想统一而形成的龙形。这种龙的形象，在新石器时代许多龙形塑品中也可以看到，如河南濮阳西水坡仰韶文化的龙形蚌壳摆塑、内蒙古三星他拉村红山文化玉龙饰等。先民将这些动物变形描绘或塑造，或在变形中加以虚拟结合，变成神秘而怪异的动物，可能是由于他们在对现实感到迷惑，对来自大自然的压力一味屈从而万般无奈的情况下，幻想通过这样的形式，赋予这些动物以无限的超自然力，同时也把美好的希望憧憬寄托在它们身上。

1987 年出土于青海省乐都县老鸦城。

（35）马厂类型变形蜷蛇纹双耳壶

高 24.5 厘米，口径 9 厘米，底径 9.5 厘米，夹砂红陶，侈口、高领、溜肩、鼓腹、双耳、平底。黑、红彩施纹，口沿内侧绘倒三角纹、圆点纹；领部涂红，颈肩接合部绘平行带纹；腹部两侧各绘两个变形蜷蛇纹，蛇纹间填绘小型单独纹样。除双耳上方各绘一内填点状纹的双线菱形纹外，余皆绘以横竖两个长方形图案组成的十字纹和斜十字纹，并分别填绘点状纹、方块纹、横竖短线纹。下腹部绘平行带纹、折带纹。四个蜷蛇纹皆以浓重的红彩绘制而成，并以黑彩线纹勾勒边饰，一端呈弧圆状，一端近猪尾形，并绘有毛发纹，几乎占去上下腹大部分面积，显得异常醒目。蛇纹间的小型单独纹样，可能纯属一种补白性

几何图案，也可能与主题纹饰有某种内在联系，需要研究。

1987 年出土于青海省民和县。

（36）马厂类型变形盘蛇纹双耳豆

高 10.3 厘米，泥质土黄陶。上部盛器为敞口、折沿、深腹、双耳盆，下接喇叭形圈足。黑、红彩施纹，口沿内侧绘阴地波折纹、圈带纹、点状纹，折沿外侧及腹部绘横人字纹、平行带纹、复道垂弧纹，双耳绘平行短带纹，内壁至内底绘两条变形盘蛇纹。两条蛇纹均以黑、红彩绘出，在蛇纹间陶地上，绘以不规则点状纹。如此又派生出两条变形花蛇纹，使器内出现四条黑花相间、相互盘绕的变形蛇纹（见右图），显现生动活泼的装饰效果。在同期的变形蛇纹中，这种蛇纹因均可看到尖圆的头部及尖细的尾部，应算是一种带有写实性的蛇纹，生动形象，实不多见。

1987 年出土于青海省民和县。

（37）辛店文化游蛇纹双耳罐

高 31.1 厘米，口径 15.5 厘米，夹砂红陶，侈口、高领、斜肩、鼓腹、双耳、圜状凹底。领部在界定的红色彩带上绘复道斜线纹、菱形纹、四组双钩纹；肩部绘复道平行线纹；上腹绘蛇纹，在界定的红带上绘复道平行线纹、间绘双钩纹；双耳绘平行短带纹。从器形及施纹特点看，应属辛店文化张家咀类型遗物。

器腹所绘制的四个蛇纹，也有人解读为辛店晚期的一种变形鸟纹。其实，如果将二者仔细对照，还是有所区别的。辛店晚期的变形鸟纹，多数呈两道弯，少数为三道弯，且一端呈尖弧形，以表示鸟尾，有的一端绘有鸟喙，更表明为鸟形。辛店的这种蛇纹，只有少数为两道弯，大多数为三至四道弯，整体呈游蛇状，且后端不见尖弧形尾饰，前端多呈尖圆状，颇似蛇头。我曾见过一辛店陶罐上所绘的四个蛇纹均呈张口状，蛇头特征十分明显。这些都可以说明，辛店陶器上是有蛇纹的，而且是比较写实的蛇纹。就我所能掌握的资料，这种具象蛇纹仅见于西部史前晚期的辛店文化中，因而显得十分珍贵。

1996 年出土于青海省民和县。

九　蜥蜴纹

（38）卡约文化阿哈特拉类型早期蜥蜴纹单耳罐

我在“器皿附属陶塑”部分中谈到，在我国许多地区的先民中，蜥蜴也一直是他们崇拜的动物之一。蜥蜴的形象在仰韶中期的庙底沟陶器上即已出现，在我国西部的马家窑文化陶器上，也曾发现多例蜥蜴的塑品和彩纹。然而，这种纹样出现最多的，还是在西部进入青铜时代的四坝、卡约和辛店文化彩陶中。所绘蜥蜴纹虽大多抽象变形，但对蜥蜴形象的整体把握还是比较准确的。而且，从中还可以看出，蜥蜴这种动物，在这一时期的先民中是备受喜爱和尊崇的。

张朋川先生在《中国彩陶图谱》中，从文字和图案两个方面，详细介绍了四坝、辛店文化蜥蜴纹由具象到抽象的发展演变过程，这对研究卡约文化蜥蜴纹无疑是有帮助的。我收藏了 7 件卡约时期的蜥蜴纹器，均出土于青海省循化撒拉族自治县，属这一文化的阿哈特拉类型。所绘蜥蜴纹分早、中、晚三期，大致可以看出这一时期蜥蜴纹的演变过程。

这件藏品高 30 厘米，口径 13 厘米，夹砂红陶，侈口、束颈、斜肩、鼓腹、宽板状单耳、内凹假圈足。红陶衣上黑彩施纹，口沿内侧绘倒三角纹；颈部绘四组复道竖线纹，间绘三组蜥蜴纹；耳部绘复道斜十字纹；腹部绘复道平行线纹、双线菱形纹。该器所饰红色陶衣，颈部浅淡，腹部深重，上下形成鲜明对比，别具特色。

颈部所绘三组蜥蜴纹，均由两个蜥蜴纹竖连而成。其中两组大致相同，上部蜥蜴纹头部均呈菱块状，躯干为菱格形，两侧各绘一折曲状肢体纹，躯干则为网格三角形。另一组上部蜥蜴纹头部为菱块状，躯干为菱格形，下方蜥蜴纹的头、躯均为菱格形，躯干下方另绘一形似尾巴的双线正三角纹。以上三组蜥蜴纹与四坝、辛店早期蜥蜴纹虽有诸多相似之处，但在表现手法上又有自己的明显特点，应属这一文化类型早期蜥蜴纹的一种表现形式。

（39）卡约文化阿哈特拉类型中期蜥蜴纹双大耳罐

左罐体高 24 厘米，口径 15.5 厘米，夹砂红陶，侈口、束颈、鼓腹、双宽板状大耳，底呈内凹假圈足。红陶衣上黑彩施纹，口沿内侧绘倒三角纹；颈部绘八组复道竖线纹，间绘两个变形蜥蜴纹；腹部绘复道平行线纹、双线菱形纹；耳部绘复道斜十字纹。该器所绘两个变形蜥蜴纹大致相同。头略小呈菱块形，躯干为菱格形，下方绘正尖角纹，尖角两侧各绘一折线纹。此种变形蜥蜴纹仅见于卡约文化。上部仍保留着早期蜥蜴纹的头、躯形态；下部的尖角和折线可能是肢体的抽象表示，应属这一文化类型中期蜥蜴纹的一种变形纹样。

右罐体高 18 厘米，口径 9 厘米，夹砂红陶，侈口、束颈、斜肩、鼓腹、双

宽板状肩耳，底呈内凹假圈足。红陶衣上黑彩施纹，颈部绘六组复道竖线纹，间绘变形蜥蜴纹；腹部绘复道平行线纹、双线菱形纹；耳部绘三组平行短线纹。该器的四个变形蜥蜴纹，分别绘制在颈肩接合部，构形大致相同。头较小呈菱格形，躯干为网格三角形。头部虽保持着早期蜥蜴纹的形态，但躯干已明显简化，而且不见折曲肢体纹，为这一时期中期蜥蜴纹的另一种变形纹样。

卡约文化中期的蜥蜴纹，已开始向几何形图案演变。所见大多头部为较小的菱块状，躯干为菱格形或网格三角形，而且仅绘一蜥蜴纹，虽仍保留着早期蜥蜴纹的头、躯形态，但折曲肢体纹已不见。

（40）卡约文化阿哈特拉类型中晚期蜥蜴纹双大耳罐

高 15 厘米，口径 7.7 厘米，夹砂红陶，侈口、束颈、鼓腹、双宽板状肩耳、凹底假圈足。红陶衣上黑彩施纹，口沿内侧绘倒三角纹；颈部绘六组复道竖线纹，间绘变形蜥蜴纹；腹部绘复道平行线纹、双线菱形纹。该器两面所绘的四个变形蜥蜴纹中，其中一面所绘，左边一个呈倒尖角形，尖角外侧各绘三道斜短线纹；右边一个上绘一菱块形头，下绘一正尖角纹，尖角两侧各绘三道斜短线纹（A）。另一面所绘两个变形蜥蜴纹与 A 面左侧变形蜥蜴纹大致相同（B）。这两种

A

B

变形蜥蜴纹，在卡约文化的阿哈特拉和潘家梁类型中都可以看到，以前者为多见，同属这一文化中晚期蜥蜴纹的变形纹样。与中期蜥蜴纹相比，菱格形躯干已抽象简化为倒尖角形。另一纹样虽仍保留有菱块形头部，但躯干则简化为正尖角形。尖角两侧所绘斜短线纹，应是蜥蜴折曲肢体纹的一种简化形式。

右图器高 23.5 厘米，口径 11 厘米，夹砂红陶，侈口、束颈、鼓腹、双宽板状肩耳、凹底假圈足。红陶衣上黑彩施纹，颈部绘六组复道竖线纹，间绘变形蜥蜴纹；腹部绘复道平行线纹、双线菱形纹；双耳绘复道斜十字纹。四个变形蜥蜴纹分绘于颈肩接合部，构形大致相同，头部呈菱块状，下绘一正尖角纹，尖角两侧已减去斜短线纹。此种纹样在卡约文化的阿哈特拉和潘家梁类型彩陶纹饰及素陶刻纹中均可看到，属这一文化中晚期蜥蜴纹的另一种变形纹样。

（41）卡约文化阿哈特拉类型晚期蜥蜴纹双大耳罐

左器高 21 厘米，口径 11 厘米，夹砂红陶，侈口、束颈、鼓腹、双宽板状肩耳、凹底假圈足。红陶衣上黑彩施纹，颈部绘六组复道竖线纹，间绘变形蜥蜴纹；腹部绘复道平行线纹、双线菱形纹；耳部绘竖对三角纹。该器所绘四个变形蜥蜴纹，均为一上呈钩状的斜十字纹。此种纹样在辛店彩陶纹饰中也可以看到，因其形似羊角，故有人释为“羊角纹”。其实，就卡约文化变形蜥蜴纹的构形特征看，甚至包括四坝、辛店某些变形蜥蜴纹的画法，应属蜥蜴纹的一种变体形式。这种斜十字纹，实际是两个对角菱形纹的简化和变形，上下各省去了一个尖角。斜十字纹上端的小钩，应是蜥蜴肢体纹的简化形式。在卡约文化彩陶纹饰及素陶刻纹中，类似纹样较多见，属晚期蜥蜴纹的一种变形纹样。

右器高 10.5 厘米，口径 6 厘米，夹砂红陶，侈口、束颈、鼓腹、双宽板状肩耳、凹底假圈足。红陶衣上黑彩施纹，颈部绘六组复道竖线纹，间绘变形蜥蜴

纹；腹部绘复道平行线纹、双线菱形纹。该器所绘两个变形蜥蜴纹，均呈“ ”形，已完全变成几何图案。与此类似的纹样，在四坝晚期的变形蜥蜴纹中也可以看到，在辛店晚期的变形蜥蜴纹中也发现有数例。如果将四坝、卡约、辛店各期蜥蜴纹加以对照，便会发现，其中有许多相似之处，这是一个值得研究的问题。

卡约文化彩陶出土量较少，所绘蜥蜴纹亦十分有限，其前后发展演变过程迄今未见有系统研究。这一部分对该文化蜥蜴纹的分析，主要依据是手中的藏品，而且仅限于阿哈特拉类型，仅供研究者参考。

（42）辛店文化蜥蜴纹单耳杯

高 8.5 厘米，口径 12 厘米，夹砂红陶，敞口、深腹、单耳、圜状凹底。白陶衣上黑彩施纹，外壁口沿处绘两道平行宽带纹；腹部绘四组复道竖带纹，间绘变形蜥蜴纹；内壁绘五组复道竖带纹，间绘连续钩形纹；内底绘一圆圈纹，圆内绘一具象蜥蜴纹。

该器腹部所绘四个变形蜥蜴纹，头和身子均以两个大小相等的菱形纹组成，左右有对称折曲的四肢，肢端绘有指形纹（A）。据张朋川《中国彩陶图谱》所绘四坝、辛店文化蜥蜴纹演变图看，此种纹样在四坝时期应为中期纹样。内底所绘具象蜥蜴纹，头呈圆圈形，身子为网络椭圆形，双上肢向上弯曲，双下肢向下弯曲，形似甲壳虫（B）。在《中国彩陶图谱》中所绘四坝、辛店文化蜥蜴纹演变图中，这种具象蜥蜴纹在四坝时期应为早期纹样，而在辛店文化中是不存在的。此种现象起码向我们提出两个问题：1. 说明具象蜥蜴纹在辛店早期是存在的。那么，两种蜥蜴纹在同一器物上出现又该如何理解呢？2. 辛店文化与卡约、四坝文化蜥蜴纹是否有内在联系呢？尤其是辛店与四坝的蜥蜴纹，是否存在着相互影响的因素呢？

1995 年出土于甘肃省临洮县。

A

B

（43）辛店文化阴刻蜥蜴纹壶

高 29 厘米，口径 12.7 厘米，底径 11 厘米，夹砂红陶，侈口、束颈、溜肩、鼓腹、平底。体表饰白色陶衣，肩部等距离阴刻三个蜥蜴纹。每个蜥蜴纹周围分别以细管状物戳印阴边圆珠纹，蜥蜴纹间施一组做一横行排列和一组呈璎珞状的相同纹饰（A）。

该器所刻三个蜥蜴纹，一个头呈棱块状，棱块内戳印两个以表示双眼的阴边圆珠纹。另两个构形大致相同，下部刻纹与前者亦大同小异。头部除刻成棱块形外，两侧又分别刻一半圆形图案，半圆内分别戳印一表示眼球的阴边圆珠纹（B），看起来怪异而神秘。熟悉蜥蜴及蜥蜴类动物的人都知道，这种爬行类动物双眼大而圆且向外凸鼓，有的则高高鼓出颅顶，显得机警而灵敏。先民如此构形，可能是对蜥蜴或蜥蜴类动物两只大眼夸张的表示，但也可能具有宗教或巫术

的特殊含义。

三个蜥蜴纹下部的表现形式，与卡约文化一些晚期变形蜥蜴纹大致相同。即以尖角表示躯干，以斜短线纹表示骨骼。但该器三个蜥蜴纹下部的肋骨纹均做叶脉状排列，对肋骨的表现似乎更为形象。这种骨架纹，与半山、马厂时期以肋骨为显著标志的骨架式神人纹的寓意是相同的，这里释为“骨架式蜥蜴纹”；同为萨满教巫觋式宇宙观的一种表现形式，即所谓“X光透视艺术”，所表现的是人或动物灵魂在骨骼状态下的往复重生。因此，推测蜥蜴纹周围及纹样间所施阴边圆珠纹，所表示的应是被先民视为新生命的蜥蜴卵。这些新生命正是在骨骼里得到重生，先民表现如此众多的“新生命”，毫无疑问与祈求人丁兴旺、对生命延续的渴望有关。

2007年出土于甘肃省康乐县。

A

B

十　蝌蚪纹

（44）半山类型蝌蚪纹单耳罐

高 18 厘米，口径 9 厘米，泥质黄陶，敞口、弧腹、单耳、平底。黑彩施纹，口沿内侧绘放射状短线纹，耳部绘复道平行带纹，腹部在两条平行宽带纹界定的图案带内绘蝌蚪纹。所绘蝌蚪纹分三行排列，均朝一个方向游动，看起来整齐有序，显示出悠闲自得的样子。纹饰虽显得有些简单粗率，但具有很强的动感，充满原始的神韵。

比较具象的蝌蚪纹，在马家窑文化各个时期的彩陶纹饰中都有发现，而且大多是作为主题纹饰出现的。装饰形式主要是在界定的图案带内绘制。图案带可能象征着山涧小溪，蝌蚪正游动于溪流之中，具有一定的写实意味。从施纹载体看，除少数绘于瓶、罐类器腹外，大多绘于盆、钵类深腹器的内壁至内底。当器内盛满清水后，所绘蝌蚪纹即刻“活”了起来，似乎真的在清水中欢快地游动，在使用这种容器盛水的同时，亦可欣赏蝌蚪多姿的身影，也算是一种享受，这也

可能是先民如此设计的初衷。在先民的观念中，如果说蛙是多孕多产的象征，那么，他们在彩陶纹饰中反复所绘的蝌蚪纹，无疑寄托着多子多孙、人丁兴旺的美好愿望。

2001 年购自兰州城隍庙古玩市场，出土地不详。

（45）马厂类型蝌蚪纹双耳盆

高 13.5 厘米，口径 20.5 厘米，底径 8.7 厘米，泥质土黄陶，敞口、折腹、双耳、平底。黑彩施纹，器内先以条带纹规定出 9 个图案带，一边 5 个图案带内绘变形蝌蚪纹，另一边 4 个图案带内绘变形鱼纹，前者仅以尖长形点状纹表示，后者仅画出两个形似燕尾的尾鳍，画得虽比较抽象，但使人一眼便能辨认出是蝌蚪和鱼的变体形象。整个画面乍看起来十分草率，甚至有些杂乱无章，但若细细品味便会发现，原来这是马厂艺术家用大写意手法所绘的一幅“小溪蝌蚪游鱼图”。9 条长长的图案带所表示的无疑是山涧小溪，蝌蚪和游鱼正摇头摆尾欢快地游动。构思耐人寻味，用笔之大胆也实在令人叹服。鱼与蛙一样，在先民的观念中，都是多产的象征。他们将鱼与蝌蚪同绘于一器，企望人丁兴旺的寓意似乎更为明显。

2005 年出土于甘肃省永靖县。

十一　叶形纹

（46）石岭下类型叶果纹壶

史前彩陶上的植物纹并不多见。具象植物纹仅有树叶纹、树枝纹、草叶纹、禾苗纹等有限的几种。变形植物纹则相对较多，如谷纹、花瓣纹、花卉纹、豆荚纹、葫芦纹等。有人统计过，有 30 多种。在这些植物纹中，有的由于过度变形，似是而非，一种纹样往往有多种不同解读，植物属性不清。这些植物纹除少数作为主题纹饰装饰外，如庙底沟时期的花形纹等，一般多插绘于几何纹中，或与几何纹、动物纹组合装饰，只能算是彩陶纹饰中的“小品”。先民用植物纹对彩陶进行装饰，从一个侧面反映了对这些植物的熟悉，反映了原始农、牧业和采摘业的兴盛和发展，更反映了对大自然的热爱。

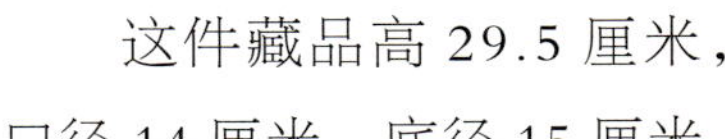

这件藏品高 29.5 厘米，口径 14 厘米，底径 15 厘米，泥质红陶，撇口、束颈、丰肩、圆腹、平底。黑彩施纹，肩部绘两组平行叶形纹，间绘小圆圈纹；腹部绘两组斜向叶形纹，叶纹间以双线绘两个大圆圈纹，圆内绘复道竖带纹。这种圆圈纹可能表示植物的果实，寓有祈求瓜果丰收的美好愿望。整个图案采用白描手法，线条流畅，疏朗简洁，这也是石岭下类型彩陶常见的一种装饰风格。

1999 年出土于甘肃省天水市。

（47）马家窑类型长柄叶纹瓮

高 60 厘米，口径 15 厘米，夹砂土黄陶，敞口、短颈、圆肩、深腹、双耳、平底。红彩施纹，颈部、颈肩接合部及肩部下方各施一组平行线纹，肩部两侧各施两片叶形纹。叶纹自茎秆呈弧形向两边展开，每片叶纹上均绘有叶脉纹。看起来不但具有一定的写实意味，而且颇有几分绿叶在阳光沐浴下自然舒展、充满勃勃生机的神韵。该器属马家窑类型晚期遗物。这一时期的彩陶与鼎盛时期相比虽不够精细，但大罐、大瓮等大型容器出现较多。而且彩纹色彩一改过去以单一黑彩施纹的装饰手法，新出现了黑、白复彩和单一红彩。就我所见到的，单一红彩器相对较少，这也是该器的可贵之处。

2001 年出土于甘肃省永靖县。

（48）马家窑类型黑彩叶纹长颈壶

高 14 厘米，口径 4.8 厘米，底径 6.5 厘米，泥质黄陶，小口、长颈、扁圆腹。口沿两侧各饰一盲耳，腹部两侧各置一小环形耳。造型规整，小巧雅致。黑彩施纹，颈部绘平行宽带纹，颈肩接合部绘平行带纹；上腹等距离绘四个黑彩叶形纹，间绘平行短带纹。在彩陶叶形纹中，这种黑彩叶形纹比较少见，而且所绘叶纹叶片肥大，可能是对某种大叶植物叶子的模拟之作，十分少见。

2004年出土于甘肃省永登县。

（49）半山类型树叶纹双耳罐

高31.6厘米，口径17.4厘米，泥质橙黄陶，敞口、短颈、溜肩、鼓腹、双耳、平底。在半山彩陶有限的写实性纹样中，这件大口罐腹部四个椭圆形开光内所绘阴地叶形纹，应属这一时期叶形纹中最具代表性的一种写实性纹样。此种纹饰在半山彩陶中曾发现多例，一般两个一组呈“八”字形自上而下竖行排列。有两组排列的，也有三组排列的。有的还在下方空余处单绘一叶形纹，在椭圆形开光图案衬托下，不但极富装饰性，而且也使人看起来格外醒目。对于这种纹样，一般释为“树叶纹”。树叶自上而下，重重下垂，给人以枝繁叶茂的感觉，可能是先民艺术家对盛夏某种树叶的写生纹样。

1998年出土于青海省民和县。

（50）马厂类型草叶纹豆

高8.5厘米，泥质土黄陶。上部盛器口径13.5厘米，敞口浅腹盆形，下接喇叭形圈足。盛器内壁至内底以黑彩施纹，在十字纹骨架间绘四组草叶纹。细长的叶片呈扇状向上伸开，下部收结在一小小的根块上，颇像西部地区山野间常见的白茅、白芨一类多年生草本植物，应是一种带有写实意味的草叶纹。

2000 年出土于甘肃省陇西县。

（51）齐家文化叶脉纹双耳罐

高 13 厘米，口径 7.5 厘米，底径 9 厘米，泥质红陶，侈口、短颈、溜肩、垂腹、双耳、平底，双肩耳上各镂空一竖长方形图案。红陶衣上黑彩施纹，口沿内侧绘斜线纹，颈部绘平行线纹，腹部两侧各绘五个叶脉纹。此类比较写实的叶脉纹在庙底沟时期植物纹中就已经出现。在我国西部马家窑文化至青铜时代彩陶中，马厂晚期到齐家时期装饰相对较多。有横向排列的，有竖向排列的，其构形与该器叶脉纹大同小异，应是一种对木本或草本植物叶子叶脉纹的模拟。

1987 年出土于青海省乐都县。

（52）辛店文化禾苗纹双耳罐

高 21 厘米，口径 10 厘米，夹砂红陶，侈口、高领、圆肩、鼓腹、双耳、圜底。白陶衣上黑彩施纹，领部绘平行带纹；腹部绘禾苗纹，间绘复道折带纹。器腹两侧禾苗纹共由五组叶形纹组成，每组三个叶形纹，每个叶形纹由二至三条线构成，每两组可组成一个禾苗纹。中间虽未绘出茎秆，但可以明显看出是以茎秆为中心向两边伸展，其中一侧的三组叶形纹，可组成两个禾苗纹。这是辛店艺术家用大写意手法绘出的禾苗纹，也是彩陶纹饰中比较写实的禾苗纹。构图虽然简单，却十分难得。尤其是将植物纹作为主题纹饰的装饰图案，在西部青铜时代有限的彩陶中更是屈指可数，因而就显得尤为珍贵。据专家研究，辛店时期居民除兼事畜牧、狩猎活动外，主要还是从事原始农业经济。因此，农业的丰欠，对他们来说是至关重要的。他们将禾苗绘于彩陶上，可能隐喻着丰收的渴望。

2000 年出土于青海省民和县。

（53）辛店文化树叶纹双耳罐

高 25 厘米，口径 10.5 厘米，夹砂红陶，敞口、直领、圆肩、弧腹、双耳、圜状凹底。黑彩施纹，口沿外侧及颈肩接合部各绘两道平行线纹，双耳上方两侧各绘两组复道竖线纹，颈部一周及腹部两侧绘双线人字形树叶纹。腹部两侧所绘两组树叶纹，每组分三层竖行排列，自大而小，层层下叠。在构图形式上，辛店的这种树叶纹，与前面介绍的那件半山大口双耳罐上的树叶纹大致相同，但所绘显得简单而草率。就辛店彩陶上常见的叶形纹看，此种叶形纹，仍属一种比较写实的树叶纹，也是这一时期彩陶纹饰中比较典型的树叶纹。

2003 年购自兰州城隍庙古玩市场，出土地不详。

十二　谷物神纹

（54）马厂类型谷物神纹长颈壶

高 30 厘米，底径 11.5 厘米，口部呈扁圆形，可能是制作时不慎压扁，或为方便液体倒出而特意制作的一种口形。泥质黄陶，长颈、溜肩、鼓腹、平底。颈肩接合部一侧置一环形耳，对应的腹部一侧饰一三角形凸纽。黑、红彩施纹，口沿内侧绘倒三角纹、圈带纹；颈部绘双层倒三角纹，颈肩接合部绘平行带纹、竖线纹；上腹绘宽折带纹，间绘谷物神纹；下腹绘平行带纹、垂弧纹。

该器谷物神纹最具特色。所谓“谷物神”，也有人称“农神”或植物的“精灵”，源于先民万物有灵的崇拜观念。据专家研究，原始初民由于对植物一年四季的生长过程不理解，把植物的开花结果看作生育繁殖，把植物的枯荣兴衰看作生老病死，从而认为植物与人和动物一样也有灵魂，并奉植物灵魂为神，祭祀膜拜，祈求护佑大地植物无灾无难，庄家年年丰收。

谷物神应是植物神的一种。对于这种谷物神，专家举证最多的就是连云港将军崖刻于新石器时代的一组岩画。岩画中刻了多个不同形状的人面或类人面像，每个人面像从面部起有一条线通向地面，并认为这就是人格化了的原始谷物神或农神的象征。我们将这件藏品上的主题纹饰定为谷物神纹，也主要是依据专家以上的研究与分析。

下面是我们对藏品谷物神纹的认识与理解。

1. 图中所绘大网格圆圈纹，应是谷物神面相的一种表现形式。连云港岩画中的谷物神人面，虽也有绘网格纹的，但大多数有五官，是人格化的谷物神面相，而藏品上的这个网格圆圈纹是否属于人面纹呢？以下几个方面的事实似乎可以回答这个问题。其一，这种纹样在完整神人纹中经常可以看到（参看上编 54），虽然圆内所绘几何纹各不相同，但都是以神人面相出现的。其二，对于这种纹样，有人称其“巫面”，即巫师化妆后的面孔，也有人认为可能与先民的文面习俗有关。但无论作何解释，都认为是一种赋予宗教或巫术内涵的人面。其三，这种纹样主要见于半山、马厂时期，尤以马厂时期为多见。有的单独装饰，有的成组装饰，有的则以连续纹样出现（见图 1）。在这种纹样周围，有的还绘有叶形纹、花蕾纹（见图 2、图 3）等。首先可以肯定，这是一种植物纹，但究竟属于何种植

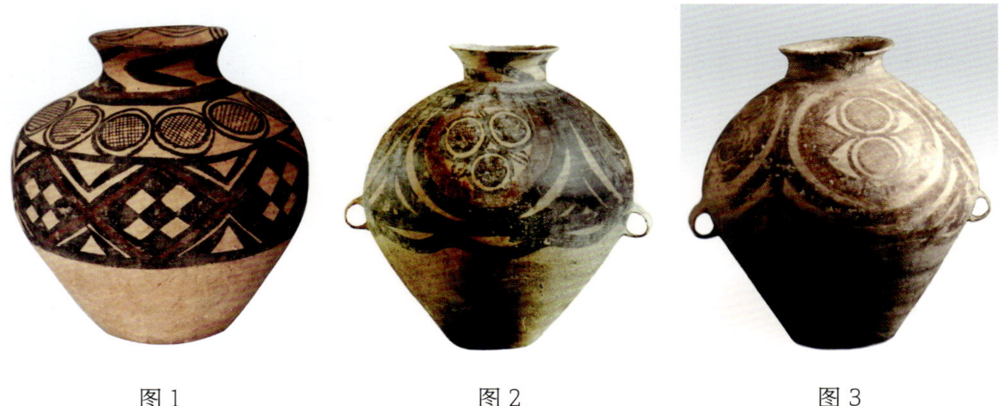

图 1　　图 2　　图 3

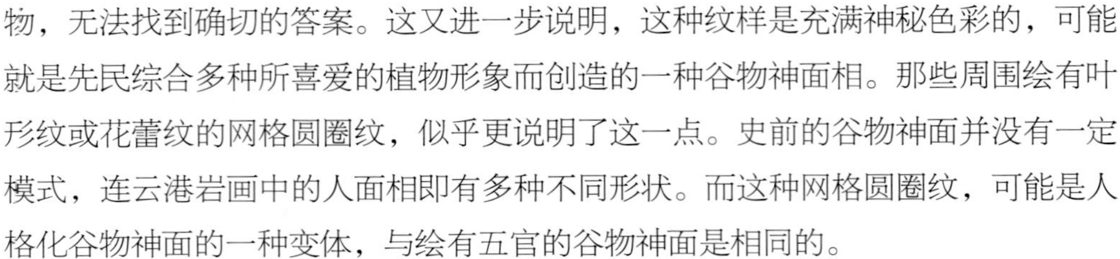

物，无法找到确切的答案。这又进一步说明，这种纹样是充满神秘色彩的，可能就是先民综合多种所喜爱的植物形象而创造的一种谷物神面相。那些周围绘有叶形纹或花蕾纹的网格圆圈纹，似乎更说明了这一点。史前的谷物神面并没有一定模式，连云港岩画中的人面相即有多种不同形状。而这种网格圆圈纹，可能是人格化谷物神面的一种变体，与绘有五官的谷物神面是相同的。

2. 网格圆圈纹下面伸出的长线，与连云港岩画人面下方的长线含义应是相同的。据专家研究，在远古人类的原始思维中，认为人和动物、植物同样生活在大地上。大地是化育万物的母亲，只有受到大地母亲的喜爱，三者才能健康成长；只有受到大地母亲的滋养，三者才能繁衍不息。因此，他们尊奉大地为“地母”，把一切美好的希望都寄托在地母身上。藏品网络圆圈纹两侧的宽折带纹，应是大地的象征，而圆圈纹下面与折带纹相交的直线，则象征着谷物神为求得生长、营养和生殖机能而与地母的接触。

3. 藏品自网格圆圈纹向周围伸展的带有长柄的小圆圈纹，每个圆内绘不规则圆点纹，如同花蕾纹一样。这在连云港岩画的谷物神纹中是看不到的，可能表示农作物由于受到大地母亲的哺育，通过与地母的接触而相互传递所具有的强大生殖力，反映了先民祈求农作物丰产丰收的愿望。

绘有谷物神或农神的彩陶，就我所看到的资料，该器尚属首次发现。先民通过丰富的想象绘制的这种谷物神纹，对研究史前的农神崇拜、生殖崇拜等原始宗教信仰，以及农事生活中的巫术活动，都具有极其重要的价值。其珍贵之处，不言而喻。

1988 年出土于青海省民和县核桃庄乡。

十三　山水纹

（55）卡约文化山水纹双耳罐

在史前彩陶纹饰中，反映自然风光的作品，所见主要是山形纹、水形纹、草木纹等单独纹样。那么，有没有将这些纹样组合在一起而构成的山水风光图画呢？在我国西部青铜时代卡约文化阿哈特拉类型彩陶纹饰中，似乎可以找到这方面的答案。

这件藏品高 20 厘米，口径 12 厘米，夹砂红陶，侈口、束颈、斜肩、鼓腹、双耳、凹底。土红色陶衣上黑彩施纹，口沿内侧绘倒三角纹；颈部绘复道平行线纹，颈肩接合部绘六组平行短线纹；腹部绘内填斜线纹的三角纹、复道平行线纹、双线菱形纹；耳部绘平行短线纹。

下面，我们不妨对这些纹样逐一加以分析：1. 颈中部所绘复道平行线纹，应是画面上部的边饰，乃高天的界限。2. 颈肩接合部所绘每组三道共七组平行短线纹，有释为“云气纹”的，这里应是白云的象征。3. 腹部所绘连续三角纹，一般释为“连山纹”。西部青铜时代彩陶中经常看到的这种内填斜线纹的连续三角纹，作为山形纹似乎更具写实意味，这里应是作为山形纹出现的。4. 连山纹下方所绘双线菱形纹，为这一时期最常见的一种纹样，也是卡约艺术家对水纹的一种特有表现手法。给人的感觉既不是急转的漩涡，也不是汹涌的波涛，更不是略泛涟漪的湖面，而是起起伏伏、奔涌向前的一条大河。水纹下方无饰边线，更给人以浩大壮阔的意境。在水纹与山纹之间所绘的复道平行线纹，可能是河岸的象征。从以上分析可以看出，整个画面应是一幅山水画图景。

卡约文化的阿哈特拉类型，主要分布在青海省循化县一带的黄河两岸，也有人称之为“黄河沿岸的卡约文化”。循化县的黄河流域，我曾去过多次，那里风景秀美，气候温和，物产丰富，可称得上世外桃源。生活在这里的古羌人，大多数居住在黄河两岸的台地上，背靠大山，面朝黄河。这件陶器上的山水画面，很可能就是他们居住地自然风光的真实写照，同时也是远古羌人山川崇拜观念的一种反映。

（56）卡约文化远山近水纹双耳罐

高 12 厘米，口径 9.5 厘米，夹砂红陶，侈口、束颈、斜肩、鼓腹、双耳、凹底假圈足。土红色陶衣上黑彩施纹，颈部绘复道平行线纹，腹部绘复道平行线纹、内填斜线纹的连续三角纹、双线菱形纹，耳部绘复道平行短线纹。该器上的山形纹近凸弧形，几乎不见“山尖”，所绘应是远山之态，与下方水纹相配合，使画面呈现出远山近水的艺术效果，意境幽远，诗意盎然。

（57）卡约文化云水纹双耳罐

高 23 厘米，口径 16.5 厘米，夹砂红陶，侈口、束颈、斜肩、鼓腹、双耳、凹底假圈足。淡红色陶衣上黑彩施纹，自颈部至腹中部分层绘五组复道平行线纹，间绘复道折线纹、斜十字纹、双线菱形纹；耳部绘平行短线纹。颈腹间所绘复道折线纹，应是云的象征。从整个画面构图看，腹部水形纹仅绘一层，所占比例甚小，而上部留有较大空间，仅云形纹就画了两层。如此构成的云水图，主要突出高天白云，意境博大壮阔，气势非凡，颇有韵味。

（58）卡约文化山水太阳纹双耳罐

高 20 厘米，口径 13.3 厘米，夹砂红陶，侈口、束颈、斜肩、鼓腹、双耳、凹底假圈足。土红色陶衣上黑彩施纹，口沿内侧绘倒三角纹，颈、肩部位绘复道平行线纹、太阳纹，腹部绘内填斜线纹的连山纹、水形纹，耳部绘斜十字纹。

6 个太阳纹环绘于颈部一周，与腹部连山纹和水形纹上下呼应，相互衬托，构成了一幅美丽的山水太阳图。在高高的太阳照射下，山河间似乎到处都充满着温暖。这不仅反映了卡约先民对居住地的热爱，对大自然的真情，同时也蕴含着对太阳、山川河流的原始崇拜观念。

十四　稀见水纹

（59）半山类型复道细线形旋涡纹双耳罐

在甘青地区的马家窑文化彩陶中，尤其是马家窑、半山类型彩陶，水波纹是最常见的装饰纹样之一。如果说马家窑类型的水波纹略显单调的话，那么，到了半山时期，由于先民的审美观念和艺术思想有了进一步的发展，加之红彩的发现及开始运用，绘制的水波纹更加多姿多彩。在这一时期的水波纹中，绘制最普遍的，当属进一步图案化了的漩涡纹。在这一时期众多的漩涡纹中，最具特色的，也可以称得上经典之作的，专家和藏家公认的主要有三种。在这一部分中，我结合自己的藏品，逐一加以介绍。

这件藏品高 47.3 厘米，口径 16.4 厘米，泥质橙黄陶，敞口、束颈、圆肩、鼓腹、双耳、平底。黑、红彩施纹，口沿内侧绘复道竖短线纹，颈至肩部绘平行线纹、平行波折带纹、复道平行线纹，腹部绘二方连续漩涡纹。半山期常见的漩涡纹，四个涡点之间的旋线，大多在三至五条之间，用以构形的旋线也相对较粗（见右图）。而这件彩陶上的旋线，仅红彩即多达九条之多，如果再加上附衬的黑色旋线，共有 20 余条，给人以汹涌澎湃、气势磅礴之感。甘肃省博物馆藏有一件半山涡纹双耳罐，旋线皆由黑、红复彩细线绘制而成。每两个涡点间的旋线近 40 条，形成一侧如急流奔涌下泄，一侧似腾浪翻飞上卷。中间的漩涡好像真的在

飞速旋动，气势壮观，令人叹为观止。

1998 年出土于青海省民和县。

（60）半山类型花带形旋纹双耳壶

高 44.7 厘米，口径 14.5 厘米，泥质红陶，侈口、高领、圆肩、鼓腹、双耳、平底。黑、红彩施纹，口沿内侧绘阴地圆圈纹，领部绘细网格纹，颈肩接合部绘平行带纹，腹部绘漩涡纹。该器的醒目之处，在于四环之间那两条花带形旋纹。旋带以细网格纹将陶地分作若干个方块，然后又在陶地方色块纹中绘以圆点纹，使旋带出现两种方块纹交替下旋的美丽图案。而且由于一阴一阳的结合，也使陶地色方块纹显得更加醒目，在整个图案带中，起着画龙点睛的作用。

这是一件半山偏晚阶段的作品。一般来说，半山时期的漩涡纹，有一个由繁到简的演变过程。后期的旋纹涡点由小逐渐变大，旋线也由多逐渐变少。到了半山末期，涡点几乎都演变成里面填满几何纹的大圆圈纹，而且涡点之间基本上都是一条单线相连。半山鼎盛期那种姿态万千、充满勃勃生机的漩涡纹，似乎已不复存在。而该器正是在这一时期漩涡纹日趋简化的情况下，结合四大圆圈纹的构

形特征而设计的一种别具风格的装饰形式，使人耳目一新，因而也为专家和藏家所喜爱。这种花带形漩涡纹出土量极少。除这种磨光器外，我还见过一例稍加打磨的细泥器，其图案布局大同小异，均属这一时期漩涡纹中的经典之作。

1998 年出土于青海省民和县。

（61）半山类型单线旋纹双耳壶

高 38.2 厘米，口径 8.3 厘米，泥质土黄陶，直口、高领、溜肩、鼓腹、双耳、平底。黑、红彩施纹，口沿内侧绘竖短线纹，颈至肩部绘平行带纹、内填竖线纹的阴地菱形纹、网格纹，腹部绘漩涡纹。该器上的漩涡纹，同样是在四面定点的基础上绘制成的漩涡图案，但四个涡点间的漩线皆由一条红线构成，红线两侧再以黑彩描绘宽带状边饰。整体看上去，尤其是俯视其全图，颇似一条蜷曲盘绕正在孵卵的长蛇，故西北老乡形象地称为“蛇抱蛋”。其实，这是一种简化的漩涡纹，或者说是半山艺术家对漩流形态的一种特写图案。其构形虽比较简单，但作者将激流不畏险滩暗石、左盘右漩奔腾向前的豪迈气势，都生动形象地表现了出来，无论对漩涡形态的描述，还是其装饰效果，都不亚于那些全景式的漩涡纹。此种漩涡纹大多作为辅助纹样绘于器物肩部或下腹部，作为主题纹饰出现者较少，亦为极具特色的一种装饰图案，是专家和藏家公认的半山漩涡纹中的经典之作。

1997 年出土于青海省民和县。

（62）马厂类型波浪纹深腹盆

左器高 11.5 厘米，口径 16.8 厘米，底径 9 厘米，泥制土黄陶，敞口、折沿、深腹、四耳、平底。黑彩施纹，口沿绘阴地菱形纹，腹部绘复道波浪纹。

右器高 10.2 厘米，口径 16.2 厘米，底径 8 厘米，泥制土黄陶，敞口、折沿、深腹、四耳、平底。黑彩施纹，口沿绘阴地菱形纹，腹部绘复道波浪纹，内壁绘两组漩涡纹。

二器腹部所绘波浪纹，是马厂彩陶中颇具特色的纹饰之一。它不像马家窑、半山类型彩陶中所描绘的那种汹涌澎湃的波涛，也不似山溪小河中汩汩流淌的小波细浪；这种波浪纹很容易使你联想到浩浩大河中那起起伏伏奔流向前的汹涌水势。此外，马家窑、半山类型彩陶中的水波纹虽画得十分规整，但大多比较图案化，显得有些抽象。相比之下，马厂这种水波纹带有一定的写实意味，看起来活泼自然，极具动感，使人感到亲切。水纹经马家窑、半山的繁荣之后，至马厂时期已很少看到，因而马厂彩陶中的水纹普遍为藏家所喜爱，而这种别具特色的波浪纹更为他们所珍视。

二器均于 1988 年收藏于西宁，出土地不详。

十五　太阳纹

（63）半山类型四太阳纹双耳壶

太阳高悬于天上，给大地以光明，给人类以温暖，给万物以生命，在先民心目中无疑是神圣的。而日落日出，日食日晕，又会使他们感到神秘和敬畏，进而产生崇拜之情。太阳崇拜在我国史前许多地方先民中都是存在的，岩画和彩陶中屡屡出现的太阳纹，就是最直接的证据。

彩陶上的太阳纹，最早出现于新石器时代中期。在仰韶文化半坡类型、黄河下游的大汶口文化等遗址彩陶中都可以看到，但大多比较抽象。典型的太阳纹主要出现于仰韶文化晚期，如大河村遗址等。在西部的马家窑文化中，以及进入青铜时代的不少文化类型彩陶中，都有太阳纹出现。其中半山太阳纹绘制最精，以辛店太阳纹最为常见。史前彩陶上的这些太阳纹，依其所绘的不同位置、数量的多少，以及各种不同的构图形式，可能都有其不同的文化内涵。对此学术界已从各个不同角度进行了研究，一般认为应是与太阳和天象有关的一种纹样。

这件藏品高 18 厘米，口径 8.2 厘米，底径 7.5 厘米，泥质红陶，侈口、高领、平肩、鼓腹、双耳、平底。黑、红彩施纹，口沿涂黑，领部绘圈带纹、大锯齿纹，肩部绘复道平行线纹，腹部绘网格纹、太阳纹、阴地波折纹、锯齿纹。半山的这种太阳纹颇具装饰意味。整个纹样实际上是由黑、红大小两个圆圈组成。里面先以红彩绘一小圆圈，圆内绘网格纹；外层的黑色大圆圈呈外圆内锯齿形，使两个圆圈之间的陶地空间形成齿状放射线，看起来如同一朵盛开的葵花。对于

器腹等距离彩绘的四个太阳纹，有人认为可能是一年四季的象征，有人认为可能代表着东西南北四个方位。更大的可能还是先民太阳崇拜的具象体现，蕴含着氏族部落的风俗、信仰和意识；也可能表明先民中存在着崇拜和敬奉太阳神的原始宗教。该器制作规整，施纹精细，所绘太阳纹在半山类型彩陶中十分少见，属这一时期彩陶中的珍品。

1995 年出土于甘肃省榆中县。

（64）马厂类型日环食纹双耳罐

高 13 厘米，口径 10.5 厘米，底径 6.5 厘米，泥质土黄陶，侈口、直领、鼓腹、双耳、平底，属马厂晚期遗物。前面说过，马厂时期的这种小型彩陶罐出土量相当大，纹饰大同小异，但这件小罐环腹所绘 6 个太阳纹却颇有特色。从整体构形看，应是日环食图。内圈为太阳的象征，中心黑色圆点为月球挡住太阳中央部分后所出现的局部失光现象。内圈内缘所绘射线纹，表示日环食时太阳边缘所形成的明亮光环，浓重宽大的外圈表示在此种情况下暗淡的天色。二圈之间所形成的环形陶地纹，可能表示天空与太阳之间的分界线。在史前彩陶的太阳纹中，日环食纹极其罕见，对研究原始先民对天象的观察与运用具有重要价值。

2004 年出土于甘肃省永靖县。

（65）马厂类型九角星形太阳纹双耳盆

高 7 厘米，口径 10 厘米，底径 5 厘米，泥质土黄陶，敞口、折沿、束颈、弧腹、双耳、平底，腹部两侧各饰一圆柱形凸饰。黑彩施纹，口沿绘阴地菱形纹，内侧绘倒三角纹；颈肩接合部绘两道平行带纹，间绘竖线纹；腹部绘菱形网

格纹、平行带纹；双耳绘斜短带纹；内壁绘凸弧纹、垂弧纹、圈带纹，内底绘九角星形太阳纹。太阳纹中央为一小圆圈，小圆内绘复道十字纹。小圆外套一大圆圈，形成重圈，表示太阳光芒的 9 个尖角纹绘于大圆与小圆之间（见右图）。这个太阳纹与安徽含山大汶口文化鸟兽形玉雕上的八角星纹图案十分相似。八角星纹在大溪文化、青莲岗文化、小河沿文化以及马家窑文化马厂类型中都有发现。一般释为太阳纹，对其特殊的内涵，学术界已多有论述。而这种九角星纹可能也有其特定内涵，如何解读，尚需研究。

1987 年出土于青海省乐都县。

（66）辛店文化双钩纹太阳纹双耳罐

左器高 15 厘米，底径 6.5 厘米，夹砂红陶，马鞍形口、束颈、溜肩、鼓腹、双耳、平底。黑、红彩施纹，器腹两侧各以红彩界定一双钩形图案带，并以黑彩复线绘双钩纹。双钩中部相连上端各绘一禾苗纹，两侧各绘一太阳纹。双钩纹双钩向上弯曲度较大，几近半圆形，在同期同类纹饰中极少见。另外，在双耳下方各绘一组竖行排列的细线纹，形似山羊胡子，亦十分奇特。从造型及施纹特点看，应属张家咀类型遗物。

右器高 14.5 厘米，口径 10.3 厘米，夹砂红陶，侈口、直领、鼓腹、双耳、凹底。黑彩施纹，领部绘平行宽带纹、倒三角纹、复道平行线纹；腹部两侧各绘一双钩纹，双钩相连上端各绘一禾苗纹，两侧各绘一太阳纹，属姬家川类型遗物。

辛店彩陶上这种最常见的双钩纹，一般释为“羊角纹”，亦为羊的象征。双钩相连上端所绘叶形纹，通常释为“禾苗纹”。这两种纹样与角盘内太阳纹组合在一起，无疑蕴含着辛店先民企盼阳光普照、牧畜肥壮、庄稼丰收这样一种美好愿望，是一幅充满吉祥寓意的图画。

左器 2002 年出土于青海省民和县，右器 2004 年出土于甘肃省广河县。

（67）辛店文化唐汪式陶器太阳纹双耳罐

高 14.5 厘米，口径 10.4 厘米，夹砂红陶，侈口、高领、溜肩、鼓腹、双耳、凹底。土红色陶衣上黑彩施纹，腹部两侧各绘一太阳纹。所绘太阳纹构形十分奇特，中间为椭圆形圆圈，周边顺时针绘数条弧线。每条弧线下端另绘一短斜线纹，形成三角纹，整个纹样看起来如同一个叶片旋转的风轮。更使人感到奇怪的是，在涂满红色陶衣的器表上，仅绘两个小小的太阳纹。这是否意味着，在太阳照耀下，大地上到处都呈现出一片红彤彤、暖烘烘的景象？在先民眼里可能是一种祥瑞的象征。此类太阳纹仅见于唐汪式陶器上，我先后见过五例，圆圈周围的弧线数量多少不等，其整体构图形式大致相同。

1986 年出土于青海省化隆回族自治县。

十七 雷电纹

（73）马厂类型连续回字形雷纹双耳壶

先民对天象的崇拜，有时可能更甚于周围大地的自然万物。尤其是雷电，不但会发出令人恐怖的响声和亮光，而且还会夺去人畜的生命，引发森林和草原大火，毁坏房屋和庄稼，使人难以预料和无法躲避。后世人们对雷电的这种恐惧心理，在远古时期无疑都是存在的，而且会甚于今人，也可能是先民重点祭祀的天神之一。雷与电是很难用绘画形式表现的。尤其是雷，只闻其声，不见其形，更难用线条去勾绘。但据专家研究，在史前彩陶纹饰中，有几种纹样可能就是先民所绘制的雷、电形象。我收藏了其中的几例，在这一部分中逐一做介绍。

这件藏品为马厂早期遗物。高 23.2 厘米，口径 10.5 厘米，泥质黄陶。黑、红彩施纹，口沿内侧绘圈带纹、垂弧纹，颈、肩部绘平行带纹，上腹两侧各绘一硕大变形回纹。不少专家认为，这种回形纹，即是先民所绘的雷纹，或者说就是先民艺术家用其丰富的想象所表现的雷的形象、创造的“雷”的会意字。绘有这种回形纹的彩陶，可能是萨满巫师做法时所用的法器，也可能就是一种祭器。此类绘有回形纹的彩陶，在马厂时期尤其是马厂晚期比较多见，但大多是以辅助纹样出现的，作为主题纹饰者则较少。此类纹饰在其后的辛店文化姬家川类型彩陶中也经常出现，大多作为辅助纹饰装饰于瓶、罐类容器颈部，与藏品所绘大回形纹一样，都带有明显的祈雨用意。

1991 年出土于甘肃省永靖县。

（74）马厂类型交叉旋回形雷纹长颈壶

左器高 27 厘米，口径 10.2 厘米，泥质土黄陶。红陶衣上黑彩施纹，口沿内侧绘圈带纹、竖短线纹；颈部绘两组网格带状纹组成的连续回纹；上腹绘四大圈纹，四圈内各绘一交叉旋转形回纹。右器高 24.3 厘米，口径 9.3 厘米，泥质黄陶。红陶衣上黑彩施纹，口沿内侧绘阴地折线纹；颈至肩部绘四组复道平行线纹，间绘垂弧纹、竖折线纹；腹部绘复道折线纹，折线间填绘四个交叉旋转形回纹。在以上两件马厂晚期长颈壶上，所绘交叉旋转形回纹，拆开即为两组四个回形纹，与前面介绍的连续回形纹一样，一般释为“雷纹”，所表示的应是隆隆雷声的回转滚动之意。此种形似“卐”字的纹样，实际上也是“卐”字符号的一种变体。我们知道，史前彩陶中的“卐”字纹，具有各种不同的变形。作为一种吉祥符号，这种“卐”字纹，除与其他不同纹样组合而具有不同的特殊含义外，就其变形而言，各种不同的变体，也都有其特殊的意义。如被视为“卐”字纹与神人纹结合体的带有指形纹的变体“卐”字纹、旋羽形变体“卐”字纹，以及该二器上的变体“卐”字纹等。据专家研究，彩陶上的这种“卐”字纹，是先民因经

纬编织及对螺旋运动的观察有所启发而创造的。从“字”形上看，交叉旋转是其显著的特点。在十字骨架的四个折转部位，无论如何变形，都可以看出其旋转的动感，可以看出因此而焕发出来的生命力。由此不难看出，这两件长颈壶上所绘的四个回形纹相互交叉旋转的变体“卐”字，解读为“雷纹”是可信的，与该符

号最初产生的动因也是一致的。另外，在右器口沿内侧所绘阴地折线纹，以及器腹所绘两组平行线纹间的六组竖折线纹，一般释为“闪电纹”。与器腹的交叉双回转雷纹联系起来看，二者上下呼应，所表现的应是雷电交加时的天气景象。

二器均于1988年出土于青海省民和县。

（75）马厂类型交叉旋羽形雷纹双耳壶

高25厘米，口径14.3厘米，泥质土黄陶，侈口、直领、平肩、鼓腹、双耳、平底。黑彩施纹，在上腹所绘四大圈内，各绘一旋羽纹。这种旋羽纹，亦为“卐”字纹的一种变体。因“卐”字十字骨架的四个转折部位各绘一组由长而短的尖锥状短线纹，颇似两只飞鸟展开的双羽，故不少学者称为“鸟羽纹”或“交叉折线羽纹”，具回动旋转之意。与前面介绍的连续回纹和旋转式回形纹一样，作为雷纹的另一种表现形式，也多解读为“雷纹”。此类纹样或类似的纹样，主要出现于马厂晚期彩陶中，也是这一时期颇具特色的一种纹样。

1992年出土于青海省乐都县。

（俯视）

（76）马厂类型折带形闪电纹双耳壶

左器高 40.3 厘米，口径 13.5 厘米，泥质土黄陶。黑、红彩施纹，口沿内侧绘圈带纹、竖短线纹；腹部绘四大圈纹，四圈内在两条平行短带纹界定的图案区内，各绘三组阴地竖折带纹。右器高 35.4 厘米，口径 11 厘米，泥质红陶。黑彩施纹，口沿内侧绘圈带纹；颈至肩部绘平行带纹；上腹绘折带纹，间绘正倒三角纹。如此绘制出来的黑彩纹饰，其陶地色又派生出尖细的正倒尖角纹。二器所绘连续折带纹，一般释为"闪电纹"，电光激耀之状的模拟。右器黑彩纹饰派生出的正倒尖角纹，与左器所绘阴地竖折带纹一样，如同划过夜空的闪电，解读为"闪电纹"，似乎更为形象。此类折带纹，以马厂中晚期为多见。尤其是到了马厂晚期，不少彩陶上都是作为主题纹饰出现的，带有浓重的祈雨巫术色彩。

二器分别于 1998 年 2000 年出土于青海省民和县。

（77）马厂类型"Z"形闪电纹双耳壶

高 41 厘米，口径 13.5 厘米，泥质黄陶。黑、红彩施纹，口沿内侧绘竖短带纹；上腹绘四大圈纹，四圈内在一红色圈带界定的图案区内，以细网格纹为地，以陶地色为纹，各绘一组"Z"形符号纹。我们将这一"Z"形符号解读为"闪电纹"，主要是基于以下两点：一是这一符号实际上是一种变体折线纹，与学术界通常认定的折线形闪电纹是一样的；二是这一符号也可以解读为变体"S"纹。

这种变体“S”纹，也是先民在表现闪电蜿蜒之状时常用的一种符号。后来的甲骨文、金文“电”字的字形主干都呈“S”形，无疑都有受这种原始符号影响的因素。另外，从该器所绘“Z”形纹看，“字”体呈倾斜状，两端为尖角形，这可能都是为了表现闪电的力度及形象特征。而其之所以每组绘出若干个，又可能是为了表现闪电的急促之态及频频出现的情景，应属彩陶中比较写实的闪电纹。

2000 年出土于甘肃省永登县。

（78）马厂类型雷电纹高低耳壶

高 23.2 厘米，口径 9 厘米，泥质土黄陶，侈口平唇、高领丰肩、腹部饱满，颈肩接合部一侧及对应的腹部一侧各置一环形耳。黑、红彩施纹，口唇部绘竖短线纹；领部绘三道平行宽带纹，间绘横折线纹；肩至腹部自上而下以紫红彩绘三组连续横折带纹。第二组和第三组上下折带纹间，形成 8 个相对的尖角，其中 4 个对角分别向上向下延伸，形成菱块纹，菱纹两侧各绘一相向的短折带纹，中间绘一不规则方块纹。在这些纹样间淡黄色的陶地上，分别以三至四条细线勾画轮廓，又派生出与紫红彩纹相似而又别具风味的线描彩纹。该器腹部纹饰乍看十分复杂，甚至有些紊乱，但细看则井然有序。而且，从这些纹饰中可以看出，作者正是通过这样的构图，以表现雷电交加时的天气景象——三组连续折带纹与陶地间的复道折线纹，以及颈部所绘折线纹，表示的应是曲折蜿蜒的电光。第二组与第三组连续折带纹相互交叉所形成的菱块纹及近似的菱形纹，都是连续回形纹的变体，是一种交叉回转的雷纹。整个腹部纹饰所绘应是一幅“雷电交织图”。在彩陶纹饰中，单独描红雷纹或电纹的不时可以看到，但将二者结合起来，以表现雷电交加自然天象者却十分少见，这也是该器纹饰的可贵之处。一般来说，在史前彩陶纹饰的构形中，折带纹或折线纹都是最具节奏感的、最能表现力度的，也是速度和力度的象征。在这件彩陶纹饰中，折带纹与折线纹，经过作者巧妙的组合和变形，将雷与电这两种经常可以遇到而又很难表现在一起的自然天象，形象地描绘在一个画面上，构成一幅生动形象的天象图，是难能可贵的。同时，也足以使我们看到，先民艺术家对折线的运用，同对其他线形的运用一样，已达到随心所欲的地步。

1989 年出土于青海省民和县。

十八　云雨纹

（79）半山类型积云纹罐

彩陶上的云纹和雨纹，也是来自先民对天象的认真观察。云为雨之母，雨为云之子，有雨必有云，云和雨总是相伴而来的。什么样的云可以下什么样的雨，何种云可能下雨，何种云可能不下雨，推测先民都是分辨得很清楚的。因此，在彩陶纹饰中，就出现有流云纹、卷云纹、积云纹、鱼鳞状云纹等多种云的形态。云雨同绘的纹样不多见，但云纹或雨纹以单独的形式表现出来，还是不时可以看到的，尤其是在半山和马厂的彩陶中，有的绘制相当形象。

下面介绍的两件半山类型彩陶，所绘均为积云纹。左器高 33 厘米，口径 16 厘米，泥质土黄陶，敞口、直领、溜肩、鼓腹、双耳、平底。右器高 24 厘米，口径 17.2 厘米，泥质土黄陶，敞口、束颈、溜肩、鼓腹、单耳、平底。二器均以黑、红彩施纹。腹部所绘主题纹饰，也是半山彩陶中常见的一种主题纹饰，一般释为“垂帐纹”，云帐漫垂之意。但也有不少学者认为，此类纹样应释为“积云纹”，所描绘的应是浓云层层堆积之状，是阴晦天气中常见的一种云态，是先民对天象认真观察的结果。这样的释读或许更有道理。

二器于 1985 年—1987 年分别出土于甘肃西部地区。

（80）半山类型卷云纹双耳罐

高 32.3 厘米，口径 19.4 厘米，泥质土黄陶，敞口、束颈、溜肩、鼓腹、双耳、平底。黑、红彩施纹，口沿内侧绘复道折线纹，颈部绘平行线纹，腹部绘连续凸弧纹。此种纹样主要出现于半山时期，也是这一时期彩陶中的一种别具特色的纹样。少者绘三至四层，多者可达六层以上。而且凸弧纹主要以宽带状红彩绘制，如此层层相叠，看起来既醒目又十分壮观。对于此种纹样，有学者认为，从其整体构形看，应为卷云纹，即怒云层层翻卷之意，是暴雨来临前的一种云态。先民特别突出红色色调，也可能与祭天有关。也就是说，此类彩陶很可能是先民在祭天祈雨中所用的祭器。

1986 年出土于甘肃省榆中县。

（81）马厂类型神人纹雨点纹双耳壶

高 39 厘米，口径 17.5 厘米，泥质土黄陶，敞口、束颈、溜肩、鼓腹、双耳、平底。红陶衣上黑彩施纹，腹部绘内填十字纹的圆圈纹、神人纹、不规则点状纹。神人纹肢体间所绘不规则点状纹，一般释为“雨点纹”。先民将雨点纹与神人纹同绘一器，可能有祈求神人与天界沟通、普降甘霖于众生之意，应是先民在祈雨时所用的祭器。

1988 年出土于青海省民和县。

（82）马厂类型神人肢体纹雨珠纹单耳壶

高 26.3 厘米，口径 14.2 厘米，泥质土黄陶，敞口、束颈、溜肩、鼓腹、单耳、平底，肩耳对应腹部一侧置一尖锥状凸纽。黑彩施纹，口沿内侧绘圈带纹；颈至肩部绘横人字纹；腹部以中部圈带纹为界，上下各绘一周神人肢体纹，间绘不规则珠状纹。在神人肢体间填绘珠状纹的陶器，在马厂晚期彩陶中曾发现多例。珠状纹有绘于完整神人纹肢体间的，有绘于无头神人纹肢体间的，也有如该器绘于简化了的神人肢爪间的。作为雨点纹的一种表现形式，这种珠状纹与前面介绍的点状纹相比，似乎更为形象，但其用意应是相同的，可能都是一种带有祈雨性的图案。或者说，作为一种容器，凡绘有此类纹样者，可能都具有生活及祭祀两种功能，即平时作为容器使用，到祈雨时便用作祭天的神器。

1988 年出土于青海省平安县。

（83）马厂类型斜短线形雨点纹单耳壶

高 12.3 厘米，口径 11.6 厘米，泥质土黄陶，敞口、高领、溜肩、单耳、平底，肩耳对应腹部一侧置一尖锥状凸纽。白陶衣上黑、红彩施纹，口沿内侧绘阴地菱形纹；颈部涂红；腹部绘竖带纹，间绘不规则斜短线纹。在马厂晚期的彩陶中，无论是折带纹间，还是这种竖带纹间，填绘此类斜短线纹的比较少见。从其构形特征看，所绘应是伴着大风而至的雨点，或者说是暴雨在狂风吹动下的一种特殊形态。这也是我们在日常生活中经常遇到的一种风雨交加时暴雨的形态，无疑也来自先民的切身感受。

1986 年出土于青海省民和县。

十九　女阴纹

（84）半山类型竖椭圆形女阴纹双耳罐

在史前彩陶纹饰及岩画的研究中，就我所看到的有关文献资料，被学者释读为“女阴纹”的有10余种，如圆圈纹、内填黑点的圆圈纹、同心圆纹、贝形纹、菱形纹、折线纹、“卍”字纹、倒三角纹、三角网纹、内填竖线纹的三角纹、变体神人纹、树枝状植物纹、复线椭圆形圆圈纹、内填各种几何纹的枣核形纹等。在这些纹样中，有的只是个例，不具普遍说服力；有的纹样往往有各种不同解释，属性不清，作为女阴符号纹似乎过于牵强。就我多年所看到的此类纹样，其中至少有两种判定为女阴纹是比较可信的：一是内填几何纹的复线椭圆形纹；二是内填黑点的圆圈纹。这两种都是比较写实的女阴纹，是彩陶上尤其是马家窑文化彩陶上出现最多的两种纹样，也是彩陶神人纹女阴部位出现较多的纹样，而且与史前女性陶塑作品中的女阴塑形及女阴陶塑作品也大致相同，同时也是不少学者公认的女阴纹或女阴符号纹。

这件藏品属半山晚期遗物。高38.2厘米，口径17.3厘米，泥质土黄陶，敞口、直领、圆肩、鼓腹、双耳、平底。在所施的黑、红彩纹饰中，腹部最显著位置所绘的主题纹饰，即四个椭圆形女阴纹。纹样由黑、红两层带状纹绘制而成，内填斜网格纹，大而醒目。而且，在黑、红条带之间加绘的齿状纹，又似阴毛，更为形象。此类椭圆形女阴纹，以及由复线绘制而成的枣核形女阴纹，在半山彩陶纹饰中不时可以看到。有一器腹部四周各绘一个的，有以二方连续纹样形式出现的，也有单独插绘于其他纹饰之间的。大都绘制得十分形象，也是这一时期别具特色的一种纹样。彩陶上绘有女阴纹，与男根纹或男性生殖器陶塑一样，无疑与先民的生殖崇拜有关。在我国西部的马家窑文化中，无论早期或晚期，彩陶上的男根纹发现很少，而女阴纹却相对较多。在晚期的半山、马厂阶段，这种女阴纹在不少陶器上更是作为主题纹饰出现的，这可能与当地的社会发展不平衡有关。也就是说，有的地方已进入父系社会，而不少地方仍处于母权统治之下，或父权与母权统治并存的社会形态中。

1989年出土于青海省民和县。

（85）马厂类型椭圆形女阴纹双耳壶

左器高26.3厘米，口径9.2厘米，泥质土黄陶，侈口、直领、平肩、弧腹、双耳、平底。黑、红彩施纹，口沿内侧绘折线纹，领部绘斜网格纹，上腹绘四个横椭圆形女阴纹。纹样由带状圆圈和线形圆圈相叠而成，自里向外达六层之多，中心是一个椭圆形陶地图案。在半山、马厂时期的此类女阴纹中，有横、竖两种图案，多以复线构形，有的近枣核形，十分形象。

右器高40.2厘米，口径9.3厘米，泥质土黄陶，侈口、束颈、溜肩、鼓腹、双耳、平底。黑彩施纹，口沿内侧绘一周竖短带纹，上腹以带状黑彩绘四个竖椭圆形女阴纹。这是一种变形女阴纹。四椭圆形图案分别由三个层层相套的圆圈组成，中间小圆用一竖带纹将其分作两个半圆形图案，竖短带中部以陶地为纹自上而下另绘四个内填黑点的菱形纹。整体看去，颇似以黑彩涂地、以陶地为纹的彩

陶绘制工艺。无论从四个大椭圆形图案看，还是中间小圆被分作的两个半圆看，即使中间那条竖短带上的四个内填黑点的菱形图案，似乎都具有女阴符号的特征。或许，这是先民艺术家精心设计的一种女阴符号纹，另有其宗教的或巫术的特殊含义。

左器 1985 年出土于青海省民和县，右器 1988 年出土于青海省乐都县。

（86）马厂类型内填黑点圆圈形女阴纹长颈壶

左器高 18 厘米，口径 7.1 厘米，泥质土黄陶，侈口、长颈、垂腹、平底，颈肩接合部一侧置一环形耳，对应腹部一侧饰一三角形凸纽。黑彩施纹，口沿内侧绘一周折线纹；颈肩接合部绘复道平行带纹；上腹绘复道折带纹，间绘 8 个内填黑点的圆圈纹。中器高 23 厘米，口径 10 厘米，泥质土黄陶，整体造型与左器大致相同。黑、红彩施纹，口沿内侧绘阴地波折纹，颈部涂红，上腹绘复道折带纹，间绘 8 个同心圆纹。其中 4 个由内外两个圆圈构成，另 4 个重圈内分别加绘一点状纹。右器高 21 厘米，口径 8.2 厘米，泥质土黄陶，整体造型与前二器大致相同。黑、红彩施纹，所施彩纹与中器相类，复道折带纹间所绘 8 个同心圆纹，中间均绘有一不规则点状纹。这三件长颈壶上所绘女阴纹或女阴符号纹，尽管局部略有差异，但总体构形大致相同，应是女阴纹的另一种表现形式。另外，前面已经说过，这种被西北老乡称为“瓜葫芦”的长颈壶，应是葫芦形仿生陶器的一种变体。先民将女阴符号纹多插绘于这种陶壶上，与对葫芦多子多产的认识一样，其用意是十分明显的。

三器均于 20 世纪 80 年代中期出土于青海省民和县。

二十　彩绘符号纹

（87）半山类型彩绘“×”形符号纹双耳盆

对于史前陶器上刻画和彩绘符号的含义，学术界有各种不同看法。有的认为可能是制陶者的一种特殊标志，有的认为可能是当时一些氏族部落的徽号。多数认为应与我国古文字有密切关系，是原始初民在结绳、刻木图画文字基础上发展起来的包括数字文字和表意文字的象形文字，是我国古文字的起源。在仰韶、大汶口、赵宝沟、马家窑、齐家文化以及进入青铜时代的卡约、寺洼文化中均有发现。彩绘符号在仰韶文化中发现较少，主要见于大地湾一期文化、马家窑文化及青铜时代的四坝、卡约、辛店文化彩陶中。这些符号无论以何种形式出现，都不会是先民随意而为的，可能都有其特定内涵。

这件藏品高 13.5 厘米，口径 26.5 厘米，底径 10.5 厘米，泥质红陶，敞口、折沿、弧腹、双耳、平底。黑彩施纹，口沿绘倒三角纹，外侧绘平行带纹，内壁绘圈带纹，漩涡纹，内底绘“×”形符号。这一符号在其他文化类型的刻符和彩绘符号中都可以看到，与甲骨文“五”字相同，一般释为“五”。半山类型的彩绘符号大多绘于盆、钵一类器皿内底，或插绘于几何图案空白处。这在其他文化类型彩陶中很少看到。

该器收藏于 2001 年，出土地不详。

（88）半山类型彩绘“Z”形符号纹双耳盆

高 19 厘米，口径 35 厘米，底径 16 厘米，泥质红陶，敞口，折沿、弧腹、双耳、平底。黑彩施纹，口沿绘倒三角纹；腹部绘两道平行带纹，间绘竖折带纹；内壁绘平行宽带纹、漩涡纹，四个涡点内各绘一“Z”形符号纹。这一符号纹在仰韶时期的刻符及马厂、四坝的彩绘符号中都可以看到，一般认为是当时用于记事的表意符号。将此类符号插绘于彩陶纹饰之中，是马家窑文化彩陶常用的手法。主要有两种形式：一是插绘于彩陶纹饰空白处；二是利用有关符号对整体纹饰进行切割等分。如此将这类符号与彩陶纹饰统一构图，既可以清楚地看到符号的存在，达到记事或计数之目的，同时又不影响纹饰的整体装饰效果，而且也能有效地对这类符号进行利用，从一个侧面也体现了马家窑艺人不凡的彩陶艺术装饰功力。

2001 年出土于甘肃榆中县。

（89）半山类型彩绘“田”字纹双耳盆

高 14.5 厘米，口径 27 厘米，底径 12 厘米，泥质红陶，敞口、折沿、弧腹、双耳、平底。黑彩施纹，口沿绘复道弧线纹，内壁绘漩涡纹，内底绘“田”字符号纹。在史前陶器的原始符号中，尤其是半山、马厂彩陶中，有时会看到“中”“天”“由”“日”“米”“田”等笔画结构较复杂而与当今汉字相同的符号。这类符号大多独立于几何纹而存在，亦并非同形同音汉字的初文，究竟作何解释，还有待进一步破译。

1987年出土于青海省乐都县。

（90）马厂类型彩绘“卐”字纹双耳壶

在史前陶器上出现的众多符号纹中，“卐”字纹符号无疑最具神秘色彩，也备受学术界关注。比较定型的“卐”字纹符号，主要出现在马家窑文化中。尤其是马厂类型陶器中，在其后的齐家文化及青铜时代的卡约、寺洼等文化中也有发现，但数量极少。对于这一符号的含义，有的认为是我国西部最原始的标音文字，有的认为是女阴与生殖的符号。但大多数学者认为这一符号应是太阳的象征，为太阳符号的另一种表现形式，寓有同太阳一样的吉祥内涵。这可能是有道理的，否则它不可能一直延续至今。另据有关专家研究，这一符号的来源，最初可能是原始先民受经纬交织编织纹样影响或对螺旋运动观察有所启发而发明的，后来逐渐演变成这样一种抽象纹样。

这件藏品高33.5厘米，口径10.5厘米，底径8厘米，泥质土黄陶，侈口、高领、溜肩、鼓腹、双耳、平底。黑彩施纹，口沿绘阴地联珠纹；颈部绘横人字纹；腹部两侧各绘一无头神人纹，间绘两个圆圈纹，圆内绘“卐”字纹符号。“卐”字纹符号用重彩绘于大圆圈内，既醒目又富有装饰性。另外，将“卐”字纹与神人纹同绘一器，可能另有其特殊内涵，有待进一步研究。

2001年出土于甘肃省皋兰县。

（91）马厂类型彩绘神人肢体形变形“卐”字纹四耳盆

高13.2厘米，口径23厘米，泥质橙黄陶，敞口、折沿、弧腹、四耳、平底。黑、红彩施纹，口沿绘菱形纹，内侧绘圈带纹、垂弧纹，腹部绘平行带纹、连续菱形纹，内底绘一硕大变体“卐”字纹。此类四个折转处末端添加指爪纹的“卐”字纹，在马厂晚期的“卐”字纹中相当多见。一般解读为神人纹与“卐”字纹的“结合体”，是两种吉祥符号的组合，是一种具有宗教或巫术含义的特殊图案。依其所绘位置及所组合的图案的不同，都有其不同的意义。在马厂类型的盆、钵、豆类大口器中，内彩绘“卐”字纹者不乏其例，但于器底仅绘这一符号并作为主题纹饰出现者却十分少见，这也是该器的可贵之处。

1998年出土于青海省民和县。

（92）马厂类型彩绘变形“卐”字纹谷物神面纹祥瑞图双耳豆

高14厘米，口径22.5厘米，泥质红陶。上部盛器为双耳盆形，下接喇叭形高圈足。黑、红彩施纹，盛器口沿绘竖折线纹，外侧绘平行带纹、垂弧纹，上下

接合部及圈足近底处各绘一道平行带纹；内壁绘平行带纹，内填网纹的圆圈纹；近底处绘重圈纹，内底绘神人肢体纹组合而成的“卐”字纹（见下图）。前面谈到，半山、马厂彩陶中经常出现的内填网格等几何纹的圆圈纹，可解读为巫师化妆后的“巫面纹”，也可以解读为神人的“神面纹”。该器所绘一组网格圆圈纹，虽无附绘叶形纹和花蕾纹等表示植物属性的附属纹样，但因其绘于盛放食物的豆盆内，后一种的寓意表示可能性更大，而且很有可能就是作为“谷物神面纹”出现的。作者将象征“神人”和“太阳”结合体的“卐”字纹与“谷物神面纹”组合在一起，而且同绘于豆盆内，无疑是一幅充满祥瑞的画面，并带有明显的祈福性寓意——祈求谷物丰收，能吃饱肚子。这可能就是他们最大的奢求、最美好的愿望。

1990 年出土于青海省乐都县。

二十一　其他稀见纹饰

（93）半山类型平行线纹旋纹双耳壶

高 45 厘米，口径 11.5 厘米，底径 17 厘米，泥质黄陶，侈口、高领、丰肩、鼓腹、双耳、平底。黑彩施纹，领部绘平行宽带纹，上腹上部绘平行线纹、锯齿纹，下部至下腹上部绘漩涡纹、弧边三角纹。

该器在纹饰构图和线条运用上，较好地掌握了动静对比的艺术规律，清楚地表现了动静结合所产生的艺术效果。上腹的平行线纹和三角形锯齿纹，包括颈部的平行宽带纹，都是人们视觉经验中静态的感觉；下部所绘漩涡纹，表现的无疑是充满节奏变化的动态感。如此上下两种不同形态的纹饰，使整器显示出上静下动的奇妙效果。而且，在上下相互衬托中，使上部纹饰显得异常平静淡雅，下部纹饰则显得更加热情奔放。此类动静结合的构图手法，在马家窑文化彩陶中也是常见的，但在这一器物上反映得尤为明显，同时也构成了这一器物装饰的显著特点。

（俯视）

这件藏品属马家窑至半山过渡期的边家林遗物，一般定为半山早期。但这种壶式在整个半山时期都有不少发现，其纹饰除上部各不相同外，下部旋纹则大同小异。由于其体形硕大，造型优美、大气，加上施纹精细，富有特点，因而备受藏家推崇。

2001 年出土于甘肃省，具体地点不详。

（94）半山类型菱格纹双耳壶

高 44 厘米，口径 14.7 厘米，底径 12 厘米，泥质红陶，侈口、高领、球形圆腹、双耳、平底。黑、红彩施纹，口沿内侧绘圈带纹、锯齿纹，领部绘斜网格纹，腹部绘菱格纹。菱格纹是半山、马厂时期常用的一种装饰纹样，在各种形制的彩陶中都可以看到。从绘制方法看，有单线菱格纹、复线菱格纹、网格形菱格纹、黑彩菱格纹、阴地菱格纹、内填各种几何纹的菱格纹等。从装饰形式看，有单层横向排列、双层横向排列、单层或双层竖向排列、多层排列、上下交错排列，以及在盆、钵内底单独装饰等多种形式。一般来说，半山早期的菱格纹较大，多为主题纹饰，晚期较小，且逐渐变为辅助纹饰。上腹施纹部位全部以菱格纹装饰的壶、罐类容器，在半山、马厂彩陶中都可以看到，但数量不多。这种装饰形式颇具特色，无论远看或俯视，恰似一张大网铺盖在器腹上，不但形成饱满跃动的节奏感，而且能与器形整体有机地结合在一起，显得自然、协调而整齐。

1988 年出土于青海省循化撒拉族自治县。

（俯视）

（95）马厂类型阴地串珠形方框纹双耳壶

高 39.3 厘米，口径 15.2 厘米，泥质土黄陶。该器的独特之处，在于器腹以黑彩为地，以陶地色为纹、以阴地串珠形组合的图案。上腹两侧以两条竖带纹为界，各绘一组方框纹。两组方框纹大致相同，均呈上窄下宽的梯形，而且自外而内，由大而小，共分四层，中心是一个阴地三角图案，看起来新颖别致。就西部马家窑文化彩陶而言，这种阴地圆珠纹，在各个时期的彩陶中都可以看到。早期多插绘于其他几何纹之间，中期多在局部成组装饰。而真正作为主题纹饰出现，主要还是在半山晚期到马厂时期。尤其是马厂中晚期的彩陶中，有绘于盆、钵、豆等大口器内壁的，有绘于壶、罐类容器上腹的，也是这一时期别具特色的装饰纹样。甘肃临夏回族自治州博物馆藏有一件马厂类型彩陶豆，豆盘内以紫红色为地，以陶地色为纹，绘两圈阴地串珠纹，内底以阴地圆珠纹组合一梅花形图案，十分雅致。这种阴地圆珠纹组合的图案，采用黑、白对比手法，使图案出现虚与实、明与暗的不同变化，产生对立而又和谐的美感，取得简洁而又含蓄的构图语言。同史前彩陶中的其他许多纹样一样，都能使人体会到中国图案构形中的奇巧与绝妙。据专家研究，这种阴地串珠形图案，包括黑彩或红彩绘制的此类图案，主要是由于当时人们受到自身体外珠类饰物启发而产生的，有的可能就是一种模拟之作。如壶、罐类容器颈肩接合部常见的一圈串珠纹，可能就是对人类项饰的一种模拟，而器腹所绘的各种几何形珠形图案，又可能是对人类体外某一部位珠形装饰的模仿等。该器器腹所绘两组阴地串珠形图案，有可能是对当时富人所悬佩的重重叠叠的骨珠项饰的一种模拟，在这种纹饰中似乎依稀可以看到当年佩戴者那雍容之态，豪华之气。

1997 年出土于青海省乐都县。

（96）马厂类型嘴形纹双耳罐

高 18 厘米，口径 16 厘米，底径 11 厘米，泥质土黄陶，敞口、束颈、弧腹、双耳、平底。黑、红彩施纹，口沿内侧绘竖短线纹、圈带纹、弧线纹；颈至腹部以双耳下方弧带纹为界，两侧各绘一构图相同的横椭圆形图案。椭圆形两端弧圆且略上翘，中部微下弧，中间的横扁长椭圆形圆心绘成红色。整体看上去颇似人在微笑时略启的嘴巴，因此，我们将其定名为“嘴形纹”。另外，在这个嘴形纹间，唇部至口部自上而下共施有三周阴地菱形纹，可能是一种装饰。

以人面五官中某一器官为模型所绘制的图案，在各个时期的彩陶纹饰中都有发现。如仰韶晚期秦王寨类型的睫毛纹、半山及马厂时期的眼睛纹、双眉纹等。这种嘴形纹主要见于马厂时期。除此种表现形式外，记得 10 多年前，我还见到过一件八拃马厂大罐，器腹所绘的两个大圆圈内，各绘一宽厚的上唇和下唇，应是一种比较写实的唇形纹或嘴形纹。这些纹样的出现，无疑也是先民人体自身崇拜的一种反映。从我国文字的起源及发展演变过程看，“口”字最早的象形文字，也就是陶文中的“口”，很可能就是从这种嘴形纹演变而来的。或者说，这种嘴

形纹很可能就是现代“口”字的最早图画形态。

1988 年出土于青海省民和县。

（97）齐家文化倒三角纹双大耳罐

高 12 厘米，口径 10 厘米，底径 5 厘米，泥质土黄陶，喇叭形口、高领、鼓腹、双大耳、小平底。紫红彩施纹，颈肩接合部绘平行线纹，腹部两侧各绘三个复线倒三角纹，图案简单疏朗。这种瘦长尖细的三角纹，在齐家文化的秦魏家、柳湾、皇娘娘台类型中都可以看到，是该文化彩陶中常见的主题纹饰，也是该文化具有特征性的一种纹饰。

1990 年出土于甘肃省广河县。

（98）齐家文化三角网纹双大耳罐

左器高 11 厘米，口径 9 厘米，底径 4.5 厘米，泥质红陶，喇叭形口、高领、深腹、双大耳、小平底，上腹两侧各以红彩绘一倒三角形网格纹。

右器高 10 厘米，口径 7.5 厘米，底径 4 厘米，泥质红陶，侈口、高领、深腹、双耳、平底。黑彩施纹，颈部绘复道平行线纹、菱形纹，腹部绘一周 9 个正三角形网格纹。

在齐家文化彩陶中，这种三角形网格纹亦经常作为主题纹饰出现。那些绘于口沿外侧的倒三角网纹，以及下部不做整齐收结的三角网纹颇有特色，应是齐家先民对晾晒的渔网或其他编织物的一种写生纹样。

二器均收藏于青海省西宁市。

（99）齐家文化皇娘娘台类型横方块纹单耳罐

高 19 厘米，口径 13 厘米，底径 8.5 厘米，泥质红陶，侈口、束颈、斜肩、鼓腹、单耳、平底。耳上有一竖条形镂空装饰。黑彩施纹，颈部绘平行带纹；颈肩接合部绘正倒三角纹，间绘复道斜线纹；腹部以竖带纹相隔，分别绘八组自上而下排列的黑色横长方块纹、网格方块纹、复道三角块状纹。整个纹饰看起来十分繁缛，但繁而不乱，井然有序。该器 1999 年出土于甘肃省武威地区，属齐家文化皇娘娘台类型遗物。器形与河西走廊马厂晚期彩陶有相似之处，而纹饰却与四坝文化彩陶纹饰相近似。有学者研究，河西走廊的齐家文化，上承马厂，下启四坝，具有传承关系。但也有学者认为，此种现象起码说明，这一地区的马厂、齐家、四坝三种文化类型，存在着相互影响的因素，而这种“因素”在这件器物上似乎都明显地表现了出来。

（100）沙井文化倒三角纹单耳圜底罐

高 16 厘米，口径 8 厘米，夹细砂红褐陶，侈口、高领、椭圆形腹、单耳、圜底。红彩施纹，口沿涂红，颈部绘平行线纹、倒三角纹；肩部绘三道平行线纹，间绘阴地方块纹；腹部绘细长倒三角纹。最能体现沙井艺人绘画才能的纹饰，除了那些逼真传神的鸟纹外，就是这种如冰凌悬挂的细长倒三角纹。

沙井文化的中心区域在腾格里沙漠西部、西南部边缘地带，向东延伸可达永登、兰州附近，年代约为公元前 1000—前 500 年，大体相当于西周中期至春秋晚期。至此，在甘青大地上延续了 5000 多年的彩陶，已基本宣告结束。沧海桑田，岁月如流，如今又过去了两千多年，在沙井先民活动的中心区域，已被漫漫黄沙所淹没。那里的老乡还在沙海里寻找先民遗物，把一件件彩陶从黄沙深处刨了出来。在甘青彩陶的百花园里，沙井彩陶虽并不耀眼夺目，却使人如同看到了夕阳的余晖、日落时的晚霞，一种同样令人陶醉的别样风景。

1990 年出土于甘肃省古浪县。

参考文献

谢端琚：《甘青地区史前考古》，文物出版社，2002年。

杜金鹏、杨菊花：《中国史前遗宝》，上海文化出版社，2000年。

叶茂林：《陶器鉴赏》，漓江出版社，1995年。

刘锡诚：《中国原始艺术》，上海文艺出版社，1998年。

罗琨、张永山：《原始社会》，中国青年出版社，1995年。

郎树德、贾建威：《彩陶》，敦煌文艺出版社，2004年。

张朋川：《中国彩陶图谱》，文物出版社，1990年。

林少熊：《洪荒燧影》，甘肃省教育出版社，1999年。

冯先铭主编：《中国陶瓷》，上海古籍出版社，1994年。

孙新周：《中国原始艺术符号的文化破译》，中央民族大学出版社，1998年。

王颖娟、王志俊：《西安半坡博物馆》，三秦出版社，2003年。

青海省文化厅、青海省文物考古研究所编：《青海考古五十年文集》，青海人民出版社，1999年。

李水城：《半山与马厂彩陶研究》，北京大学出版社，1998年。

贾荣建、刘凤琴：《中国彩陶图案的艺术形式探寻》，河北美术出版社，1994年。

陆思贤、李迪：《天文考古通论》，上海古籍出版社，2006年。

宋兆麟：《民族文物通论》，上海古籍出版社，2006年。

蔡凤书：《沉睡的文明》，齐鲁出版社，2003年。

青海省文物管理处、刘溥编：《青海彩陶纹饰》，青海人民出版社，1989年。

谢崇安：《中国史前艺术》，三环出版社，1990年。

杨泓：《美术考古半世纪》，文物出版社，1997年。

陈兆复、邢琏：《原始艺术史》，上海人民出版社，1998年。

马清林、苏伯民等：《中国文物分析鉴别与科学保护》，科学出版社，2011年。

蒋书庆：《破译天书——远古彩陶花纹揭秘》，上海文化出版社，2001年。

程金城：《远古神韵——中国彩陶艺术论纲》，上海文化出版社，2001年。

李纯一：《先秦音乐史》，人民音乐出版社，2005年。

陈秉义：《古埙艺术》，辽宁画报出版社，2001年。

牟作武：《中国文字的起源》，上海人民出版社，2001年。

后记

作为晚年的一项工程，前后断断续续用了近 5 年时间，终于将这本书编完了，这也意味着我的彩陶收藏已告一段落。

在年事已高的情况下，我决定要把这本书编写出来，主要还是出于对这些藏品的喜爱。书中收录的数百件彩陶藏品，时间长者已与我朝夕相处 20 多年，短者也有两三年时间。平时在家，几乎每天都要与它们见上几面，相互端详一阵子，无论相交时间长短，已都是好朋友了。至近几年来，随着年龄越来越大，更产生了给它们找一个归宿的想法。每想到有一天要与它们分别时，心里便常会感到空落落的，难以割舍之情油然而生。这种心情局外人是很难理解的。如果将它们的身影留下，把自己想对它们说的话都说出来，结集成书，一则让自己的这份心情与同行共享，二来也给它们在世人面前以展示的机会。同时，一旦与它们分别，尤其是到了自己走不动的时候，思念时翻看一下，即如同翻看老友的相册一样，也算留个念想，留下一段美好的记忆，仅此而已。

关于藏品的编排形式，常见的彩陶图录类书籍，大都是按古文化类型年代顺序编排的，这样可以使读者对各个时期的彩陶有一个比较系统的了解。但考虑到我是按器形和纹饰专题收藏的，故仍按此形式编排。如此将各个不同时期同一形制、同一纹饰集中在一起，分门别类地进行编排，使读者可以对史前古陶的造型和纹饰，尤其是异形陶器和稀见纹饰，有一个比较集中的、全面的了解，更有助于在这两个方面进行对比研究。同时，这样的编排形式也会给人以新鲜感。

在这本书的编写过程中，尤其是当全书编完后，回过头来重新审视时，无论上编或下编，其中的一些门类实在不能令人满意。有的缺少早期的器类或纹饰，有的缺少晚期的器类或纹饰，不少该收藏的藏品都没有收藏到。其中的原因，除有的藏品实在难找外，更主要的还是经济力量不足。时至今日，不仅彩陶越来越少，而且价格飞涨，连较好的普通几何纹圆器都难以找到，再到哪里去收藏此类异品？即使偶尔碰到一件，卖主开的都是天价，也实在无力购买，老汉我也只有抱憾了。

彩陶收藏家钟锡锵、张茂东、赵春生、于建文、强民、李宇宁、梁彬，都是我多年的藏友。在收藏过程中经常与他们切磋，受益颇多。有不少藏品的收藏，更是与他们的帮助分不开。在藏品的鉴定、拍照、出版过程中，曾得到甘肃省著名彩陶专家郎树德先生、中国文化遗产研究院副院长马清林博士、省文物商店经理李国长先生、省天庆集团董事长韩庆先生的帮助。借此机会，再次向他们表示感谢！

20 多年的收藏过程中，老伴孟晓玲与我相濡以沫，多方面给予关心和支持，使我得以完成这项收藏，在这里也向她说一声谢谢！

本书结合每一件藏品的造型和纹饰，所做的文字介绍，有的是借鉴专家的研究成果，有的则属个人的体会和见解。由于本人只是业余收藏者，学识浅薄，错讹之处难免，敬请批评指正。

梁钦

2012 年 12 月 15 日定稿于兰州

这本书编成于 10 年前的 2012 年，出于种种原因，出版之事一直拖了下来。书中所涉及的时间、彩陶价格等有关数字，以及与这些数字相关的记述，因时间关系，不再更正，请谅解。

2022 年 3 月 5 日又记于北京

知识分子的精神家园

光明版
GUANGMING VERSION